Olaf Manke

Vergessene Worte

Begriffe und Redewendungen aus vergangener Zeit

Ein kleines Wörterbuch
zur Geschichte Recklinghausens

Olaf Manke
Vergessene Worte
Begriffe und Redewendungen aus vergangener Zeit
Ein kleines Wörterbuch zur Geschichte Recklinghausens

ISBN 9783759743190

© 2024 Olaf Manke

Herstellung und Verlag:
BoD – Books on Demand, Norderstedt

Dieses Buch wurde digital gesetzt aus den Schriftfamilien der Gentium Book Basic, der DejaVU und der Kanzleyrath.
Text und Gesamtgestaltung von Dipl.-Des. (FH) Olaf Manke, Recklinghausen.
Abbildungsnachweise auf Seite 177.

Bibliografische Information der Deutschen Nationalbibliothek:
Die Deutsche Nationalbibliothek verzeichnet diese Publikation in der Deutschen Nationalbibliografie;
detaillierte bibliografische Daten sind im Internet über http://dnb.dnb.de abrufbar

Olaf Manke

Vergessene Worte

Begriffe und Redewendungen
aus vergangener Zeit

Ein kleines Wörterbuch zur
Geschichte Recklinghausens

Für Florian, Hanni und meine Geschwister.
Und in dankbarer Erinnerung an meine Eltern
Ingeborg und Siegfried Hermann Herbert Manke.

INHALT

AUF EIN WORT

Sprache ist ein Formwandler. Durch politische und gesellschaftliche Einflüsse ändert sich im Laufe der Zeit der sprachliche Ausdruck, und so kommt es, dass uns heute die Art und Weise, wie alte Dokumente und Bücher verfasst sind, seltsam fremdartig erscheinen. Manche Worte haben ihren Sinn geändert, manche Begriffe verwenden wir ohne Kenntnis ihrer Entstehung und ursprünglichen Bedeutung. So wurden wir bei der Arbeit an den Büchern „Die Tochter des Hexenjägers" und „Vestische Geschichte"* immer wieder mit Begriffen und Wendungen konfrontiert, die im heutigen Sprachgebrauch eine missverständliche Bedeutung haben** oder für heutige Menschen vollkommen unverständlich geworden sind. Eine Auswahl davon habe ich dem Buch „Vestische Geschichte" als kleine Hilfestellung beigegeben. Diese Aufstellung von Begriffen wird hier nun erstmals erweitert.

Da Wortbedeutungen einem dauernden Forschungs- und Erkenntnisprozess unterworfen sind, werden Begriffe im Laufe der Zeit neu erschlossen und das Wissen über ihre linguistischen und volkskundlichen Hintergründe erweitert. Neben der Notwendigkeit, den Umfang des Buches im Auge zu behalten, ist auch das ein Grund, mich hier auf eine Auswahl von Begriffen, auf Kernaussagen und Verweise zur Vertiefung zu beschränken. Weiterführende gedruckte und digitale Quellen sind am Ende dieser wie auch der vorausgegangenen Publikationen zu finden.

Dieses Buch steht in der Reihe meiner/unserer bisherigen Veröffentlichungen zur vestischen Geschichte. Der Zeitrahmen ist wie dort in etwa die sogenannte „Frühe Neuzeit" bzw. das „konfessionelle Zeitalter", vorrangig im Bereich der Stadt Recklinghausen. Es erhebt keinen Anspruch auf Vollständigkeit und Allgemeingültigkeit und ist, wie auch die anderen Arbeiten dieser Reihe, als schnell erfassbare und hoffentlich leicht verständliche Einstiegshilfe für geschichtsinteressierte Leser und Leserinnen gedacht.

* Näheres zu den Büchern auf der letzten Innenseite dieser Publikation.

** Im sprachwissenschaftlichen Kontext auch als „falsche Freunde" bezeichnet.

A

Aak

Auch: Aake oder Ake (mit einem a). Transportsegelboot mit geringem Tiefgang, ähnlich den noch heute in den Niederlanden gebräuchlichen Plattbodenbooten, das als *Lippeaak oder Kölsche Aak* bevorzugt auf dem nördlichen Grenzfluss des Vestes Recklinghausen und am Niederrhein eingesetzt wurde. -> Lippe, -> Roof

Abdecker

Jemand der geschlachtetem Vieh in der -> Fillerei die Haut abdeckte (abzog). Häufig beschäftigte der Abdecker -> Tagelöhner, denen er die unangenehme Aufgabe des Häutens für einen geringen Lohn überließ, während er selbst für die betriebliche Organisation sorgte.

In Recklinghausen betrieb der -> Nachrichter dieses Geschäft. Abdecker waren -> „Unehrliche", wurden von der Bevölkerung weitgehend gemieden und konnten nur unter Ihresgleichen heiraten.

Der Abdecker hatte auch die Aufgabe, tote Tiere, die nicht verwertet werden konnten, zu entsorgen. Bekannt ist in Recklinghausen z.B. ein Vorgang im Jahr 1745, als eine Tierseuche fast den gesamten Großviehbestand in der Stadt vernichtete. Der mit der Entsorgung beauftragte Nachrichter berichtete von 50 bis 60 Tieren, die pro Tag getötet und entsorgt werden mussten. Von rund 2000 Stück Vieh konnten nur rund 60 Tiere gerettet werden. Ein großer Verlust für die Stadtgesellschaft, die daraufhin mit günstiger zu beschaffenden Ziegen und Schafen zwischenzeitlich für Ersatz sorgte, aber ein großer Gewinn für den Nachrichter und seine Tagelöhner.

abkupfern

Etwas nachmachen, kopieren. Der Kupferstich ist eine Drucktechnik, die neben ihrer Bedeutung als künstlerisches Darstellungsmittel dazu genutzt wurde, Kopien in großer Zahl herzustellen. Kunstwerke konnten auf diese Weise zu geringeren Preisen, aber dennoch durch die Auflagenhöhe gewinnbringend vermarktet werden. Oftmals wurden durch die illegale Übertragung des ursprünglichen Motivs auf eine neue Kupferplatte auch Raubkopien hergestellt; sie wurden also abgekupfert. Dieser Begriff etablierte sich schließlich im allgemeinen Sprachgebrauch als Synonym (Ersatzwort) für das unerlaubte Nachmachen.

Ablass

„Der Ablass (lat. indulgentia; vor dem 13. Jahrhundert auch absolutio, remissio oder relaxa-

tio; gelegentlich *venia*) bezeichnet einen Nachlass zeitlicher Sündenstrafen, der durch einen dazu berechtigten kirchlichen Amtsträger gewährt wird. Er entwickelte sich während des 11. Jahrhunderts in der römisch-katholischen Kirche aus den altkirchlichen Absolutionen und der Praxis der Redemption (ersatzweise Ablösung) und Kommutation (Umwandlung) von Bußstrafen. Bei der Ablassgewährung werden kirchliche Bußstrafen erlassen, die dem Gläubigen in der Beichte auferlegt wurden; zugleich wird die Wirksamkeit des Nachlasses vor Gott angenommen, so dass dem Gläubigen jenseitige Sündenstrafen (Fegefeuer) erspart bleiben. Voraussetzung für den gültigen Erwerb des Ablasses waren Reue, Beichte und die Verrichtung eines Ablasswerks. Das konnte eine Spende für einen als wohltätig anerkannten Zweck sein, aber auch ein Gebet, das Anhören einer Predigt, die Begleitung beim Versehgang (häusliche Krankensalbung für Sterbende) oder ein anderes frommes Werk ohne zwingende materielle Implikation. Der Ablass prägte das religiöse Leben im lateinischen (= katholischen) Europa vom 13. Jahrhundert bis zum Beginn des 16. Jahrhunderts in umfassender Weise.“

https://www.historisches-lexikon-bayerns.de/Lexikon/Ablass_(Mittelalter)

Der Ablasshandel, welcher zur Finanzierung der Bautätigkeiten am neuen Petersdom in Rom intensiviert wurde, war für Martin Luther einer der Gründe, seine 95 Thesen zu verfassen. Die darauf folgenden Reformationsbewegungen (die nahezu zeitgleich, aber i.d.R. örtlich und inhaltlich unabhängig voneinander stattfanden) hatten schließlich auch Auswirkungen auf die kölnische Landespolitik und damit auf das Vest Recklinghausen. -> Augsburger Konfession

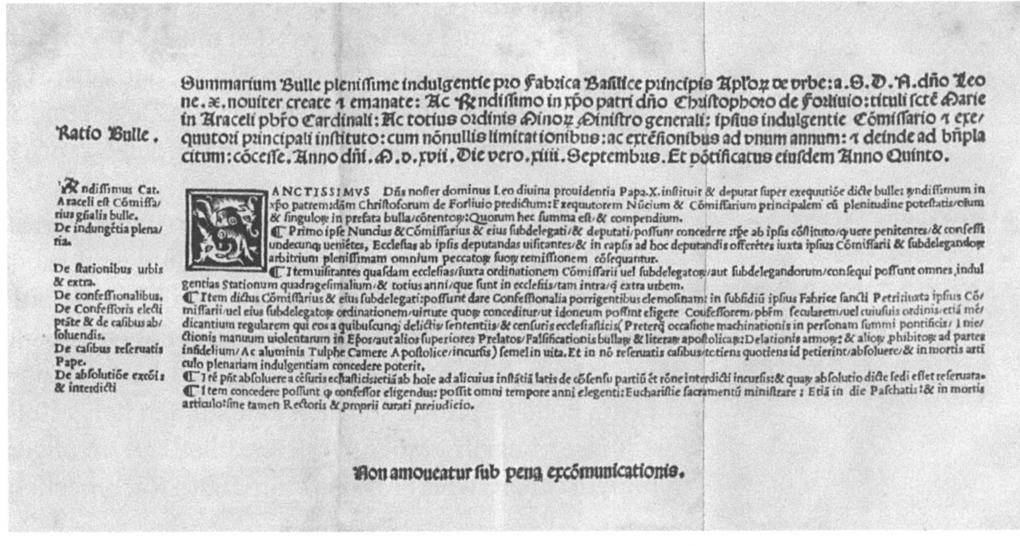

Summarium Bulle plenissime indulgentie pro Fabrica Basilice principis Aplo̗ṛ de vrbe: a. S. D. A. dño Leone. x. nouiter create ⁊ emanate: Ac R̄ndissimo in xpo patri dño Christophoro de Forliuio: tituli scte̅ Marie in Araceli pbro Cardinali: Ac totius ordinis Mino̗ṛ Ministro generali: ipsius indulgentie Co̅missario ⁊ executori principali instituto: cum no̅nullis limitationibus: ac extēsionibus ad vnum annum: ⁊ deinde ad bñpla citum: co̅cesse. Anno dñi. M.d.xvii. Die vero. xiiii. Septembris. Et po̅tificatus eiusdem Anno Quinto.

Ratio Bulle.

R̄ndissimus Cat. Araceli est Co̅missarius gñalis bulle.
De indungētia plenaria.

De stationibus urbis & extra.
De confessionalibus.
De Confessoris electi ptāte & de casibus absoluendis.
De casibus reseruatis Pape.
De absolutio̅e exco̅is & interdicti

SANCTISSIMVS Dñs noster dominus Leo diuina prouidentia Papa. X. instituit & deputat super exequutio̅e dicte bullet ⁊ndissimum in xpo patrem: dām Christoforum de Forliuio predictum: Exequutorem Nu̅cium & Co̅missariu̅ principalem cu̅ plenitudine potestatis: eu̅m & singulo̗ṛ in prefata bulla: co̅tento̗ṛ: Quorum hec summa est ⁊ compendium.

Primo ipse Nuncius & Co̅missarius & eius subdelegati: & deputati: possun̅t concedere: ⁊pe ab ipsis co̅stituto: quere penitentes: & confessi undecunq̃ venie̅tes, Ecclesias ab ipsis deputandas visitantes: & in raplis ad hoc deputandis offerētes iuxta ipsius Co̅missarii & subdelegando̗ṛ arbitrium plenissimam omnium peccato̗ṛ suo̗ṛ remissionem co̅sequantur.

Item visitantes quasdam ecclesias: iuxta ordinationem Co̅missarii uel subdelegato̗ṛ: aut subdelegandorum: consequi possunt omnes indulgentias Stationum quadragesimalium: & totius anni: que sunt in ecclesiis: tam intra: q̃ extra urbem.

Item dictus Co̅missarius & eius subdelegati: possunt dare Confessionalia porrigentibus elemosinam: in subsidiu̅ ipsius Fabrice sancti Petri: iuxta ipsius Co̅missarii: uel eius subdelegato̗ṛ ordinationem: uirtute quo q̃ conceditur: ut idoneum possint eligere Confessorem: pbr̅m secularem: uel cuiusuis ordinis: etiā mendicantium regularem qui eos a quibuscunq̃ delictis: sententiis: & censuris ecclesiasticis (Preterq̃ occasione machinationis manuum uiolentarum in Epos: aut alios superiores Prelatos: Falsificationis bulla̗ṛ & litera̗ṛ apostolica̗ṛ: Delationis armo̗ṛ: & alio̗ṛ phibitos ad partes infidelium: Ac aluminis Tulphe Camere Apostolice: incursis) semel in uita. Et in no̅ reseruatis casibus: totiens quotiens id petierint: absoluere: & in mortis articulo plenariam indulgentiam concedere poterit.

Ire̅ pn̅t absoluere a ce̅suris ecclasticis: etiā ab hoie ad alicuius insta̅tiā latis de co̅sensu partiu̅ et ro̅ne interdicti incursis: & quasi absolutio dicte sedi esset reseruata.

Item concedere possunt q̃ confessor eligendus: possit omni tempore anni elegenti: Eucharistie sacramentu̅ ministrare: Etiā in die Paschatis: & in mortis articulo: sine tamen Rectoris & proprii curati preiudicio.

Non amoueatur sub pena exco̅municationis.

Ablassplakat. Es war unter Strafe der Exkommunikation verboten dieses Plakat zu entfernen.

Abtritt   -> Heimliche Gemächer, -> Mörung

Achsgeld   Abgabe für Waren die „auf der Achse" verkauft wurden; eine Art Sondersteuer für fahrende Händler.

Acht   Hier: Ungnade, Verfolgung, Strafe. Näheres bei -> Reichsacht.

Ackerbürger   Bürger einer Stadt, der Ackerbau betreibt. Da es in der vorindustriellen Stadt noch keine gut sortierten Supermärkte gab, die bis in den Abend hinein geöffnet sind, und weil auch die -> Kramläden nicht immer jeden Artikel vorrätig hatten, war die Selbstversorgung ein wichtiger Faktor im städtischen Leben. Einige Bürger hatten auch einen Anteil an den Ländereien, die als -> Gemeineigentum außerhalb der Stadtmauer lagen. Manche hatten im Umland eigenen Grundbesitz, der entweder selbst bewirtschaftet oder verpachtet wurde. Auch Viehhaltung war ein zentraler Überlebensfaktor. Manche hielten nur Klein- bzw. Federvieh, andere hatten darüber hinaus Ziegen, Schafe, Schweine und Kühe. Die wohlhabenderen besaßen auch Pferde. Einige Fachwerkhäuser in der Innenstadt von Recklinghausen zeugen durch ihre Konstruktion noch heute von dieser Lebensweise.
                           -> Scheuer, -> Viehtor, -> Milchpfad, -> Trift

Ackerstadt   -> Stadt in der überwiegend -> Ackerbürger leben.

Aderlass   -> Flebotomia

Admodiator   Pächter, Verwalter, aber auch Steuereinnehmer.
                           Häufig wurden staatliche Aufgaben und Einnahmequellen zur Reduzierung des Arbeitsaufwandes der regulären Bediensteten und zur Sicherung regelmäßiger Einnahmen an außenstehende verpachtet. So zum Beispiel geschehen in Dorsten, wo im 17. Jahrhundert der Kaufmann und Wirtshausbetreiber deWeldige genannt Kremer das Recht hatte, den anfallenden Zoll an der Lippe einzunehmen. Auch das Recht des Steuereinzugs wurde verpachtet, wie zum Ende des 17. Jahrhunderts zum Beispiel an den -> *Dr. iur. utr.* Jobst Ludwig Uphoff, der für diesen Zeitraum als Admodiator des Reichsfiskalats genannt wird. (-> Fiskal) Ebenso wurden Handels- und Jagdrechte, aber auch die Rechte der Alkoholherstellung und der Musikaufführung an bevorzugte Personen, üblicherweise an den Meistbietenden, vergeben.
                           -> Regal

Advokat	Jurist, Rechtsanwalt. In älteren Texten auch *Advocat* (mit c) oder *Advocatus* geschrieben. Wörtlich: Der Herbeigerufene, von lat. advocare = herbeirufen. Advokaten waren eine Berufsgruppe, die wie -> Hofräte und andere privilegierte Beamte einem gehobenen -> Stand angehörte. Auch aus diesem Grund strebten reiche Bürgerliche nach einer juristischen Ausbildung. Bereits im 17. Jahrhundert bestand der Recklinghäuser Stadtrat zu einem großen Teil aus juristisch gebildeten Männern. -> Dr. iur. utr.
Adv. fisc.	**Advocatus fisci.** Anwalt, der die behördlichen Interessen in Finanzfragen vertritt. Bereits im alten Rom sah man die Notwendigkeit, Streitfragen zu fiskalischen Themen von den Sachverwaltern fernzuhalten, um sie zu entlasten. Hierzu wurden speziell im Finanzrecht geschulte Juristen eingestellt.
ahd.	Abkürzung für **Althochdeutsch.** Wurde in etwa im Zeitraum zwischen 750 und 1050 in Deutschland gesprochen. Durch beständige Veränderungen und Anpassungen der Lebensgewohnheiten, durch kulturelle Entwicklungen und andere nationale und internationale Einflüsse hat sich die Deutsche Sprache im Laufe der Jahrhunderte immer wieder deutlich gewandelt. Wir könnten uns heute mit einem Zeitgenossen des frühen Mittelalters ohne einen Dolmetscher kaum mehr verständigen.
Akzise	Steuern. Die Stadt Recklinghausen erhob auf manche Waren eine städtische Steuer. Von der Steuerabgabe ausgenommen waren per Gesetz die Mitglieder des geistlichen -> Standes; was jedoch Stadtrat und Bürgermeister in den 1720er Jahren nicht davon abhielt, auch den ortsansässigen -> Jesuiten mit Steuern und Abgaben zu belasten. -> Olaf Manke und Alfred Stemmler, Die Tochter des Hexenjägers, S. 192 - 196, Das Leben in der ->„Jesuiterei"
Albus	lat.: *denarius albus* = -> Weißpfennig. Der Albus war neben dem -> Stüber eine der gebräuchlichsten Alltagsmünzen im Vest Recklinghausen. Die Stadt Recklinghausen hatte das Recht, eigene Weißpfennige zu schlagen (= prägen, herausgeben). Bekannt ist vor allem der sogenannte Recklinghäuser Doppelalbus (= Münze im Wert von zwei Albus), von dem ein Exemplar in der RetroStation, dem Recklinghäuser Stadtmuseum, zu sehen ist. -> Denar, -> Abb. S. 162
Allmende	Wird üblicherweise mit -> Gemeineigentum gleichgesetzt.

| Allongeperücke | Langhaarperücke für Männer, die von der Mitte des 17. bis zu Beginn des 18. Jahrhunderts getragen wurde. Vom französischen König Ludwig XIII. aufgrund eines frühzeitigen Haarausfalls eingeführt und von Ludwig XIV. zur Staatsmode erhoben, wurde die lange, stark gelockte Perücke schnell zu einem modischen Statussymbol in ganz Europa. Mit dieser Kopfbedeckung ließen sich auch die optischen Folgen der Syphilis , die unter anderem Haarausfall verursacht, kaschieren. -> Abb. S. 162, -> Franzosenkrankheit, -> Justaucorps |

| Altarist | Wurde auch **Messpriester** genannt. Geistlicher, der nur die Messe liest, aber keine weitergehenden seelsorgerischen Aufgaben erfüllt, also nur am Altar tätig ist. Im Mittelalter und in der folgenden Epoche gab es selbst in den kleineren Kirchen zahlreiche Nebenaltäre, die den unterschiedlichsten Heiligen geweiht waren. Und an jedem dieser Altäre war zu bestimmten Zeiten eine Messe zu lesen. Um den -> Leutpriester zu entlasten, wurden speziell für diese Altäre -> Vikare angestellt. Bezahlt wurden diese Altaristen überwiegend aus Stiftungen von wohlhabenden Familien. Eine der Bedingungen, die an ein -> Benefizium geknüpft waren, war fast immer, dass ein Mitglied der Stifterfamilie vorrangig für die Stelle des Altaristen eingestellt werden musste. Reiche Familien sicherten auf diese Weise dem nicht erbberechtigten Nachwuchs den Lebensunterhalt und die Befreiung von Steuern (-> Akzise). Die Begünstigten waren allerdings zwar nicht immer, aber oftmals eher wenig motivierte Laienpriester, die kaum Latein verstanden und ihrer Aufgabe mehr schlecht als recht nachkamen. So befürchtete 1797 Pfarrer Wesener, einer seiner Altaristen sei so unfähig, dass er nicht mehr als „Nullitäten" während des Gottesdienstes machen könne. |

| Ambrosiustag | Der 7. Dezember ist dem Schutzpatron der -> Krämer, Imker, Lebkuchenbäcker und -> Wachszieher gewidmet. Ambrosius, vermutlich um 339 in Trier geboren, war Sohn des römischen Statthalters in Gallien und wurde später Bischof von Mailand. Als primärer Gedenktag wird in der katholischen Kirche seit dem 11. Jahrhundert der Tag seiner Bischofsweihe (7. Dezember) gefeiert. Er starb am 4. April 397 (nach dem Julianischen -> Kalender war das der Karfreitag). Der Todestag wird im katholischen Umfeld als Gedenktag III. Klasse begangen, und auch im evangelischen Umfeld (EKD) gedenkt man am 4. April dieses Mannes, was erklärt, dass auch die späteren protestantischen Chronisten, die den Recklinghäuser -> Stadtbrand von 1500 beschreiben, von einer Katastrophe am Ambrosiustag berichten. |

Amtmann

„... *Ammann hieß bey denen* Alemannis Praefectus, *heut zu Tage Amtmann, bedeutet einen Vorgesetzten oder* Administratorem *der Oeconomie und Justitz, der im Namen des Landes=Fürsten, die Gerichten ausübet, und die Einkünfte, so der Amts=District trägt, einfordert, und hernachmals berechnet. Es bedeutet aber das Wort Amtmann, nach Unterscheid derer Orte, vielerley, und werden ihnen dahers verschiedene Namen beygeleget. ...*"
J. H. Zedler, Universal-Lexicon, Bd.1, S. 896, Sp. 1814

Angebinde

Geburts- oder Namenstagspräsent. Im katholischen Umfeld war der Gedenktag des Namenspatrons i.d.R. bedeutender als der Geburtstag, so dass man hierzulande bevorzugt das Namenstagsgeschenk als Angebinde bezeichnete.

Arenbergstraße

Verbindungsstraße zwischen der Dorstener Straße und der Cäcilienhöhe am östlichen Rand des heutigen Festspielhügels. Erinnert an das aus der Eifel stammende hochadlige Haus Arenberg und insbesondere an Prosper Ludwig von Arenberg (*1785, +1861), der während der französischen Herrschaft als Herzog der Landesherr für das Vest Recklinghausen war. Nach 1815 verlor er zwar den Besitz des Vestischen Landes an die Preußen, behielt aber die regionale Regierungsgewalt. Im Jahr 1848 stiftete er auf Bitten der Recklinghäuser Bürgerschaft das Kapital zur Errichtung eines Armenhospitals, aus dem schließlich das noch heute existierende und nach ihm benannte Prosper-Hospital entstand.
-> Kemnastraße

Arkebuse

Großkalibrige, langläufige Vorderladerwaffe. Eigentlich **Hakenbüchse** genannt (*ndl. haakbus, daraus frz. lautmalerisch arquebuse, daraus wiederum dt. Arkebuse*).
Wurde wegen ihrer umständlichen Handhabung und ihres Gewichtes hauptsächlich zur Verteidigung einer befestigten Stellung (Stadt, Burg, Schloss) benutzt.
-> Doppelhaken, -> Büchse, -> Flinte, -> Muskete, -> Schlüsselscharte

Arkebusier

Soldat, der mit einer -> Arkebuse ausgerüstet war.

Arrest und Kummer

Juristischer Ausdruck, der bedeutete, dass z.B. bei Zahlungsverzug eine Art der Pfändung oder Stillegung einer Verfügungsgewalt durchgeführt wurde. Wenn eine Sache, mobil oder immobil, „in Kummer gelegt" wurde, hatte der Anwender oder Nutznießer kein Recht mehr, die Sache zu seinem Vorteil zu nutzen. Wenn derjenige dann nicht den Verzug oder Missstand beseitigen, also „sich kümmern" konnte, „verkümmerte" er.

| Artistenfakultät | „… *war der grundlegende Teil der mittelalterlichen und frühneuzeitlichen Universität und diente der Vermittlung propädeutischen Wissens zur Vorbereitung auf das Studium an einer der drei „höheren Fakultäten" (Theologie, Jurisprudenz, Medizin) sowie der Ausbildung zum Schullehrer. Ihr Name leitete sich von den an ihr gelehrten* artes liberales *her. Die Artistenfakultät wandelte sich vom 15. bis zum 18. Jahrhundert zur Philosophischen Fakultät, aus der wiederum die heutigen geisteswissenschaftlichen, mathematischen und naturwissenschaftlichen Fakultäten hervorgingen. …*"
https://de.wikipedia.org/wiki/Artistenfakultät |

| Atzung | Verköstigung, Speisung, Speise. Ursprünglich allgemein gebraucht, heute nur noch in der Jägersprache ein Begriff. Ethymologische Basis für den heute gebräuchlichen Ausdruck „Essen" im Sinne von „Speise" bzw. „Speise zu sich nehmen". |

| Auf Achse | Mit einem Fahrzeug unterwegs sein; in Abgrenzung zur Reise mit dem Pferd oder zu Fuß. Längere Reisen unternahmen die etwas besser gestellten Personen üblicherweise mit Pferdekutschen. Die Gefährte waren in den allermeisten Fällen noch nicht besonders gut gefedert, so dass man jeden Schlag der Räder spürte. Man hatte das Gefühl, direkt auf der Achse zu sitzen.
Auch im Zusammenhang mit Handelsreisenden, die mit Pferd und Wagen unterwegs waren, gebrauchte man das Idiom. Sie verkauften ihre Waren „auf der Achse", im Gegensatz zu den -> Kiepenkerlen, die als Kleinhändler ihre Ware zu Fuß transportierten. |

| Auf- und Ablader | Oft kräftige -> Tagelöhner, die speziell für das Auf- und Abladen von Fuhrwerken beschäftigt wurden. In einigen Regionen waren dies auch öffentlich belehnte Arbeitskräfte, die ein Monopol auf diese Tätigkeit geltend machen konnten. Auch *Wagenlader* genannt. |

| Augsburger Konfession | lat. **Confessio Augustana,** deshalb auch: **Augustanische Konfession.** Bezeichnung für das protestantische Bekenntnis nach lutherischer Ausrichtung. Wurde auf dem Augsburger -> Reichstag von 1530 vorgestellt. Im Jahr 1555 wurde den Bekennern mit dem *Augsburger Reichs- und Religionsfrieden* Toleranz zugesichert. Mit der Niederschrift dieses Bekenntnisses grenzten sich die Lutheraner von anderen Strömungen der Reformation wie z.B. jener nach Zwingli und Calvin (später *reformierte Kirche* genannt) ab. Im HRR etablierte sich in der Folge hauptsächlich die Reformation nach Martin Luther, die im 16. Jahrhundert auch im Vest Reckling- |

hausen eingeführt werden sollte. Da dieser Landstrich jedoch zum katholischen Kurfürstentum Köln gehörte und die Umgestaltungsversuche auf höchster Ebene scheiterten, blieb das Vest Recklinghausen auch wegen einer obrigkeitlichen religiösen Zwangsverordnung (1614) bis mindestens 1806 (Ende des HRR) offiziell ausschließlich katholisch. -> Wittenberger

Augustinessen

Auch: *Augustinerinnen*. In Recklinghausen seit dem frühen 16. Jahrhundert ansässige katholische Ordensfrauen, die nach den Klosterregeln des Augustinus von Hippo leben. In der Vestmetropole ergänzten sie im Jahr 1508 die Gemeinschaft der -> Beginen und gestalteten in der Folge deren Grundbesitz an der -> Beginengasse zu einem Kloster um. Die nach den Regeln der Windesheimer Kongregation lebenden Augustinessen waren bis zur -> Säkularisation zu Anfang des 19. Jahrhunderts hier ansässig.
-> Windesheim

Augustinessenstraße

Straße im Nordwesten der Innenstadt von Recklinghausen. Verlängerung der Straße -> Holzmarkt. Vormals Beginenweg bzw. -> Beginengasse genannt. War bis 1912 ein kleiner Fußweg und wurde dann zur Straße erweitert.

Baas

Meister, Vorsteher, auch: bezahlter Vermittler. Häufig in der Seemannssprache gebraucht. Heute ist ein Baas im regionalen westfälischen Umfeld unter anderem der Vorsitzende einer heimatkundlichen Vereinigung oder eines Vereins, der sich der Brauchtumspflege gewidmet hat. *Baas* ist die ethymologische Basis für das englisch-umgangssprachliche Wort „Boss" (= *Arbeitgeber, Auftraggeber*).

Backhaus

Separat stehendes Nebengebäude aus Stein, das speziell für die Herstellung von Backwaren errichtet wurde. Es stand aus Brandschutzgründen etwas abseits vom Wohnhaus.
Im bekannten Märchen von Hänsel und Gretel stößt Gretel die böse -> Hexe in den Ofen des Backhauses, der eine dazu ausreichend große Türöffnung hatte.

Bader

Seit den Kreuzzügen blühte auch in Mitteleuropa die öffentliche Badekultur auf und brachte spezialisierte Berufe hervor. In den meist in städtischem Besitz befindlichen und an Bader verpachteten Badehäusern wurde nicht nur gebadet, sondern man konnte sich den Kopf waschen, die Haare kämmen und schneiden lassen, sowie eine gepflegte Rasur genießen. Dazu arbeitete der Bader mit einem -> Barbier zusammen. Bader hatten auch die Erlaubnis, ihre Badegäste mit Salben zu behandeln und die zeittypischen Gesundheitsanwendungen vom Aderlass bis zum Zähnebrechen durchzuführen. Bader waren u.a. als Wundärzte tätig, die, anders als die akademischen Ärzte, die Behandlung jener Verletzungen oder Erkrankungen vornahmen, die einen chirurgischen Eingriff erforderten. Badehäuser waren darüber hinaus eine Art Schönheitssalon, und der Besuch eines Badehauses konnte auch ein Unterhaltungsprogramm beinhalten, was in der Folge für einen schlechten Ruf sorgte. Häufig wurden Badehäuser mit Bordellen gleichgesetzt.
In der Frühen Neuzeit nahm die Badekultur durch die Verbreitung der -> Pest und die damit verbundene Vorstellung, dass die als Auslöser angesehenen -> Miasmen durch den Kontakt mit Wasser verbreitet würden, einen rapiden Niedergang.
Da Bader neben ihrer Arbeit für die allgemeine Hygiene als Wundärzte tätig waren, konzentrierten sich viele nun auf diesen Aspekt ihres Berufes. Damit konkurrierten sie einerseits mit den -> Barbieren, denen die gleichen Aufgaben oblagen, als auch mit den Henkern (-> Nachrichter). Da man in diesem Beruf eine hohe Verantwortung für das Wohl und Wehe seiner Patienten hatte, war eine fundierte Ausbildung unverzichtbar. Für das -> Vest Recklinghausen wird für das ausgehende 18.

Jahrhundert zwar von Quacksalbern und Scharlatanen ohne eine entsprechende Ausbildung berichtet, aber Bader werden nicht ausdrücklich genannt. Offenbar gab es im Mittelalter auch in Recklinghauen ein Badehaus, aber leider sind hierzu bis dato keinerlei näheren Informationen bekannt geworden. -> Wundarzt

Bänkelsänger

Fahrender Sänger, der in populärer Weise von einer Bank oder einer improvisierten Bretterbühne herab Neuigkeiten in Form von Gassenhauern verbreitete. In der Regel hatten Bänkellieder am Ende eine Moral, die der Gewissensbildung der Zuhörer dienen sollte. Oft wurden aber auch ehrabschneidende oder andere verleumderische Inhalte verbreitet, so dass durch offene oder verdeckte Verallgemeinerungen sowohl Einzelpersonen als auch ganze Berufszweige, wie z.B. die Schuhmacher, in Misskredit gerieten. Üblicherweise waren die Bänkelsänger wenigstens zu zweit unterwegs. Der aktive Sänger trug das Lied zu einer -> Drehleier oder einem anderen tragbaren Instrument vor, während der andere durch die Zuhörerschaft ging und kassierte. Manchmal waren die Geschichten auf Papierstreifen, ein Stück Stoff oder ähnliches aufgemalt bzw. aufgezeichnet, so dass die Zuschauer und Zuhörer dem Geschehen optisch folgen konnten. Sicher gab es auch in Recklinghausen Besuche von Bänkelsängern, die das aktuelle Geschehen im HRR verkündeten. Mit dem Aufkommen des Zeitungswesens verlor diese Art der vereinfachenden und verallgemeinernden Informationsvermittlung an Popularität.
-> Moritat, -> Zeitung

Bakkalaureus

Grundlegender akademischer Grad. Vergleichbar mit dem heutigen Bachelor.
-> Lizentiat

Ballei

Bezeichnung für eine Ordensprovinz bzw. einen Verwaltungsbezirk eines Ritterordens. Hier: Die Ballei Westfalen des -> Deutschen Ordens, die von Münster aus verwaltet wurde und zu der auch die -> Kommende Welheim bei Bottrop und später die Kommende -> Malenburg bei Datteln gehörten.

Barbier

Auch: Barber, Bartscherer. Von lat. *barba* = Bart. (vgl. *Barbarossa* = Rotbart). Im heutigen Sprachgebrauch ungefähr mit „Herrenfrisör" zu übersetzen. Arbeitete ursprünglich eng mit dem -> Bader zusammen. Übernahm wie jener gelegentlich auch die Aufgaben eines -> Wundarztes. Gehörte zu den -> unehrlichen Berufen.

Barchent

Auch: Parchent. Mischgewebe aus -> Baumwolle und Leinen. -> Flachs

| Bastard | Unehelich gezeugter Nachkomme. Die Bezeichnung bezog sich hauptsächlich auf die Kinder von Adligen oder hochgestellten Geistlichen. Die in Recklinghausen lebende, bürgerliche Familie (von) Schaumburg stammte zum Beispiel von einem Kölner Kurfürst-Erzbischof, dem Grafen Adolf von Holstein-Schaumburg, ab. *„Die Bastarde wurden von den Vätern in der Regel anerkannt, in Testamenten bedacht, und erhielten oft eine gute Erziehung."*

Leopold Schütte, Wörter und Sachen aus Westfalen 800 bis 1800, S.132

Der genannte Sohn des Kurfürst-Erzbischofs, Arnold von Schaumburg, studierte Jura und wurde schließlich (1576) mit dem Amt des -> Domkapitelsverwalters im Vest Recklinghausen bedacht. Bastarde trugen häufig auch das Familienwappen der väterlichen Familie (mit dem sogenannten „Bastardbalken" oder „Bastardfaden", der diagonal über den Wappenschild verlief) und führten deren Namen. Allerdings hatten sie keinen legitimierten Anspruch auf den adeligen Besitz. Für die o. g. Recklinghäuser Familie von Schaumburg erlosch darüber hinaus mit dem Tod des letzten Grafen von Holstein-Schaumburg im 17. Jahrhundert das Recht, den Namenszusatz „von" zu tragen.

Die Namen der Mütter jener unehelichen Kinder blieben in der Regel ungenannt; auch, um sie zu schützen. Denn die uneheliche Empfängnis galt in jenen Tagen als Schande und führte üblicherweise, besonders auf dem Land, zu gesellschaftlicher Ächtung. Allerdings wurden die Eltern jener jungen Mütter häufig mit einer besonderen „Abfindung" versehen. Über zeitgleiche, sonst eigentlich unübliche Bevorzugungen ließe sich auf Umwegen zumindest ein Indiz für die mütterliche Linie eines illegitimen Kindes finden. |

Bauer — -> Bauleute und -> Bauknecht

Bauknecht — *„ ... eine unsichere benennung des knechts auf bauerhöfen. bald meint es den groszknecht oder pferdeknecht, im gegensatz zum enken, bald den ackerknecht, arator, bald den knecht, der die baufuhren leitet."*
Deutsches Wörterbuch von Jacob und Wilhelm Grimm. Lfg. 5, Bd. I, Sp. 1187, Z. 1.

Bauleute — Leute die Land- bzw. Acker**bau** betreiben. Nicht zu verwechseln mit den heutigen Bauhandwerkern. -> Bauknecht

Baumwolle — Importierter Textilrohstoff. Baumwollpflanzen gedeihen fast ausschließlich in tropischen bis subtropischen Regionen der Welt. Bis ins 17. Jahrhundert hatte Venedig für den europäischen Raum ein Importmonopol für asiatische Baumwolle. Im HRR war Augsburg die wirtschaftliche Drehscheibe für diesen Rohstoff. In Recklinghausen ist bis jetzt kaum etwas über den Baumwollhandel bekannt. Anzunehmen ist jedoch, dass die Recklinghäuser Großkaufleute auch diese Ware für den regionalen Handel beschafft haben. Verarbeitet wurde Baumwolle im Vest Recklinghausen offensichtlich in der -> Frühen Neuzeit nicht. Für das darauf folgende 19. Jahrhundert ist allein *eine* Baumwollweberei dokumentiert. -> Barchent -> Wandschneider

Beginen	In älteren Schriften auch *Beghuinen*. Unverheiratete Frauen, die sich in religiös geprägten Lebens- und Arbeitsgemeinschaften zusammenfanden, ohne einer kirchlichen Obrigkeit verpflichtet zu sein. Diese weltlichen Frauengemeinschaften übernahmen ebenso wie kirchlich legitimierte Klostergemeinschaften neben Arbeiten zur Selbstversorgung auch caritative Aufgaben in der städtischen Gemeinschaft und waren damit ein wichtiger Pfeiler der kommunalen Sozialarbeit.

In Recklinghausen sind Beginen seit etwa dem 13. Jahrhundert nachweisbar. Sie bewohnten zwei Häuser innerhalb der Stadtmauer. Das erste war das sogenannte „obere Beginenhaus", das spätere Klostergebäude der -> Augustinessen an der heutigen Augustinessenstraße. Das andere, das sogenannte „untere Beginenhaus", stand wahrscheinlich im Bereich der heutigen Herrenstraße oder Löhrgasse. Es wurde im Jahr 1521 an die Vikare des Sankt Katharinenaltars der Pfarrkirche Sankt Peter vermietet und (*laut W. und L. Burghardt*) im Jahr 1684 verkauft.

In Recklinghausen schwand im 15. und 16. Jahrhundert langsam die Bereitschaft in der weiblichen Bevölkerung, sich den Beginen anzuschließen. Unter anderem aus diesem Grund, aber auch, weil die kirchliche Obrigkeit ihren Alleinigkeitsanspruch durchsetzen wollte, wurden im Interesse der städtischen Sozialversorgung ab 1508 die in Unna ansässigen Augustinessen gebeten, den Bestand der Beginen durch Angehörige ihres Konvents zu ergänzen. Nach 1513 werden Beginen in Recklinghausen kaum noch erwähnt.

Beginengasse   Auch: **Beginenweg**. Älterer Name der -> Augustinessenstraße.

Belial   Auch: Beliar, Beliel. Dämon, Teufel. Herrscher über den achten Kreis der Hölle, Herr der Lügen und der Niedertracht. Wird oft mit Satan gleichgesetzt. Der böseste und verkommenste Dämon überhaupt. Er wird auch in der Bibel erwähnt. Ist er womöglich jener Höllenfürst, der in der Recklinghäuser Sage vom Baumeister und dem Teufel Erwähnung findet?

Benefizialangelegenheiten   Angelegenheiten, die ein -> Benefizium betreffen.

Benefizium   Im kirchlichen Gebrauch: Wohltat, Spende, Stiftung. -> Altarist

Besenbinder   Handwerker, der aus Pflanzenteilen Besen herstellte. Es gab Besen für unterschiedliche Einsatzzwecke. Hofbesen, mit denen grobe Arbeiten auf dem Hof oder in der Tenne erledigt wurden, waren zum Beispiel aus den Zweigen der Birke. Für Stubenbesen kamen kleinere, feinere und weichere Pflanzen wie Ginster oder Heidekraut (sog. Besenheide) zum Einsatz. Zusammengebunden wurden die Besen üblicherweise mit *Eichenschirrne*. Das waren die feinen und weichen Triebe, die an den Stümpfen gefällter Eichen auswuchsen, die im Wasser lagen. Die Triebe wurden in Streifen geschnitten und als Band benutzt. Trocknete dieses Band, zog es sich zusammen und festigte so den Besen. Als Spülbürste, auch Scheuerbesen oder Pottbesen genannt, wurden die Stiele der Glockenheide benutzt.
Die fertig gebundenen Besen, die – oftmals auch nebenberuflich – in Heimarbeit entstanden, wurden dann auf den Märkten der näheren Umgebung verkauft. Besen waren schnell verschleißende Verbrauchsgeräte, die häufig ersetzt werden mussten. Besenbinder hatten deshalb u.a. wegen des geringen Kapitaleinsatzes ein üblicherweise recht gesichertes (Zusatz-) Einkommen, das zwar bescheiden, aber dennoch ausreichend war.

Bettelordnung   Auch: Almosenordnung. Reichs- oder auch landesherrliche Vorschriften, die zur Regelung des Armenwesens dienten. Örtlich ansässige Arme wurden i.d.R. bei der Versorgung bevorzugt. Auswärtige Bettler wurden meist abgewiesen oder nachrangig mit Almosen bedacht, um das Sozialsystem nicht aus dem Gleichgewicht zu bringen. So beispielhaft in der Verordnung des Kurfürsten von Köln am 20. Mai 1637, in der er von Bonn aus verfügt:
„ ... Die das rheinische Erzstift überschwemmenden fremden Bettler sollen, wenn sie schwach und dürftig sind, mit Almosen, wenn sie aber stark und arbeitsfähig sind, sofort des Landes verwiesen werden." Scotti, Band I, S. 248
Das öffentliche Betteln war nicht gern gesehen und mancherorts grundsätzlich verboten. Die Armen hatten sich an den sogenannten „Bettelvogt" bzw. an die örtlichen Armengasthäuser zu wenden, um eine gerechte Verteilung der Almosen zu gewährleisten. Doch nicht immer wurden diese Anordnungen befolgt. Ausgesetzt werden konnten die Bettelvorschriften im Falle höherer Gewalt. Die Bürgerschaft von Recklinghausen hat sich z.B. nach größeren Brandkatastro-

phen vom Kurfürsten das Recht erbeten, Almosensammler in die angrenzenden Gebiete zu schicken. Hierzu stellte die Landesregierung entsprechende Schreiben aus, die das auswärtige Erbitten von Hilfe auf eine rechtlich und moralisch einwandfreie Basis stellten.
 -> Polizeyordnung

Beutelschneider

Hier ist kein Spezialist im Schneiderhandwerk gemeint. Der Ausdruck ist ein umgangssprachliches Synonym für Betrüger; bildlich gesprochen jemand der freundlich mit einem redet, aber dabei unbemerkt den Geldbeutel aufschneidet und die herausfallenden Münzen stiehlt.

Beutepreußen

Die volkstümlich-umgangssprachliche Bezeichnung für alle Bürgerinnen und Bürger, die nach dem Wiener Kongress 1815 (oder später) unter preußische Herrschaft kamen, also auch die Bewohner des vestischen Landes.

billig

Im Gegensatz zu heute hatte das Wort in früheren Zeiten keinen so negativen Beiklang. Seine Bedeutung ging eher in Richtung **wohlgefällig** oder **rechtschaffen**. *Billige Waaren* sind jene Handelsgüter gewesen, denen man eine breite Akzeptanz hinsichtlich Preis und Qualität attestierte. Noch heute findet es sich in dem Ausdruck „Das ist nur Recht und billig", wenn man zustimmend ausdrücken will, dass man einen Sachverhalt für gerechtfertigt hält. Man könnte auch sagen: *„Das entspricht dem geltenden Recht und findet allgemeines Einverständnis."* Wenn man etwas „billigt" erhält es die entsprechende „Billigung", also das positive Einverständnis.

Blamüser

Auch: Blaumüser. Spottname für eine Münze. Der ursprünglich aus dem niederländischen Nijmegen stammende Halbstüber wurde dort mit der abwertenden Bezeichnung „blau" für „minderwertig" belegt, weil er weniger Silber, aber mehr unedles Metall enthielt als üblich und deshalb etwas bläulich schimmerte. Diese Münzen waren im Geldsäckel die „Blauen Mäuse", die sich unter das wertvollere Geld mischten. -> Stüber

Blasiustag

Der **3. Februar** ist in der römisch-katholischen Kirche der Gedenktag des Blasius von Sebaste. Er ist einer der vierzehn Nothelfer und Schutzpatron gegen Halsleiden. Eigentlich eine recht makabre Überlieferung, wenn man bedenkt, dass der reale Blasius geköpft wurde.
Für Sonntag den 3. Februar 1499 (nach dem julianischen -> Kalender) ist in Reck-

linghausen die Verbrennung einer Strohpuppe und ein ausschweifendes Gelage belegt. In manchen Gegenden war es üblich, zu diesem Termin das Ende des Winters und der „tollen Tage" zu feiern. Auch heute noch wird in einigen Regionen am Aschermittwoch diese Tradition gepflegt. -> Vastavend

Blaufärber	Person, die Textilien mittels -> Waid (Färberwaid, Deutsche Indigo), später (nach 1865) mit künstlich hergestelltem Indigo, blau färbte.

Eng im Zusammenhang mit diesem hochspezialisierten Berufszweig der Textilfärber soll die Redensart „Blauer Montag" stehen. Üblicherweise wurde auch Sonntags die am Vortag gelieferte Rohware gefärbt, die dann über den Montag trocknen musste. Da Sonntags keine Lieferungen erfolgten, entstand für den Montag eine zeitliche Lücke im Produktionsprozess. Die Färbergesellen konnten sich also diesen Tag freinehmen. Es gibt zwar noch andere, eher akademische Erklärungsversuche, jedoch kommt diese mit dem Blick auf die volkstümliche Überlieferung sicher dem tatsächlichen Urprung am nächsten. Auch der umgangssprachliche Ausdruck „Blau machen" für „sich frei nehmen" soll hier seinen Ursprung haben.

In Recklinghausen gab es seit dem Mittelalter neben anderen Produktionszweigen eine nicht unbedeutende wirtschaftliche Fokussierung auf die Herstellung, Verarbeitung und den Vertrieb von Textilien aus -> Flachs und Wolle. Neben den -> Wollwebern, -> Leinewebern, Blaufärbern und anderen gab es noch -> Tuchscherer und zahlreiche hauptsächlich im Nebenerwerb tätige -> Spinnerinnen und Spinner.

Bleiche — Hier: Rasenfläche, die zur Aufhellung von Textilien benutzt wird. Musste immer in der Nähe einer Wasserstelle sein, um die Stoffe feucht halten zu können. Lag in Recklinghausen außerhalb der Stadtmauer am Wallgraben, auf dem Abschnitt zwischen dem Martinitor und dem Kunibertitor; also in etwa dort, wo sich heute (2024) der Busbahnhof befindet.

Nach dem Weben hatten die Tuche in der Regel eine leicht beige-bräunliche Farbe. Wollte man die erzeugten Stoffe färben (-> Blaufärber), musste man vorher die ursprünglichen bräunlichen Pigmente entfernen, damit keine unerwünschten Nuancen in der Farbgebung entstanden. Dazu legte man die Werkstücke auf einem Rasen aus und besprengte sie mit Wasser und einem Bleichmittel. Das Bleichen war ein sehr langer und aufwändiger Produktionsschritt in der Textilverarbeitung, der manchmal bis zu einem halben Jahr dauern konnte. Im Laufe des 18. und 19. Jahrhunderts konnte er durch die Entwicklung chemischer Substanzen deutlich verkürzt werden. Die Recklinghäuser Bleiche wurde 1899 aufgegeben.

| Blide | Mittelalterliche Belagerungswaffe. Auch Tribock genannt. Große Steinschleuder. |

Bohnenkönig

Seit dem Mittelalter in ganz Europa bekannte Art, das Dreikönigsfest (Epiphanias) zu feiern. Am 6. Januar bzw. am Vorabend taf man sich traditionsgemäß zu einer Feier, bei der ein „Vorsitzender" mittels eines Losverfahrens bestimmt wurde. Das geschah zumeist mit einer in einen Kuchen eingebackenen Bohne. Wer die Bohne in seinem Kuchenstück fand, war für diesen Abend bzw. Tag der „König". Seine Aufgabe war es, die Anwesenden zum Trinken zu animieren. Denn jedesmal, wenn er sein Glas hob, mussten es ihm alle Anwesenden nach dem Ausruf „Der König trinkt!" gleichtun. Ob dieser Brauch auch in Recklinghausen gepflegt wurde, konnte bis dato nicht bestätigt werden. Denn zumeist fanden diese Feiern im familiären Kreis statt und wurden nicht dokumentiert. Jedoch ist dies angesichts des recht ausschweifenden Umgangs mit Alkohol und wegen der europaweiten Verbreitung dieser Tradition durchaus zu vermuten.

Jacob Jordaens, Der Bohnenkönig, ca. 1645 (Ausschnitt)

Boken	Verarbeitungsschritt bei der Herstellung von Leinen aus -> Flachs. Aufweichen der hölzernen Bestandteile der Pflanzenfasern nach dem *Flachsrösten*. -> Flachsbecke

Boken

Verarbeitungsschritt bei der Herstellung von Leinen aus -> Flachs. Aufweichen der hölzernen Bestandteile der Pflanzenfasern nach dem *Flachsrösten*. -> Flachsbecke

Bombarde

1. Aus der -> Schalmei im 15. Jahrhundert entwickeltes **Holzblasinstrument**.
2. Kanonenartiges **Geschütz**, das im Spätmittelalter die -> Blide ersetzte.
3. Segelschiff des 17. und 18. Jahrhunderts, das mit mindestens zwei Pulvergeschützen ausgestattet war, um Küstenbefestigungen bzw. Küstenstädte anzugreifen. Auch Mörserschiff genannt.

Bonn

Weltliche Hauptstadt des Kurfürstentums -> Köln.

Botterfliter

Im 16. Jahrhundert herrschte in Recklinghausen ein Fettmangel, d. h. es gab zu wenig Speisefett. Diesen Mangel, der überwiegend die zum Bereiten von Speisen notwendige Butter betraf, glich die Stadtverwaltung durch den Einkauf aus anderen Gegenden aus. Mit dem An- und Verkauf waren die -> Rentmeister betraut, die diese Aufgabe an einzelne Butterverkäufer delegierten. Der Kleinverkauf vor Ort wurde in der örtlichen Mundart mit „fliten" bezeichnet. Die Butterverkäufer waren dementsprechend die *Botterfliter*, also Butterverkäufer. Da diese jedoch offensichtlich gern in die eigene Tasche wirtschafteten (man hatte starke Verluste zu beklagen), übernahmen nach einiger Zeit die Rentmeister den Verkauf wieder selbst. -> Fischbank

Brandglocke

Besondere Glocke im Kirchturm von Sankt Peter, die weltlichen Zwecken vorbehalten war. Der -> Türmer hatte diese Glocke zu läuten, wenn er Rauch oder Flammen in der Stadt bemerkte. Diese Glocke wurde von der Stadtverwaltung angeschafft und unterhalten, während die übrigen Glocken des Kirchturms der Kirche gehörten und nur zu kirchlichen Anlässen geläutet wurden. -> Gemeinheitsglocke

Brandstraße

Vom Viehtor bis zum Steintor hinter der -> Stadtmauer entlang führende Straße. Hieß ursprünglich Getterstraße und wurde frühestens nach den -> Stadtbränden 1686 und 1718 in „verbrannte Straße" umbenannt. Heute beginnt die Brandstraße an der Einfahrt zum Paulsörter. Der Teil zwischen Paulsörter und Viehtor ist mit der Geschäftsstelle der Sparkasse Vest Recklinghausen überbaut.

Brauhaus

Wie der Name vermuten lässt, war dies der Ort, wo Bier gebraut wurde. Da Bier leicht verdarb und die Möglichkeiten zur Kühlung beschränkt waren, war der

Transport, besonders im Sommer, nur über kürzere Distanzen möglich. Deshalb war das Brauwesen i.d.R. örtlich beschränkt. In dem Zeitraum, der in diesem Buch behandelt wird, gab es auch in Recklinghausen eine ganze Reihe von Brauhäusern. Zentral- oder Großbrauereien, wie sie heutzutage üblich sind, waren nicht vorhanden. Vielmehr war das Brauwesen von kleinen und kleinsten Hausbrauereien geprägt. Auch in Recklinghausen brauten viele Wirtshäuser ihr eigenes Bier und schenkten es direkt aus dem Keller aus. Deshalb gehörte zu einem Brauhaus üblicherweise ein kühler Keller, in dem das nur kurzzeitig haltbare Bier gelagert werden konnte (-> Mertebier). Manche wohlhabendere Bürger hatten ihr eigenes Brauhaus im Garten, wie z.B. die äußerst einflussreiche Familie Schaumburg in der -> Romstraße (nahe der heutigen Hausbrauerei Boente). Auch der jeweilige Jesuit in der -> „Jesuiterei" genannten Missionsstation an der -> Kampstraße braute für den persönlichen Bedarf sein eigenes Bier, bzw. ließ es vom -> Gesinde brauen. Der Verkauf dieses Bieres im Ort war dem Geistlichen aufgrund eines ordensinternen Verbots jedoch nicht erlaubt. Noch in der Mitte des 19. Jahrhunderts zählte man im inzwischen preußischen *Kreis* Recklinghausen 48 Bierbrauereien.
-> Malzsteuer

Breiesser

So wurden die Recklinghäuser in früheren Zeiten von den Einwohnern der umliegenden Gegenden genannt, weil sie wohl eine besondere Vorliebe für Grützbrei hatten. (Nach AR 1. Jg., Nr. 1, Sp. 10, Anm. 5)

Breite Straße

In einer mittelalterlichen und frühneuzeitlichen Stadt waren die Straßen und Gassen normalerweise recht schmal angelegt. Die vom Recklinghäuser Marktplatz zum -> Viehtor führende Breite Straße war für den Viehtrieb jedoch breiter als üblich (-> Ackerstadt). Dementsprechend war sie auch verschmutzt. Erst im Bereich zum Stadttor hin standen die Häuser aus verteidigungsstrategischen Gründen wieder dichter beieinander. Eine solche Straße gab es in nahezu jeder Stadt des Kontinents, so dass man z.B. auch in den Niederlanden in fast jedem Ort, dessen Wurzeln im Mittelalter liegen, eine „Brede Straat" findet. Die Europäer nahmen schließlich diese Art der Stadtplanung mit in die *Neue Welt* (-> mundus novus), so dass man auch dort, besonders an der Ostküste, in manchen Orten einen „Broad Way" finden kann.
-> Fauler Graben

Bruch

mhd. *bruoch* = Moorboden, Sumpf. Hier: Ursprünglicher Name des heutigen Stadtteils *Recklinghausen-Süd*. Mit der kommunalen Neuordnung von 1926 wurde neben vielen Straßenzügen im gesamten Stadtgebiet auch das damalige „Bruch bei Recklinghausen" neu benannt.

Brüchte

„... im Mittelalter und der frühen Neuzeit von der niederen Gerichtsbarkeit für kleinere Vergehen verhängte Strafgelder oder Naturalabgaben. ..."
https://de.wikipedia.org/wiki/Brüchte

Brückenheiliger

Kirchlich hoch verehrte Person, deren Heiligkeit auf einen besonderen Bezug zu einer Brücke zurückzuführen ist; wie z.B. Johannes -> Nepomuk, der von der Karlsbrücke in -> Prag gestoßen und ertränkt wurde.

Brückenzoll

Für die Benutzung von Wegen und Brücken erhoben die jeweiligen Besitzer eine Benutzungsgebühr zur Instandhaltung, aber auch zur Aufstockung der Haushaltsfinanzen. Hierzu waren an Brücken und anderen Passagen Zollhäuser und Schlagbäume, auch -> Rennebaum genannt, errichtet worden. In Recklinghausen wurde z.B. der städtische Zoll für den ein- und ausgehenden Verkehr an den Brücken über die Gräben an der -> Landwehr erhoben.
Eine neuzeitliche Entsprechung haben Brücken- bzw. Wegzoll in den Mautgebühren für Landstraßen und Autobahnen.

Brunnenvergiftung

Das Trinkwasser in den Städten wurde üblicherweise aus Brunnen geschöpft (-> Nachbarschaftsbrunnen). Die Vergiftung dieser überlebenswichtigen Ressource stand unter schwerster Strafe. Der Vorwurf der Brunnenvergiftung traf unter anderem immer wieder jene, denen man Hexerei vorwarf, aber auch Volksgruppen, wie z.B. die -> Juden, denen man insbesondere im Zusammenhang mit auftretenden Seuchen die jeweilige Urheberschaft unterstellte.
Seit ältesten Zeiten war die Taktik der Vergiftung der grundlegenden, lebensnotwendigen Ressourcen auch ein militärisches Mittel, um den Gegner sowohl physisch als auch moralisch zu schwächen.

Büchse

Hier: Langläufige Handfeuerwaffe mit gezogenem, gerilltem Lauf für Einzelprojektile; in Abgrenzung zur -> Flinte, die einen glatten Lauf hat und für z.B. Schrotmunition benutzt wird. Feuerwaffen mit einem gerilltem Lauf, der dem Einzelprojektil einen Drall gibt, auf diese Weise die Flugbahn stabilisiert und damit die Treffsicherheit erhöht, wurden am Beginn der Frühen Neuzeit, bzw. am Ende des

Mittelalters im HRR erfunden. Vor der Einführung der industriellen Herstellung von Schusswaffen in der Mitte des 19. Jahrhunderts wurde im täglichen Sprachgebrauch jede langläufige Handfeuerwaffe, gleich welcher Art, mit dem Allgemeinbegriff *Büchse* belegt.

Büchsenmacher

Handwerker, der auf die Herstellung und Reparatur von -> Büchsen und anderen Feuerwaffen spezialisiert war. Auch Hersteller von Munition.
In Recklinghausen waren Büchsenmacher mit Zugang zu aktuellen technologischen Entwicklungen rar. Deshalb kaufte man die Schusswaffen zur Verteidigung gern auch in anderen Städten ein. So zum Beispiel im Jahr 1499, als der Magistrat Feuerwaffen, wahrscheinlich neuester Technik, bei einem -> Geschützgießer in Dortmund bestellte (-> Generaljagd). Feuerwaffen herzustellen war mindestens bis 1529 ein von strengster Geheimhaltung geprägtes Handwerk, so dass nur ausgesuchte Spezialisten ihre Produkte nach den neuesten Erkenntnissen herstellen konnten. Wer über fortschrittliche Waffentechnik verfügt, hat einen Vorteil im Kampf. Deshalb hat der Recklinghäuser Stadtrat am Ende des 15. Jahrhunderts wohl auch tief in die -> Stadtkasse gegriffen, sich zusätzlich beim Pfarrer (!) Geld geliehen und die Gewehre für die Stadtschützen in der Reichsstadt Dortmund gekauft, anstatt sie vor Ort herstellen zu lassen.

Bürger

Ursprünglich bezeichnete der Begriff all jene, die im unmittelbaren Schutzbereich, also innerhalb der Mauern einer Burg lebten und arbeiteten; dann auch diejenigen, die ihren ständigen Wohnsitz innerhalb einer Stadtbefestigung hatten, welche ja den gleichen Zweck wie eine Burgbefestigung erfüllte. Auch die Menschen innerhalb der -> Landwehren, bezeichnete man als Bürger, obwohl sie eigentlich per Definition Landleute waren und nur eingeschränkte Stadtrechte genossen.
-> Poahlbürger
Wer sich als Bürger in einer Stadt niederlassen wollte, genoss besondere rechtliche Vorzüge, hatte aber auch besondere Pflichten gegenüber dem Landesherrn und der Stadtgesellschaft zu erfüllen. Im Mittelalter musste er u.a. seine Wehrfähigkeit nachweisen und sicherstellen, wozu anfänglich auch die Anschaffung von Waffen und Rüstung gehörte. In Recklinghausen war zusätzlich beim Zuzug ein Ledereimer zur Brandbekämpfung im Rathaus abzugeben und einer zu Hause bereit zu halten. Darüber hinaus wurden Wachdienste auf den Mauern, den Stadttoren und auf dem Kirchturm gefordert, von denen man sich jedoch mit genügend Geldeinsatz loskaufen konnte. Wer Pferd und Wagen besaß wurde zu Hand- und Spann-

diensten herangezogen, was insbesondere die Poahlbürger betraf.
-> Burg, -> Stadtmauer, -> Stadtbrand, -> Spanndienst

| Büttel | Auch *Fronbote* oder *Scherge*. Person, die richterliche Anordnungen durchführte; **Gerichtsdiener**. Regional war er auch für die Aufrechterhaltung der öffentlichen Ordnung zuständig. Johann Heinrich Zedler schreibt hierzu in seinem *Universal-Lexicon* von 1731 in Band 4, Spalte 1886:

„Büttel oder Bittel ist des Richters und des Gerichts Bothe, I. 3. art. 61. des Land=Rechts, oder Amts = und Gerichts=Knechte, Häscher, Archer, Sergen, sind solche Personen, deren ein Richter bey seinem Amt auch benöthigt, und dazu gebraucht werden, daß sie vor Einführung derer Delinquenten, deren Bewahrung und vor das Gefängniß selbst, Sorge tragen, oder an vielen Orten, Gerichtl. Aufflagen und Citationes insinuieren. Und ist ihretwegen zu notiren, daß, nach gemeiner Sentenz derer Dd. sie die Incarcerierten, wenn sie schon durch richterlichen Spruch absoluiert werden, doch noch so lang aufhalten können, biß sie vor die Speisse und ihre Mühe vergnügt worden. ... So sind dergleichen Leute ihres Amtes wegen nicht infam, und dahero ihre Söhne zu Handwerckern zu admittiren. ...“

Burg

Ein Begriff mit vielfältiger und deshalb unsicherer sprachlicher Herkunft, der eine befestigte Stellung bezeichnet, in die man sich bei Gefahr zurückziehen kann.
-> Motte
Auch befestigte Ansiedlungen wurden ursprünglich als *Burg* bezeichnet, woraus sich auch heute noch diverse Städtenamen ableiten. -> Bürger

Burgund

Ursprünglich waren die Burgunder ein ostgermanischer Stammesverband (in etwa im heutigen nördlichen bis zentralen Polen beheimatet), der im Zeitalter der Völkerwanderung in Richtung Rhein (es sind Burgunder z.B. in Krefeld nachgewiesen) und schließlich weiter nach Südfrankreich zog. Als Volksstamm schließlich untergegangen, lebte jedoch der Volksname im Burgunderreich weiter. Im Mittelalter ging Burgund zunächst im Westfränkischen (Französischen) Staat auf, blieb aber als Territorium weitgehend erhalten und erhielt schließlich seine Unabhängigkeit. Zum Teil lag Burgund auf dem Gebiet des HRR, zum Teil auf französischem. Zum burgundischen Herrschaftsgebiet gehörten unzusammenhängende Regionen in Westeuropa; zum Beispiel in Südfrankreich die Freigrafschaft und das Herzogtum Burgund *(heute u.a. als bedeutendes Weinbaugebiet bekannt)* sowie die Grafschaft Nevers. Im Nordwesten des HRR lagen das Herzogtum Brabant, die Grafschaft Flandern, die Grafschaft Artois und das Herzog-

tum Limburg bei Aachen, sowie als Pfandschaft das Herzogtum Luxemburg. Die Gebiete in Südfrankreich wurden „Obere Lande" die nördlichen „Niedere Lande" benannt. (*Hiervon leiten die heutigen Niederlande ihren Namen ab.*) Aufgrund territorialer Interessen griff Karl der Kühne, einflussreicher Herrscher von Burgund, in die Kölner Stiftsfehde ein. Nach dessen Tod zerfiel das Burgunderreich in einen französischen und einen deutschen Teil. Der nördliche, damals noch zum HRR gehörige „niedere" Teil kam durch Heirat an die spanischen Habsburger, gegen die schließlich die Bewohner von 13 Provinzen der „Niederen Lande" aufbegehrten und nach 80 Jahren kriegerischer Auseinandersetzung im Jahr 1648 mit dem -> Frieden von Münster ihre staatliche Unabhängigkeit erhielten.
Siehe auch: https://de.wikipedia.org/wiki/Haus_Burgund

Burse

„... Gemeinschaft, die aus einer gemeinsamen Kasse lebt, wie auch deren Behausung und leitet sich aus dem Lateinischen ab. Bursa stand dort ursprünglich für „Tasche, Beutel, Börse" und wandelte seine Bedeutung zur „gemeinschaftlichen Kasse". Gemeint ist in der Regel eine studentische, streng reglementierte Wohn- und Lebensgemeinschaft, wie sie vom Hochmittelalter bis in das 17. Jahrhundert in Universitätsstädten bestanden. Bursen sind als Vorläufer von Studentenwohnheimen und eingeschränkt auch von Studentenverbindungen anzusehen." https://de.wikipedia.org/wiki/Burse
 -> nasse Burse

Cerevis	Die Kappe der Studenten. Es war und ist heute noch in einigen Studentenverbindungen üblich, als Zeichen der Zugehörigkeit eine Art Uniform zu tragen. Hierzu gehört(e) als Kopfbedeckung das Cerevis.
Chaussee	-> Kunststraße
Chausseegeld	Mautgebühr, die als staatliche Steuer für die Benutzung einer -> Kunststraße anfiel. Nicht zu verwechseln mit dem -> Pflastergeld, das eine städtische Gebühr war.
Constabel	Auch Bombardier genannt. Soldat, der ein Feldgeschütz befehligt bzw. bedient.
Contravenient	Zuwiderhandelnder.
Courrier	Schnelle Gangart. -> Postillion
Crange	Die Wasserburg *Haus Crange* war eine Grenzburg an der -> Emscher. Sie stand auf der südlichen Seite des Flusses. In ihrer Nähe befand sich eine der Brücken, die das Vest Recklinghausen mit der Grafschaft Mark verbanden. Westlich der Burg wurden Pferdeauktionen der „Emscherbrücher Dickköppe" (die auf Recklinghäuser Seite „Recklinghäuser Dickköppe" bzw. -> „Wildlinge" genannt wurden) veranstaltet. Auf dem Gelände dieses Pferdemarktes findet seit dem 18. Jahrhundert die bekannte *Cranger Kirmes* statt. Das Wasserschloss Crange ist verfallen und heute ganz in der Nähe des Kirmesgeländes als Ruine zu besichtigen.
Craymühle	Später Kreymühle benannt. Unter kurfürstlicher Oberaufsicht stehende Kornmühle am -> Hellbach in Recklinghausen. Auch „Untere Mühle" benannt. Der Kreymühlenweg erinnert heute an den Standort dieser Mühle, die ihren Betrieb wegen der durch den Bergbau verursachten Geländeveränderungen im späten 19. Jahrhundert einstellen musste. -> Tafelgut
Cuius regio eius religio	lat. = „Wessen Region, dessen Religion". Im HRR jener Leitsatz, der besagte, dass ein Landesfürst bestimmen konnte, welche Religion in seinem Herrschaftsgebiet ausgeübt werden darf. Der direkte Gegensatz zur Religionsfreiheit. Im Vest Recklinghausen war der -> Kurfürst von -> Köln der oberste Landesherr. ⇨

Da er in Personalunion -> Erzbischof der katholischen Kirche war, hatten alle seine Untertanen, auch im Land zwischen Emscher und Lippe, katholisch zu sein. Diese Zwangsvorschrift wurde 1614 durch Kurfürst Ferdinand von Bayern verschärft und verschriftlicht und blieb bis zur Auflösung des HRR gültig. Nichtkatholiken hatten das Vest zu meiden oder zu verlassen. Wer sich im Vest Recklinghausen niederlassen wollte, musste entweder seine katholische Gesinnung durch ein beglaubigtes Dokument nachweisen oder zum Katholizismus konvertieren.
-> Maul-Christen

Denar

Silbermünze, die ursprünglich als Hauptmünze im antiken römischen Reich im Umlauf war. Später im Münzsystem Karls des Großen auch *Pfennig* genannt und als 12. Teil des Schillings und 240. Teil des karolingischen Gewichtspfundes festgelegt Ab dem Hochmittelalter war der grundlegende Bezug nicht mehr das Pfund, sondern die -> Mark (*Währungsgewicht*).

In Recklinghausen taucht selbst in späteren Jahren manchmal in Rechnungsunterlagen aus der Zeit des HRR die Abkürzung **d** auf, die aus dem historischen Zusammenhang für den Pfennig, bzw. -> Weißpfennig benutzt wurde. (*vgl. das britische Währungssystem bis 1971; u.a. war auch dort die Abkürzung für Penny ein d*). Zu vermuten ist also, dass es sich hier um eine latinisierte Darstellung des -> Albus (*denarius albus* = Weißpfennig) handelt, da die Bezeichnung *Denar* dem *Pfennig* gewichen war und nur noch in ganz wenigen Gebieten des HRR tatsächlich Denare geprägt wurden. In den -> Valvationstabellen des rheinisch-westfälischen Kreises tauchen im 17. Jahrhundert keine Denare mehr auf.

Nicht zu verwechseln mit dem *Dinar* (mit *i*) aus dem arabischen Kulturraum, der zwar die gleichen Wurzeln hat, jedoch in andere Wertsysteme eingebunden ist.

Zum Münzsystem im Vest Recklinghausen siehe auch Udo Janczyk, Eine wenig bekannt Silbermünze des 17. Jahrhunderts im Vest Recklinghausen, VK 2024, 95. Jahrgang, S. 64 - 67

Deutsch

Hier: Sprache. Von **Theotisca lingua,** *die vom Volk gesprochene Sprache* in Abgrenzung zur lateinischen, die vom Klerus gesprochen wurde. Germanisch-althochdeutsch -thiot = Volk. Ab etwa 800 *thiutsch* als Bezeichnung der Sprache der ostfränkischen Bevölkerung und als Abgrenzung zur Sprache im westlichen Teil des Frankenreichs, wo seit der römischen Besatzung das Lateinische mehr Eingang in die Regionalsprachen gefunden hat. -> ahd.

Deutscher Orden

Der Deutsche Orden (*Ordo fratrum domus Sanctae Mariae Teutonicorum Ierosolimitanorum*) war ein Ritterorden, der während des Dritten Kreuzzuges 1198 bei der Belagerung der heutigen israelischen Partnerstadt von Recklinghausen, Akko(n), aus der Arbeit einer bürgerlichen Hospitalbruderschaft (gegr. 1190) in einem Feldhospital entstanden ist. Die heute immer noch bestehende, 1929 organisatorisch und inhaltlich reformierte römisch-katholische Ordensgemeinschaft widmet sich in unseren Zeiten caritativen Zwecken.

Deutschordensstaat

Im Gebiet der heutigen Baltischen Staaten Estland und Lettland und zum Teil in West- und Ostpreußen gründeten die Ritter des -> Deutschen Ordens im 13. Jahrhundert einen eigenen Staat, der schließlich am 5. März 1562 aufgelöst wurde. -> Livland

Devotio moderna

„Die Devotio moderna (lateinisch; „zeitgemäße Frömmigkeit") war eine religiöse Erneuerungsbewegung innerhalb der Kirche. Sie entstand im ausgehenden 14. Jahrhundert in den Niederlanden und verbreitete sich im 15. Jahrhundert vor allem in Nordwestdeutschland. Im 16. Jahrhundert verlor sie an Kraft, wirkte jedoch im Denken der deutschen Renaissance-Humanisten und der Reformatoren fort. ..."
https://de.wikipedia.org/wiki/Devotio_moderna
Die *devotio moderna* steht in engstem Zusammenhang mit den Augustiner Chorherren der -> Windesheimer Kongregation, zu denen auch die Recklinghäuser -> Augustinessen Kontakt hatten.

Dispens

Hier: im kanonischen (kirchlichen) Recht die Befreiung von einer Pflicht.
In Recklinghausen ist ein -> Vikar bekannt, dem auf Antrag im Jahr 1709 die Dispens von der geistlichen Laufbahn erteilt wurde, weil er „eine Behinderung am Bein" hatte. Er hatte das Bein wohl bei einem Jagdunfall eingebüßt. -> Altarist

Domdechant

Vertreter des -> Dompropstes.

Domkapitel

Verwaltungsorgan einer Diözese. Das Domkapitel unterstützt den Bischof (in unserem Betrachtungsraum den -> Erzbischof von Köln) bei der Leitung und Verwaltung des (Erz-) Bistums. Das Domkapitel wählt den neuen (Erz-) Bischof, und schlägt ihn dem Papst zur Ernennung vor. In der -> Frühen Neuzeit gab es in Köln manchmal Kompetenzstreitigkeiten zwischen Domkapitel und Erzbischof, wenn es um verwaltungsrechtliche Entscheidungen ging.

Domkapitelsverwalter

Auch **domkapitularischer Verwalter** oder **Verwalter des Domkapitels**. Das -> Erzbistum Köln hatte auch im -> Vest Recklinghausen großen Grundbesitz. Die Aufgabe der Verwaltung dieser Liegenschaften hatte das -> Domkapitel. Die zentrale Verwaltung dieser Güter wäre wegen der vielfältigen individuellen Anforderungen und der räumlichen Entfernung zu aufwändig gewesen. Ein regionaler Verwalter, der vor Ort wohnte, konnte diese Aufgabe besser erfüllen. Ab 1576, im Zuge der Auslösung des Vestes Recklinghausen aus der Schaumburgischen Pfandschaft, übernahm ein illegitimer Sohn des verstorbenen -> Erzbischofs Adolf von Schaumburg diesen Posten. Er wurde ihm von seinem Vetter, der zu dieser Zeit -> Domdechant war, übertragen. Das Amt des domkapitularischen Verwalters blieb der Recklinghäuser Familie Schaumburg bis 1722 erhalten. Die -> Schaumburgstraße (ehemals *Gartenstraße*) in Recklinghausen ist seit 1926 nach dieser Familie benannt. Wohnsitz des Domkapitelsverwalters war ab 1600 das -> Domkapitularische Haus in der -> Romstraße. -> Bastard, -> Oer

Domkapitularisches Haus	Wohnhaus des -> Domkapitelsverwalters. Lag in Recklinghausen an der -> Romstraße (heute Im Rom) und hatte seit der Zeit der Nummernvergabe die -> Hausnummer 3. Die sich anschließenden Hausnummern 5 und 7 gehörten ebenfalls zum Besitz des Domkapitels.

Domkapitularisches Haus — Wohnhaus des -> Domkapitelsverwalters. Lag in Recklinghausen an der -> Romstraße (heute Im Rom) und hatte seit der Zeit der Nummernvergabe die -> Hausnummer 3. Die sich anschließenden Hausnummern 5 und 7 gehörten ebenfalls zum Besitz des Domkapitels.

Im Jahr 1600 verkaufte die Witwe Lensmann ihren privaten Besitz an den damaligen Domkapitelsverwalter Arnold von Schaumburg, dessen Sohn Johann es im Jahr 1659 an das Kölner Domkapitel veräußerte.

Doch schon vorher, im Jahr 1607, brannte das wenige Jahre zuvor erworbene Haus ab. Im Jahr 1686, bei einem größeren Stadtbrand, wurde der Neubau von 1607, der inzwischen der Kölner Kurie gehörte, wiederum zerstört. Der daraufhin errichtete Bau mit -> Scheuer und -> Brauhaus blieb bis 1964 erhalten. Auf dem Gelände befindet sich heute ein Kindergarten. ->Abbildung Seite 163 oben.

Dompropst — Vorsitzender des -> Domkapitels. Vertreter des (Erz-) Bischofs im Dom.

Doppelhaken — Bezeichnung der Hakenbüchsen schwersten Kalibers, die als Verteidigungswaffen auf den Wehranlagen von Städten und Festungen eingesetzt wurden; deshalb auch *Wallbüchsen* genannt. Leichtere Geschütze waren die ganzen und halben Haken. -> Arkebuse

Drehleier — Saiteninstrument, das durch Drehen einer Kurbel ein inwendiges Rad in Bewegung setzt und mit diesem (anstelle eines Geigenbogens) die aufgespannten Saiten anstreicht. Durch das Mitklingen der nicht melodiös bespielten, angestrichenen Saiten und den separaten sogenannten Bordunsaiten ergab sich ein charakteristischer durchgängig schwingender Klang. -> Schalmei, -> Sackpfeife

Dr. iur. utr. — **Doctor iuris utriusque**, Deutsch: Doktor beider Rechte. Seit dem 14. Jahrhundert höchster juristischer Doktorgrad. Er umfasste sowohl das staatliche als auch das

kanonische (kirchliche) Recht. Der Vater der Maria Theresia Pinkernell, Hermann Pinkernell war spätestens seit 1622 berechtigt, diesen Doktorgrad zu führen. An einigen Universitäten, so zum Beispiel auch an der Würzburger, wo Hermann Pinkernell studiert hat, wird diese Auszeichnung noch heute verliehen. Siehe auch: *Olaf Manke und Alfred Stemmler, Die Tochter des Hexenjägers - Recklinghausen, die Pinkernell und die Jesuiten - Spurensuche in der Frühen Neuzeit*
Kaiser Leopold I. (* 9. Juni 1640 in Wien; † 5. Mai 1705 ebenda, Kaiser des HRR 1658 - 1705) teilte seine Untertanen in fünf Klassen ein. Die Rechtsgelehrten, insbesondere die Doktores, gehörten neben den „Doktores der Arznei" und den Hofbediensteten (-> Hofrat) der ersten und damit bestangesehenen Bevölkerungsschicht an. Nicht ohne Grund strebten auch in Recklinghausen reiche Bürgerliche danach, Rechtswissenschaften zu studieren.

Dröppelminna

Bauchige Kaffeekanne mit Füßen und einem Auslaufhahn im unteren Bereich. Kam im 18. Jahrhundert auf, als der bis dahin oftmals unerschwingliche und zum Teil für die einfache Bevölkerung sogar verbotene Kaffee bezahlbar wurde und auch im bürgerlichen Umfeld seine Verbreitung fand. Da es noch keine Kaffeefilter gab, verstopfte der Kaffeesatz in der Regel den Ausgießer und der Kaffee tröpfelte (dröppelte) nur noch. Das Ausgussrohr musste dann mit einem Draht, einem Federkiel oder einem anderen flexiblen Stab gereinigt werden. Da man die bauchige Form mit einer Hausmagd, die man umgangssprachlich *Minna* nannte, verglich, hieß die Kaffeekanne also nun „Dröppelminna".

Druppel

ndt./ndl. Tropfen. Mit der sogenannten **Druppelfallgerechtigkeit** ist z.B. die Auflage gemeint, zwischen zwei Häusern eine -> Soe, eine kleine Gasse für das aus den Höfen und den Dächern ablaufende Wasser anzulegen.

Dysenteria

Durchfallerkrankung. Im Jahr 1750 ging eine sogenannte „dysenterische Krankheit" in Recklinghausen um, die offenbar einer besonderen Erwähnung Wert war. Möglicherweise eine Epidemie der -> Ruhr.

Ehevogt

Im überwiegend patriarchalisch organisierten HRR Vormund bzw. Rechtsvertreter der Ehefrau. Auch: Hausherr, Haushaltsvorstand, rechtlicher Repräsentant sämtlicher Hausbewohner. Er trug die moralische und rechtliche Verantwortung für die Handlungen aller Familienmitglieder und Hausbewohner einschließlich des -> Hausgesindes.

Eicksches Haus

Heute nicht mehr existierendes Haus am Recklinghäuser Altstadtmarkt. Hatte die Adresse Markt 1 und gehörte dem -> Advokaten Eick. Nach dessen Tod wurde es im 19. Jahrhundert als Gerichtsgebäude genutzt und mit der Erweiterung des Marktplatzes und der Errichtung des Amtsgerichts an der Reitzensteinstraße zu Beginn des 20. Jahrhunderts abgebrochen.
-> Olaf Manke und Alfred Stemmler, Die Tochter des Hexenjägers, S. 226

Eidam

Schwiegersohn

Emscher

Rechter Nebenfluss des Rheins, der auf dem Gebiet von Holzwickede südöstlich von Dortmund entspringt. Er fließt zunächst in nördliche Richtung, um dann in westliche Richtung zum Rhein hin zu verlaufen. Die Emscher markiert unter anderem das südliche Ende des Recklinghäuser Stadtgebiets und war der Grenzfluss zwischen dem katholischen Vest Recklinghausen und der überwiegend protestantischen -> Mark. Um die Fischereirechte in dem damals stark mäandrierenden Fluss und andere Grenzangelegenheiten, wie zum Beispiel den Brückenbau, gab es immer wieder Auseinandersetzungen zwischen den Herren von -> Strünkede und den Bürgern der Stadt Recklinghausen. -> Abb. S. 163 unten, -> Lippe, -> Vest

Emscherbruch

Gebiet im Bereich der -> Emscher, welches zum Teil durch feuchten Untergrund gekennzeichnet war. Im Betrachtungszeitraum dieses Buches mäandrierte die Emscher stark und durchnässte bei Hochwasser die Erde in ihrem Überschwemmungsgebiet, was nur langsam abtrocknete. Wegen des feuchten Kleinklimas entwickelten sich bei bestimmten Wetterlagen Dunstschleier, die immer wieder Anlass zu schaurigen Erzählungen gaben. Unter anderem entstanden hier auch Gespenstergeschichten, die sich schließlich mit der Sage um die Jungfrau Pinkernell vermischten. Für Bürger, die an der -> Pest erkrankt waren, gab es hier eine Hütte, in der sie von der übrigen Bevölkerung isoliert wurden. Das Bruch war im direkten Umfeld der

Emscher nur dünn besiedelt, war aber als Weidegrund und für den Holzeinschlag beliebt. Deshalb gab es immer wieder auch Konfrontationen mit den Herren von -> Strünkede, die Nutzungsansprüche auf Recklinghäuser Seite erhoben. Aber auch von Übergriffen Recklinghäuser Bürger auf Strünkeder Seite wird berichtet.
-> Bruch, -> Wildlinge

Enke	Kleinknecht, der dem Großknecht unterstellt ist.
Erblandesvereinigung	*„Als Erblandesvereinigungen bezeichnet man im weltlichen Machtbereich des Kölner Kurfürsten, also dem eigentlichen Kurköln und den Nebenländern Vest Recklinghausen und Herzogtum Westfalen, Zusammenschlüsse der Stände und ihre Vereinbarungen mit dem Landesherrn. Entstanden im Spätmittelalter und verschiedentlich erneuert, bildeten sie bis zum Ende des Heiligen Römischen Reiches so etwas wie Grundgesetze für diese Territorien. Kennzeichen war die Begrenzung der Macht des Kurfürsten durch die verbriefte Mitwirkung der Stände an der Regierung der Gebiete.“* https://de.wikipedia.org/wiki/Erblandesvereinigung
Erbmarschall	Erbliches Hofamt. Oberbefehlshaber des Heeres. -> Marschall
Ernting	Monatsname: **August**. Siehe -> Hartung
Erzbischof	Titel eines Bischofs mit einer besonderen Amtsstellung. Die Erzbischöfe des Mittelalters und der Frühen Neuzeit übten sowohl kirchliche als auch weltliche Macht aus. Der Landesherr für das Vest Recklinghausen war sowohl Kurfürst als auch Erzbischof von Köln in Personalunion. Der erste in den historischen Quellen erwähnte Bischof von Köln trat 313 bei der Synode in Rom auf. In der weiteren Entwicklung vereinigte der Kölner Erzbischof weite weltliche und kirchliche Befugnisse unter seiner Herrschaft und stieg zu einem der einflussreichsten Politiker im HRR auf. Seinen Bischofssitz hatte er in Köln. Als Kurfürst regierte er von Bonn aus.
Erzbistum	Religiöser Verwaltungsbezirk bzw. Diözese eines -> Erzbischofs. Das Erzbistum Köln ist nach Trier das früheste nachweisbare Bistum Deutschlands.
Erzstift	Weltlicher Herrschaftsbereich eines Erzbischofs. Das Erzstift Köln, zu dem auch das Vest Recklinghausen gehörte, war territorial nicht deckungsgleich mit dem

Kurfürstentum Köln, so dass sich für den Kölner Erzbischof, der gleichzeitig Kurfürst war, ein weites Herrschaftsgebiet ergab, das einen großen Teil des heutigen Nordrhein-Westfalens sowie weite Teile des heutigen westlichen und nördlichen Niedersachsens bis an die Nordsee abdeckte. -> Westfalen

Eskadron	Kleinste taktische Einheit der Kavallerie. Etwa 100 bis 150 Reiter und Pferde. Fünf Eskadronen bildeten ein Regiment.
Estomihi	Katholisch: *Quinquagesima*, 7. Sonntag bzw. 50. Tag vor Ostern. Üblicherweise der Karnevalssonntag. -> Vastavend

Ex Libris

„Manchmal muß man Freunde besuchen, um seine Bücher wiederzusehen."
William Hazlitt
(1778 - 1830)

lat. = „Aus den Büchern". Mit dem Aufkommen des kommerziellen Buchhandels im Zeitalter der Reformation entstanden zahlreiche öffentliche und private Bibliotheken. Um den Besitzanspruch an den oftmals sehr teuren Büchern, die auch ausgeliehen wurden, zu manifestieren, wurden als Kleingrafik gestaltete Besitzvermerke, die sogenannten *Ex Libris* in ihnen angebracht. Im Laufe der Zeit entstand hieraus eine eigene Sparte der grafischen Kunst. Auch die vestischen Statthalter auf Schloss Herten besaßen eine solche Bibliothek mit besonderen Büchern, die infolge von Brandkatastrophen mehrmals neu aufgebaut werden musste und schließlich im Zweiten Weltkrieg komplett zerstört wurde.
-> Nesselrodestraße

*Ex Libris des Franz von Nesselrode-Reichenstein (*1635, +1707), Begründer der Bibliothek auf Schloss Herten, aus dem Jahr 1695.*

Fabrizisches Haus

Größeres Wohngebäude in der -> Herrenstraße. Im Jahr 1627 kaufte Werner Fabritius, kurfürstlicher -> Kellner, hier ein Haus. Im Jahr darauf starb er. Als im Jahr 1629, während des Dreißigjährigen Krieges, der kaiserliche General-Wachtmeister Johann Jakob, Graf von Bronckhorst zu Anholt, Freiherr von Batenburg zu Milendonck, Bahr und Lathum im Begriff war, seinen Dienst zu quittieren (er legte sein Amt bereits im Februar nieder, konnte aber erst im August gehen), machte er mit seinen Truppen Station in Recklinghausen und nahm sein persönliches Quartier im Haus der Witwe Fabritius an der Herrenstraße.
Im Jahr 1782 ging das Haus durch Erbe in den Besitz von -> Hofrat Uphoff über. Dieser veräußerte es 1794 an die Stadt Recklinghausen, die es schließlich als Pastorat (-> Widemhof) einrichtete. In den 1960er Jahren wurde es abgebrochen und mit einem Geschäftshaus überbaut. -> Abbildung auf Seite 164.

Faselschwein

Auch: Vaselschwein. Zur Zucht bestimmtes Schwein, in Abgrenzung zum Schwein, das zur Mast bestimmt war. Während Mastschweine reichlich mit hochwertigem Futter versorgt wurden, damit sie viel Volumen ansetzen konnten, erhielten Faselschweine nur Standardfutter. Insofern bedeutete Faselschwein auch „mageres Schwein" oder „junges ungemästetes Schwein".

Fauler Graben

Abschnitt der zweiten Recklinghäuser Wallgrabenreihe, der zwischen dem heutigen Rathaus, dem -> Steintor und dem -> Viehtor lag. Hatte seinen Namen möglicherweise von der Tatsache, dass auf dem anschließenden stadtauswärts gelegenen Gelände (heute Paulusanger, Gustav-Adolf-Kirche, Altenzentrum und Kinokomplex) unter anderem der Auftrieb des städtischen Viehs stattfand, bevor der Hirte die Tiere auf die Weiden führte. Außerdem stand (nach dem Plan von 1822) ganz in der Nähe die -> Fillerei, die biologische Abfälle produzierte und zum Teil im Graben entsorgte. Heute verläuft auf diesem verfüllten Grabenstück die Straße, die man „Auf dem Graben" benannt hat. -> Wallgraben, -> Viehtor

Federkiel

Hier: Schreibgerät, das üblicherweise aus einer Gänsefeder hergestellt wurde.

Fehde

Streit, gewaltsame Auseinandersetzung, Kampf. War bis 1495 die übliche Vorgehensweise bei Meinungsverschiedenheiten. Mit dem „Ewigen Landfrieden", einer allgemeinen Rechtsordnung, wurde das Fehderecht (auch Faustrecht genannt) formal abgeschafft. Diese neue Regelung setzte sich allerdings nur langsam durch, so dass man noch bis ins 17. Jahrhundert hinein von gewaltsamen Auseinandersetzungen außerhalb der seit mehr als 150 Jahren gültigen Rechtsordnung erfährt. Von dieser Praxis profitierten besonders auch -> Reisige.

Felleisen

Hat nichts mit dem Metall zu tun, sondern war der Transportsack für Nachrichten, den ein Bote sich überwarf oder ein -> Postillion hinter dem Sattel aufs Pferd band. Die Herkunft der Bezeichnung ist nicht eindeutig zu bestimmen.

Fellin

Ort in -> Livland (heute *Viljandi* in Estland) mit einer der wichtigsten und bestbefestigten Burgen des -> Deutschen Ordens im Baltikum. Seit 1992 Partnerstadt von Minden-Lübbecke.

Im Jahr 1528 besuchte der -> Komtur der Ordensburg Fellin Recklinghausen und wurde hier standesgemäß bewirtet. Der Name des hohen Herrn wird in den Recklinghäuser Chroniken leider nicht genannt, ebensowenig sein Beweggrund, die vestischen Lande zu besuchen. Ob dies im Zusammenhang mit der Ausbreitung der Reformation in Livland stand, Rekrutierungsgründe hatte oder ob es einen anderen Grund gab, bleibt ebenso zu klären wie die Frage nach den näheren Kontakten Recklinghausens zu einzelnen livländischen Ortschaften.

Im Jahr 1522 war der bereits für 1504 in den Livländischen Jahrbüchern erwähnte Rupert oder Robert Graff bzw. Ropert de Graff Komtur in Fellin. (*Geheimes Staatsarchiv Preußischer Kulturbesitz, XX. HA, OBA, Nr. 25763*). Auch für 1524 ist er als Komtur der Ordensburg nachweisbar. Ob er 1528 noch im Amt und der erwähnte Besucher war, ist zum Zeitpunkt der Drucklegung dieses Buches nicht abschließend geklärt. Ab 1535 ist Johann von der Recke aus Heeren bei Kamen als Amtsinhaber geführt (*Allgemeine Deutsche Biographie, Band 27, S. 503, Leipzig 1888*). Vom Jahr 1553 an hat Johann Wilhelm von Fürstenberg (*1500 in Neheim bei Arnsberg, ab 1557 Landmeister im Deutschen Orden) diese hohe Stellung eingenommen.

Die Burg Fellin wurde 1560 von den Russen belagert und besetzt, 1582 an die Polen übergeben, 1600/1608 von den Schweden erobert und verfiel schließlich nach dem Großen Nordischen Krieg (1700-1721) zur Ruine.

Fenstersturz

Hier: Eine Form der Selbstjustiz, bei der ein Gegner aus dem Fenster in den Tod gestürzt wird; ist seit der Antike immer wieder im Zusammenhang mit politischen Umstürzen dokumentiert. Der zweite Prager Fenstersturz im Jahr 1618 war das markante Schlüsselereignis, das den 30-jährigen Krieg auslöste. Böhmische Protestanten warfen katholische Regierungsvertreter aus einem Fenster der Prager Burg, nachdem die von Kaiser Rudolf II. 1609 zugesagten Religionsfreiheiten von seinem Nachfolger nicht eingehalten worden waren.

Feuerspritze

Eine Wasserpumpe auf einem fahrbaren Gestell, das oft von Pferden gezogen wurde. Manchmal mit einem eigenen Wasserbehälter ausgestattet, manchmal auch mit Schläuchen, die zum Abpumpen des Wassers in einen Teich, Tümpel oder Brunnen gelegt werden konnten. Bis zur Anschaffung einer Feuerspritze im Jahr 1698 basierte in Recklinghausen die Brandbekämpfung auf Eimerketten, die vom -> Nachbarschaftsbrunnen oder vom Stadtgraben bzw. einem innerstädtischen Teich oder Tümpel zur Feuerstelle gebildet wurden. Hierzu hatte jeder Bürger einen Ledereimer bei der Stadtverwaltung zur zentralen Verwahrung abzugeben und einen im eigenen Haus vorrätig zu halten. Für die extrem teure Feuerspritze wurde üblicherweise ein -> Spritzenhaus gebaut, um das wichtige Gerät vor Verwitterung, Vandalismus und Diebstahl zu schützen.

Fideikommiss

Regelung der Erbfolge (meist adeliger Kreise) oder einer Besitzüberlassung zu Lebzeiten, in welcher *ein* einzelner Erbe oder „Nutzeigentümer" festgelegt wurde, der dadurch allerdings nicht Grundbesitzer wurde. Ihm wurde durch diese Regelung allein das exklusive Nießbrauchsrecht von Haus und Grund zugebilligt. Diese Regelung sicherte im Falle eines Konkurses dieses Erben oder Hauptnutzers, dass zwar dessen persönliches Vermögen eingezogen werden konnte, nicht jedoch der Grundbesitz, der weiterhin Eigentum des Familienverbandes blieb. So blieb die vermögensrechtliche Grundlage und damit die soziale Stellung der Familie gesichert. Ein Fideikommiss ist in etwa mit einer privatrechtlichen Lehensvereinbarung zu vergleichen. -> Lehen

Fidibus

Zugespitzter Holzspan oder gefalteter Papierstreifen als Anzündehilfe, häufig gebraucht im Zusammenhang mit Tabakspfeifen. Vor der Erfindung der in Mengen hergestellten Zündhölzer wurden vorbereitete Fidibusse als Vorrat in der Nähe der Feuerstelle aufbewahrt.

Fillerei

„Fillen" ist das Abschaben der Fett- und Gewebereste von Tierhäuten. Dies war ein vorbereitender Arbeitsschritt vor der Weiterverarbeitung der Häute durch den -> Gerber. Aus den Resten der geschlachteten Tiere wurden unter anderem Schmierstoffe (aus dem Fett) oder Dünger (aus Hörnern und Hufen) hergestellt.

Die Fillerei befand sich in Recklinghausen nach dem Plan von 1822 südlich außerhalb der Stadtmauer in der Nähe des -> Viehtors zum -> Ulenturm hin gelegen, auffälligerweise in einem Umfeld, das mit dem so genannten -> Faulen Graben in engem Zusammenhang stand. -> Schinderplatz, -> Schinder

Fischbank

Hier: Verkaufsstand auf dem Recklinghäuser Marktplatz in der Nähe des Rathausportals. Auf dem Markt waren öffentliche Verkaufsstände und Schaukästen aufgestellt, die von der Stadtverwaltung an die städtischen Händler verpachtet wurden; etwas Ähnliches wird heute mit den Verkaufsständen auf dem Weihnachtsmarkt praktiziert oder ist von ganzjährig besuchbaren Märkten wie dem Münchener Viktualienmarkt bekannt. An der Fischbank, die besonders nah am Rathaus stand, wurden öffentliche Versteigerungen durchgeführt.

Fiskal

Auch: advocatus fisci, anwaltlicher Vertreter der staatlichen Finanzverwaltung. Die ihm unterstellte Behörde wurde Fiskalat genannt. Das Amt wurde üblicherweise meistbietend verpachtet, um über regelmäßige Einkünfte verfügen zu können. In Recklinghausen war um 1700 der -> *Dr. iur. utr.* Jobst Ludwig Uphoff (zweiter Bürgermeister von Recklinghausen) -> Admodiator des Reichsfiskalats, hatte sich aber verkalkuliert und konnte den Pachtzins nicht ausreichend aufbringen, so dass er zur Begleichung seiner Schulden im Jahr 1707 das Erbe seiner Frau versetzen musste. -> Adv. fisc.

Flachs

Flachs ist das in diversen Verarbeitungsschritten gewonnene Produkt einer Pflanze mit dem Namen „gemeiner Lein". Es wurde und wird unter der Bezeichnung **„Leinen"** zur Herstellung von Textilien verwendet. In fast jedem Recklinghäuser Haushalt der Frühen Neuzeit gab es im Nebenerwerb die Vorverarbeitung von textilen Rohstoffen; hauptsächlich wurde neben Flachs auch Schafswolle verarbeitet.

Flachsbecke

Mit Wasser gefüllte Vertiefung in der Erde, in welcher -> Flachs vor der Weiterverarbeitung eingeweicht wurde (der Vorgang wurde *Flachsröste* genannt). Heute als Teich oder Tümpel zu bezeichnen. In Recklinghausen lagen diese Tümpel zunächst innerhalb der Stadtmauer, nach einer städtischen Verordnung von 1704 wegen der entstehenden Faulgase dann südlich der Stadt. Nach dem Einweichen wurden die leicht brennbaren Fasern entweder auf der Wiese ausgelegt, in speziell dafür angelegten Hütten an der Luft getrocknet oder zum Trocknen in die gegen Brand gesicherten -> Backhäuser verbracht. Das Schnelltrocknen des feuchten Flachs am eigenen Herdfeuer beschleunigte zwar den Trocknungsvorgang, reduzierte die Produktionskosten und erhöhte damit die Produktivität und das Einkommen, war aber wegen der hohen Brandgefahr strengstens verboten. Manche Stadtbrände sind auf Verstöße gegen dieses Verbot zurückzuführen.

Flaesheim
(sprich: *Flahsheim*, zur Aussprache siehe auch -> Oer) Ort am südlichen Ufer der Lippe, heute zu Haltern gehörig. Gegründet wahrscheinlich um 800 als Gutshof mit eigener Kirche. Ab 1166 Frauenkloster, ab 1555 freiweltliches Damenstift mit weitreichendem Besitz. Im Jahr 1770 brannte das Stiftsgebäude aus. Die Kirche blieb erhalten und dient heute als Pfarrkirche.

Flebotomia
Aderlass bzw. Phlebotomie. Seit ältesten Zeiten und auch noch heute bei wenigen Krankheitssymptomen eingesetztes medizinisches Heilverfahren. Dem Patienten wird dabei eine größere Menge venöses Blut entnommen. Weiterführend hierzu: https://flexikon.doccheck.com/de/Aderlass

Flinte
Ursprünglich ein zu Beginn des 17. Jahrhunderts entwickeltes Steinschlossgewehr. Der Name entspringt dem Feuerstein, Flint genannt, mit dem der Zündfunke erzeugt wird. Der Name wurde schließlich auf alle Feuerwaffen mit einem langen, glatten Lauf übertragen. -> Büchse, -> Muskete

Florian
lat. *Der Blühende*, als christlicher Heiliger einer der 14 Nothelfer; Schutzpatron der Feuerwehrleute, der Töpfer, Böttcher, Hafner, Schmiede, Kaminfeger, Seifensieder, Weinbauern und Bierbrauer. Er wird angerufen bei Dürre, Unfruchtbarkeit der Felder und bei Brandwunden. Er soll bei Feuer- und Wassergefahren sowie bei Sturm helfen. Sein Gedenktag ist der **4. Mai**. Er wird hauptsächlich in Österreich und Polen verehrt, genießt aber auch in Deutschland hohe Verehrung.
Florian war um das Jahr 300 Amtsvorsteher des römischen Statthalters in der Provinz Noricum (*heute in Bayern und Österreich das Gebiet östlich des Inn und südlich der Donau bis an die heutige Grenze Italiens, östlich-südöstlich in etwa bis zur heutigen slovenischen Stadt Celje und westlich bis Lienz/Tirol*) und konvertierte gegen Ende seiner Dienstzeit zum Christentum. Unter Kaiser Diokletian wurden Christen gezielt verfolgt. Florian reiste nach Lauriacum (Lorch, heute Ortsteil von Enns, nahe Linz/Donau), um dort 40 ergriffenen Christen beizustehen, wurde selbst ergriffen, gefoltert und schließlich (mutmaßlich) am 4. Mai 304 im Fluss Enns, einem Zufluss der Donau, ertränkt. Mit der Renovierung und Restaurierung des

1909 errichteten Feuerwehrdepots am Herzogswall in Recklinghausen wurde im Jahr 2018 das umgebende Gelände auf Initiative des Autors dieses Buches in *Florianhof* umbenannt und erinnert einerseits an diesen Heiligen, andererseits an die Hundertjährige Präsenz der Feuerwehr in diesem Bereich. Bis in die 1960er Jahre verlief hier die -> Wallstraße, einer jener Straßenzüge, die direkt hinter der Stadtmauer zur schnellen Besetzung der Verteidigungsanlage angelegt worden waren.

Fourage	War eigentlich die zeitgenössische militärische Bezeichnung für Pferdefutter. Wurde aber auch als Bezeichnung für die bei der Bevölkerung erzwungene Verpflegung von Soldaten benutzt. In der soldatischen Umgangssprache war mit „Fouragieren" üblicherweise auch das Plündern und Brandschatzen gemeint. Nicht nur im 30-jährigen Krieg, sondern auch in allen anderen kriegerischen Auseinandersetzungen der Frühen Neuzeit wurden die Einwohner des Vestischen Landes mit Fourage-Forderungen der durchziehenden Militärs beschwert; was schließlich einer der Gründe für die wirtschaftliche Stagnation und für den Verlust der Entwicklungsfähigkeit der Region war.
Frakturschrift	In Europa nördlich der Alpen die meistgebrauchte Schrifttype des 16. bis 20. Jahrhunderts. Frakturschriften entwickelten sich als Drucktypen über verschiedene Stadien aus den Handschriften des Mittelalters und sollten zunächst den Character des handgeschriebenen Buches nachahmen. (-> Umschlagtitel dieses Buches) Frühe Druckschriften wie die Textura, die von Gutenberg für seine berühmte Bibelausgabe benutzt wurde, ahmen zwar auch die klösterlichen Handschriften nach, gehören allerdings nicht in die Familie der Frakturschriften. Die Frakturschriften wurden in den 1930er und 1940er Jahren entgegen der landläufigen Meinung nicht von den Nationalsozialisten vereinnahmt. Im Gegenteil! Sie wurden, wie auch die Handschrift der Deutschen Kurrent (volkstümlich verallgemeinernd -> „Sütterlin" genannt) systematisch aus dem Gebrauch genommen. Sie wurde zwar in den ersten Jahren nach der Machtübernahme hier und da weiterhin benutzt, im Laufe der Zeit aber völlig durch Antiquaschriften bzw. eigene Schrifterfindungen ersetzt.
Frankfurter Messe	Überregional bedeutende Handelsmesse. Es ist nachweisbar, dass auch mindestens ein Recklinghäuser Kaufmann bereits im 16. Jahrhundert diese Messe besucht hat.

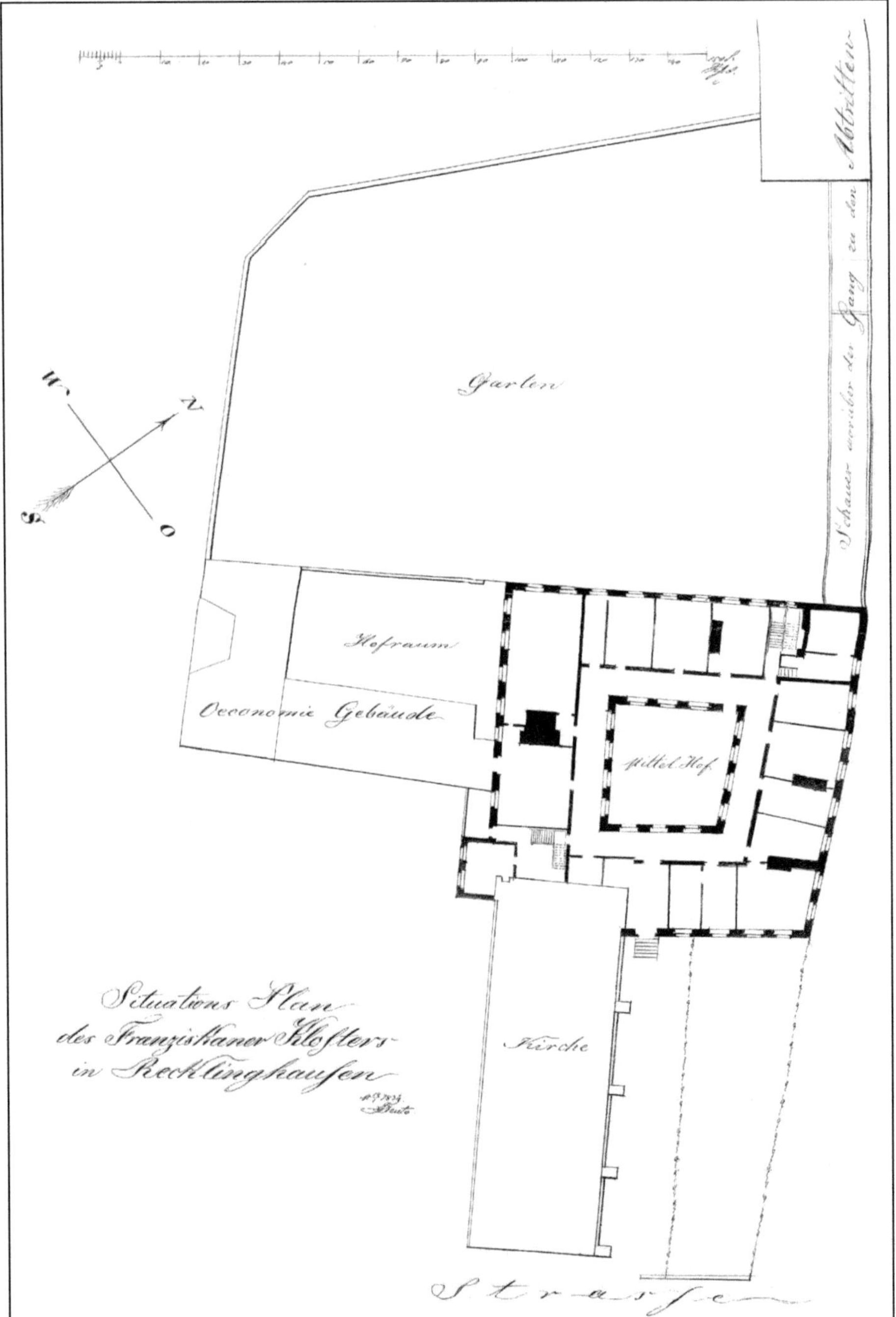

Plan des Franziskanerklosters in Recklinghausen aus dem Jahr 1834.

Franziskaner

Angehöriger eines katholischen Ordens mit dem Namen *ordo fratrum minorum* (deutsch: Orden der minderen Brüder). Er wurde um 1210 von Papst Innozenz III. bestätigt und 1517 nach dem sogenannten „Armutsstreit" geteilt in Observanten und Konventualen, wobei die Observanten, die den ursprünglichen Idealen der Besitzlosigkeit und Bescheidenheit folgten, als legitime Nachfolger des Gründungsordens anerkannt wurden. Sie werden auch heute noch nach dem Gründer Franz von Assisi „Franziskaner" genannt, während die Konventualen in der Regel als „Minoriten" bezeichnet werden. Auch die Kapuziner gehören zu den Franziskanern. Die Franziskaner werden den Bettelorden zugerechnet.
Die ersten Franziskaner-Observanten in Recklinghausen kamen im 30-jährigen Krieg 1633 aus Dorsten. Sie waren von den protestantischen Hessen vertrieben worden. 1642 wurde der Recklinghäuser Konvent vom Kölner Erzbischof zugelassen, 1658 begannen sie mit dem Bau der Franziskanerkirche (heute Gymnasialkirche), die man 1666 fertigstellen konnte. Nachdem die Franziskaner anfangs zur Miete wohnten, waren sie 1676 in der Lage, den Grundstein für ein Kloster an der heutigen Klosterstraße zu legen (dort steht heute der Altbau des Gymnasiums Petrinum). 1686 ging von der Küche des Klosters einer der größeren Brände aus, der viele Häuser in der Stadt vernichtete.

Franzosenkrankheit

Syphilis. Sexuell übertragbare Krankheit, die in einer für Europäer gefährlichen Variante von Kolumbus und anderen „Entdeckern" Amerikas nach Europa eingeschleppt wurde. Erhielt nach einer kriegerischen Auseinandersetzung des Französischen Königs Karl VIII. mit Italien (1494 - 1498) bei den Italienern den Namen „Franzosenkrankheit", während die Fanzosen sie „italienische Krankheit" benannten. Je nachdem, aus welchem Land sie eingeschleppt wurde, erhielt sie regional unterschiedliche Bezeichnungen. Auch der eine oder andere Papst blieb nicht von der Syphilis verschont. -> Allongeperücke

Frau

Anrede und Bezeichnung einer höhergestellten, verheirateten weiblichen Person. Die Bezeichnung für unverheiratete Frauen war *Fräulein* und machte im Gebrauch den entsprechenden Personenstand deutlich. Nur höhergestellten Frauen bzw. Fräulein gebührte die ehrenvolle Anrede. Deshalb weist die bürgerliche Margarethe in Goethes *Faust* ganz in bescheidenem ständischem Selbstbewusstsein den Annäherungsversuch des Hauptdarstellers auch mit den Worten zurück: „Bin weder Fräulein, weder schön. Kann ungeleit nach Hause gehn."
-> Weib, -> Herr, -> Fron

| Frauenwirt | Auch: Hurenwebel. Zuhälter. |

| Frauenzimmer | Hiermit ist nicht, wie man vermuten könnte, das Zimmer eines Hauses gemeint, das den Frauen vorbehalten war. Vielmehr ist dies die Bezeichnung für Frauen an sich, besonders für jene, die nicht ganz den moralischen Ansprüchen der Zeit entsprachen:

„Frauenzimmer betrügen: 1) Wenn sie die Flecken und Masern, so sie im Gesichte haben, mit denen so genannten Schön=Flecken oder Mouches bedecken, damit man sie vor ausbündig schön halten solle, folglich die Manns=Personen sich zur Liebe gegen sie erwecken lassen, oder sie ihnen zu bösen Begierden Gelegenheit geben mögen, wie jene geputzte und mit dergleichen schwarzen Flecken über und über bekleisterte à la Mode Dame zu sagen pflegte: **Sie wolte sich einmal recht putzen, und in die Kirche gehen, um den Studenten** *Passiones* **zu machen.** *... 3) Wenn sie vor wohlgewachsen angesehen seyn wollen, deßwegen verschiedene dazu dienliche Sachen unter den Kleidern tragen, und sich damit ausbrüsten. 4) Wenn sie Angesicht, Hals und Hände mit Scharlach=Flecken, so genannter Jungfern=Milch oder Lac Virginis und andern dergleichen Schmincke anstreichen. 5) Wenn sie, die rothe oder braune Haare auf dem Kopf und Augenbrauen schwarz färben ... 13) Wenn sie falsche goldene Ketten, Ringe, Uhren und dergleichen tragen, und andere damit blenden. 14) Wenn sie anderer Leute künstliche Nähe= und Stück=Arbeit für die ihrige fälschlich ausgeben, um vor geschickt und kunstreich angesehen zu werden. ...“*

Georg Paul Hönn, Betrugs=Lexicon, worinnen die meisten Betrügereyen in allen Ständen ..., Coburg 1761, S. 165 - 166

-> Jungfernmilch |

| Freiheit | Hier: Mit Vorrechten oder Immunität ausgestattete Siedlung im Rang einer sogenannten „Minderstadt“. Höfe, Weiler und Dörfer gehörten einer übergeordneten Verwaltungsinstanz an und waren den Weisungen der jeweiligen Verwaltung unterworfen. Freiheiten dagegen genossen ein eingeschränktes Selbstbestimmungsrecht. Üblicherweise lagen Freiheiten wie erweiterte Vorburgen bzw. wie ein zusätzlicher Verteidigungswall vor oder um eine Burg- oder Schlossanlage. In der Regel wohnten hier diejenigen Burgbediensteten, denen das Wohnen auf der Burg selbst nicht möglich oder nicht gestattet war. Im Vest Recklinghausen verzeichnete man im Betrachtungszeitraum dieses Buches vier Freiheiten: -> Horneburg, Westerholt, Buer und Horst. -> Wigbold |

| Freitagsandacht | Auch -> Xaverianische Andacht genannt. In dem 1697 in -> Prag erschienenen Werk |

„Xaverianische Andacht / Welche Man 10. Freytag nacheinander GOtt auffopffern kan / ein sonderbahre Gnad zuerlangen durch die Fürbitt deß H. Indianischen Apostels Francisci Xaverii. Zur Vermehrung der Xaverianischen Andacht" wird der Grund und der Ablauf der Andacht ausführlich beschrieben:

Der Missionar Franz Xaver, Mitgründer des Ordens der -> Jesuiten (eigentlich *Gesellschaft Jesu*), sei angeblich am Freitag den 2. Dezember 1552 gestorben – was zwar nach dem Gregorianischen -> Kalender stimmt, nach dem im Jahr 1552 noch gebräuchlichen Julianischen Kalender jedoch ein Dienstag war. Er soll außerdem 10 Jahre lang in Indien gepredigt haben. Tatsächlich waren dies sieben Jahre, danach war er in Ostasien tätig, wo er auch verstorben ist. Und nach seinem Tod soll noch ein ganzes Jahr lang ein hölzernes Kruzifix in seinem Elternhaus, Burg Xavier am Fuß der Pyrenäen, an jedem Freitag Blut geschwitzt haben.

Die Freitagsandachten sollten schon am Donnerstag mit Fasten oder anderen „guten Taten" eingeleitet werden. Die Andachten selbst folgten den üblichen katholischen Andachtsregeln mit dem Beten von Vaterunser, Ave Maria und Gloria Patri. Es folgten Rosenkranzgebete und Anrufungen des 1622 heilig gesprochenen Franz Xaver.

Genaueres ist nachzulesen bei Google unter der Adresse
https://play.google.com/books/reader?id=Il5cAAAAcAAJ&pg=GBS.PP1&hl=de

In Recklinghausen wurden die Freitagsandachten, die man zehn Wochen lang jeweils am Freitag hielt, im 18. Jahrhundert von dem ortsansässigen Jesuiten als ein Mittel der -> Gegenreformation eingeführt. Die Andacht war in frommen katholischen Kreisen recht beliebt. So hat die Witwe des Bürgermeisters Rensing im Jahr 1771 kurz vor ihrem Tod eine nicht unbedeutende Stiftung zugunsten dieser Andacht initiiert; wohl auch, weil man Franz Xaver neben seiner Funktion als Schutzheiliger gegen die Pest auch als Patron für eine gute Sterbestunde anrief.

Friede von Münster

Wurde am 15. Mai 1648 geschlossen und beendete den 80-jährigen Krieg zwischen den niederländischen Provinzen des HRR und dem habsburgischen Spanien. Mit diesem Friedensschluss schieden die Niederlande aus dem HRR aus und wurden als eigenständiger Staat gegründet. Landläufig wird der Friede von Münster immer wieder auch mit jenem Friedensschluss von Münster und Osnabrück vermengt, der erst knapp ein halbes Jahr später den 30-jährigen Krieg beendete. (-> Weinmonat) Zwar fanden die Verhandlungen über Jahre hinweg parallel am gleichen Ort statt, doch trafen sich in diesem Fall die Diplomaten aus Anlass eines zeitgleichen, aber separat zu behandelnden Konflikts.

Fron	1. Herrschaft (von ahd. frô = Herr - die weibliche Form war frôwe = Dame, Herrin)
	2. Herrschaftsdienst, Knechtschaft, Zwangsdienst.
	3. Dienstbeauftragter, meist in öffentlichem Dienst (-> Hobsfron), auch Fron**e** (mit e)

Fron

1. Herrschaft (von ahd. frô = Herr - die weibliche Form war frôwe = Dame, Herrin)
2. Herrschaftsdienst, Knechtschaft, Zwangsdienst.
3. Dienstbeauftragter, meist in öffentlichem Dienst (-> Hobsfron), auch Fron**e** (mit e)

Frühe Neuzeit

Historisch nur ungenau zu bestimmender Zeitraum, der ungefähr die Zeit zwischen 1450 und 1806 umfasst. Der Beginn wird in Deutschland von einigen Historikern mit der Erfindung des Buchdrucks mit beweglichen Lettern durch Johannes Gutenberg festgelegt, nach anderen markiert die Reichsreform von 1495 den Anfang dieses Zeitraumes. Wieder andere sehen erst die Reformationsbewegungen zu Beginn des 16. Jahrhunderts als den Beginn dieses Zeitabschnitts an. Das Ende der sogenannten „Frühen Neuzeit" wird mehr oder weniger übereinstimmend mit der endgültigen Auflösung des HRR 1806 angenommen. In diesem wie auch in dem vorausgegangenen Buch* bewegen wir uns zeitlich ungefähr in einem Zeitrahmen von 1450 bis 1820, womit die sogenannte „Frühe Neuzeit" für alle unterschiedlichen Lehrmeinungen abgedeckt sein dürfte.

* Vestische Geschichte, siehe letzte Seite des Buchblocks

Fuagang

Auch: Forgang. In der regionalen Mundart ist damit der sogenannte -> Schnatgang (je nach Mundart auch *Schnadegang*) gemeint, ein Kontrollgang entlang der -> Landwehr.

Fuder

Volumenmaß. War ursprünglich die Menge, welche die Ladung eines zweispännigen Wagens umfasste. Wurde sowohl für feste Stoffe wie Steine, Erz, Kohle als auch für flüssige wie z.B. Wein gebraucht.

Füsilier

Mit einem Steinschlossgewehr ausgerüsteter Fußsoldat des 17. bis 19. Jahrhunderts. -> Musketier

Fuß

Hier: Maßeinheit. Ins metrische System umgerechnet etwa 28 bis 32 cm.

Gänsereiten

Das Gänsereiten war eine Geschicklichkeitsübung für Reiter, die in Form eines Wettbewerbs durchgeführt wurde. Eine lebende Gans wurde an einen Pfahl gehängt und die Reiter mussten versuchen, im vollen Gallopp dem verängstigt flatternden Tier den Kopf abzureißen. Später wurde diese als Tierquälerei einzustufende Sitte dahingehend geändert, dass man statt der Gans einen geflochtenen Kranz aufhängte. -> Kränzgenreiten

Galgen

Gestell zur Hinrichtung von verurteilten Straftätern durch den Strang. Stand üblicherweise an der Richtstätte und war so platziert, dass man noch von Weitem die Hingerichteten sehen konnte. Die Leichen nahm man nicht gleich nach dem Eintritt des Todes wieder ab, sondern ließ sie zur Abschreckung meist einige Zeit am Strick hängen. Deshalb war der Ort für Hinrichtungen in Recklinghausen auf dem -> Segensberg gewählt worden. Denn in der Nähe verlief eine wichtige Fernstraße, von der aus die Richtstätte gut zu sehen war. Auf diese Weise gab man zu verstehen, dass man mit Straftätern in Stadt und Land nicht zimperlich umging. Der Geruch von Verwesung und das Aussehen der von Vögeln und anderen Tieren arg verunstalteten Leichen verfehlte spätestens nach zwei Wochen selten seine Wirkung. Manchmal bezahlten Verwandte auch einen gewissen Geldbetrag, um die Leichen der Gehenkten vorzeitig abnehmen zu dürfen. Auf einem christlichen, geweihten Friedhof konnten die Hingerichteten jedoch nicht begraben werden. Ihnen war ein anonymes Feldgrab bestimmt, in das man sie ohne geistlichen Segen hineinwarf und einfach verscharrte. Gesellschaftlicher Respekt blieb ihnen auch im Tod verwehrt.
Viehdiebe wurden in der Nähe des heutigen Bruchwegs bei einer Brücke über den Landwehrgraben gehenkt. Da man hier in der Nähe der Viehweiden war und man die -> Landwehren nur an bestimmten Stellen durchqueren konnte, war auch dies ein sehr „publikumswirksamer" Hinrichtungsort. Dies sollte potentielle Nachahmer vom Viehdiebstahl abschrecken. -> Halsgericht

Gambeson

Auch *Sarrock* genannt. Gestepptes, gepolstertes Hemd, das im Mittelalter unter der Rüstung getragen wurde. -> Wams

Gasthaus

Seit dem 14. Jahrhundert zusammen mit der **Gastkirche zum Heiligen Geist** eine caritative Einrichtung an der heutigen Heilige-Geist-Straße in Recklinghausen. ⇨

Hier wurden Durchreisende, vor allem Pilger die von Münster nach Aachen unterwegs waren bzw. von dort zurückkehrten, Bedürftige, aber auch Versehrte, die ihren Unterhalt nicht mehr allein erwirtschaften konnten, sowohl körperlich als auch geistig-seelisch unterstützt und versorgt. Die dazu nötigen Mittel kamen aus Spenden, Stiftungen und den Erträgen von zur Nutzung überlassenen Grundstücken, manchmal auch aus den -> Brüchten, die beim -> Sendgericht für moralische Verfehlungen verhängt wurden. Derartige Einrichtungen als Pilgerstationen und soziale und spirituelle Versorgungsstellen gab es in vielen Orten. Nur wenige konnten, wie die in Recklinghausen, über Jahrhunderte fast unterbrechungsfrei bis heute aktiv sein.

Geck

Narr bzw. **Possenreißer**. Der „gecke Heinrich" (in den Stadtrechnungen von Recklinghausen erwähnt im Jahr 1508) war als Stadtnarr ein von der Stadtverwaltung Recklinghausen bezahlter Spaßmacher, der zur Unterhaltung auf Festen und Veranstaltungen auftrat. Heute würde man in synonymer Bedeutung die Anglizismen „Comedian" oder auch „Clown" benutzen. Auch als abfällige Bezeichnung für *vermeintlich* dumme, eitle oder lächerliche Zeitgenossen gebraucht. In diesem Zusammenhang steht das abfällig gemeinte „Geckern" für „Dummschwätzen" bzw. „Unsinn reden"; wie „das Gackern (Geckern) der Hühner".

Gefälle

Begriff aus der Finanz- und Rechtssprache; hat hier nichts mit abschüssigem Gelände zu tun, sondern bezeichnet unterschiedliche Arten von fiskalischen Abgaben oder Erlösen. Zum Beispiel wurden die Gefälle (Erlöse) aus dem Verkauf der Recklinghäuser Jesuitenmission (1801) dem neuen örtlichen Schulfonds zugewiesen.

Gegenreformation

Die protestantischen Reformationsbewegungen des frühen 16. Jahrhunderts drohten der katholischen Kirche ernsthaft gefährlich zu werden, und so trafen sich die katholischen Kirchenfürsten zwischen 1545 und 1563 in Trient (Südtirol) zum -> Konzil, um entsprechende Gegenmaßnahmen zu diskutieren und zu beschließen. Der Kölner Kurfürst Adolf von Holstein-Schaumburg, Vater des Recklinghäusers Arnold von Schaumburg (geb. um 1545), nahm 1551 als Erzbischof (Amtszeit 1547 bis 1556) an der zweiten Tagungsperiode teil. -> Schaumburgstraße
In der Folge dieses Konzils verstärkte die katholische Kirche ihre binnenmissionarischen Bemühungen und versuchte unter anderem über politische Zwangsregelungen auch im Vest Recklinghausen ihren Einfluss zu bewahren. Der zu Beginn des 16. Jahrhunderts gegründete Orden der -> Jesuiten entwickelte sich zu einem

der einflussreichsten Verfechter dieser Gegenoffensive. Mit der Gründung ihrer Niederlassung in Recklinghausen 1692/93 bzw. 1702 wurde auch hier die gegenreformatorische Bewegung verfestigt. Dennoch war der private Versuch der Gründung einer sogenannten Konvertitenschule an der Martinistraße im Jahr 1726 nicht von Erfolg gekrönt. -> Konvertit

Gehenge

Metallteile an einer gemauerten Fensteröffnung, in welche die Fenster, bzw. die Fensterläden eingehängt wurden; entweder Hakenkonstrukte oder Scharniere.
-> Laden

Geißler

Auch *Flagellanten* genannt. Büßer, die sich aus religiösen Gründen selbst geißeln (schlagen); waren und sind seit ältesten Zeiten sowohl in christlichen als auch in anderen religiösen Gemeinschaften bekannt.

Gemeineigentum

Auch Gemeinheit, -> Allmende oder Kollektiveigentum genannt. Im Recklinghäuser Umland (-> Mark) gehörten weitreichende Felder und Wälder der Stadt und wurden den Bürgern anteilig zur Nutzung überlassen; beispielsweise zum Holzeinschlag oder zur Schweinemast. Im Herbst nämlich wurden die Hausschweine der -> Ackerbürger in den gemeinschaftlichen Wald getrieben, wo die Tiere die reichlich herabgefallenen Baumfrüchte (u.a. Eicheln) fressen konnten. Hierzu wurden die -> Scharen unter den berechtigten Bürgern aufgeteilt.

Gemeinheitsglocke

Auch: -> Brandglocke oder Schöffenglocke genannt.

Gemen

Wasserburg im westlichen Münsterland. Heute durch Eingemeindung auf dem Gebiet der Stadt Borken gelegen. Wohnsitz der Edelherren von Gemen, die seit 1092 belegt sind und ein sehr einflussreiches Adelsgeschlecht waren. Während einer Auseinandersetzung mit dem Hochstift Münster trugen sie mehr oder weniger gezwungenermaßen aus taktischen Gründen dem Herzog von Kleve die Burg als Lehnsgut an.
Aus der Verbindung des Heinrich IV. von Gemen (*1417, +1492) mit Anna von Wevelinghoven gab es zwei legitime weibliche Nachkommen, die ältere Katharina und die jüngere Cordula. Der einzige Sohn des Heinrich von Gemen, Wilhelm von Gemen, war als illegitimes Kind nicht erbberechtigt und konnte die männliche Linie der Herren von Gemen nicht weiterführen, die aus diesem Grund mit Heinrichs Tod erlosch. Die vorrangig erbberechtigte Tochter Katharina, Mutter

des Eberwein von Bentheim, starb relativ früh und so ging das Erbrecht über den größeren Teil der Herrschaft Gemen auf die Bentheimer Linie über. Cordula erhielt einen kleineren Teil, in den unter anderem die Pfandschaft über das Vest Recklinghausen eingeschlossen war. Cordula heiratete in zweiter Ehe Johann von Holstein-Schaumburg, und so kam das Vest Recklinghausen in Schaumburgischen Besitz (-> Morgengabe). Cordula hatte in Bezug auf die Besitz- und Nutzungsrechte ihres Erbes des öfteren Streit mit ihrem zweiten Ehemann.
Der o.g. Wilhelm von Gemen (Halbbruder von Katharina und Cordula) heiratete Margarethe von Westerholt. Deren gemeinsame Tochter Margarethe von Gemen wurde die Ehefrau des Kaufmanns und Bürgermeisters von Recklinghausen, Heinrich von Uhlenbrock, den Cordulas zweiter Ehemann (s.o.) nach einem großzügigen Kredit 1519 als Richter in Recklinghausen einsetzte. Der Kredit wurde übrigens rund 60 Jahre später, am 28. Juni 1577, von Erbe zu Erbe zurückgezahlt.

Genanntname

*„Ein **Genanntname**, auch **Vulgoname**, ist ein Name, bei dem der Hausname aufgrund der Bindung an einen Bauernhof oder seltener ein Haus den wirklichen Namen einer Person überlagerte oder ihm beigefügt wurde. Die „Genannt-Namen" stammen zum Teil aus der Zeit, als die Familiennamen eingeführt wurden (spätes Mittelalter). Bei späteren Namensbildungen dieser Art bezog sich der „Genannt-Teil" oft auf den Besitz, oder die Namen entstanden infolge einer Adoption, wobei sich der „Genannt-Teil" auf den Namen des Adoptivvaters oder gegebenenfalls der Adoptivmutter bezog. Ursprünglich galten sie für eine Einzelperson, später für die ganze Familie. ...“*
https://de.wikipedia.org/wiki/Genanntname

Generaljagd

Offensichtlich ein nur regional gebräuchlicher Ausdruck für eine herrschaftlich angesetzte Jagd. Bei einer solchen Jagd, die mehrere Tage dauern konnte, waren alle Bürger verpflichtet, Dienst zu leisten. Das Jagdrecht war ein -> Regal, das üblicherweise verpachtet wurde. Herrschaftliche Jagden wurden einerseits angesetzt, um das für die Feld- und Waldwirtschaft schädliche Wild zu dezimieren, andererseits zur Überprüfung der Wehrfähigkeit der Bevölkerung. Denn hier konnte die Zuverlässigkeit der Teilnehmer, deren sachgerechter Umgang mit den Waffen, ihre Kenntnis der militärischen Kommandostruktur geprüft und geübt sowie die Funktionsfähigkeit des Kriegsgeräts sichergestellt werden. Bekannt sind in Recklinghausen unter anderem Wildschweinjagden wie jene aus dem Jahr 1498, die schließlich in einem Wildschweinessen mit dem damaligen Pfandinhaber endete. Möglicherweise ist die Entscheidung des Stadtrats, im Folgejahr neue Büchsen in

Dortmund zu bestellen, auch auf die Ergebnisse dieser Jagd zurückzuführen.
-> Büchse, -> Büchsenmacher, -> Kraut und Loth, -> Bürger

Gentilhomme	frz., Bezeichnung für einen Mann von vornehmer Gesinnung. Die englische Entsprechung ist *Gentleman*. Der Begriff wird u.a. in den vestischen Verzeichnissen französischer Asylanten benutzt, die vor der Gewalt der Revolutionsgarden 1794 auch nach Recklinghausen und in die umliegenden Städte und Dörfer geflüchtet waren.
Gerber	Handwerker, der Tierhäute zu Leder verarbeitet. -> Lohgerber
Gerberviertel	Wegen der meist unangenehmen Gerüche, die bei der Lederverarbeitung mit -> Lohe entstehen, hatten die -> Gerber in den meisten Städten eigene Viertel, die etwas abseits der übrigen Wohnbebauung lagen. In Recklinghausen wird dies nach heutigen Erkenntnissen für das Mittelalter und die Frühe Neuzeit (bis ca. 1704) im Bereich des -> Löhrhofs verortet.
Gerechtsame	*„Rechtsammen, oder Gerechtsame, sind so viel als die gewissen Personen zustehenden besonderen Rechte und Gerechtigkeiten, oder Befugnisse; siehe Servitut.“* J. H. Zedler, Lexikon ..., Band 30 (Q, R-Reh), Sp. 1423 Der Ausdruck wurde vielerorts als Bezeichnung für die *Verleihung einer obrigkeitlichen Legitimierung* benutzt. So gab es Holzgerechtsame, Braugerechtsame, Mühlengerechtsame etc. pp. Um die Braugerechtsame und zur Erhebung der Bierakzise zum Beispiel gab es im Jahr 1665 in Recklinghausen einen heftigen Streit.
Geschützgießer	Handwerker der Feuerwaffen, speziell Geschütze herstellt. -> Büchsenmacher
Gesinde	Auch: **Hausgesinde.** Frauen und Männer als angestellte Hilfskräfte in Haus und Hof. Auch *Magd* und *Knecht* genannt. Wohnten üblicherweise im Haus des Dienstherren und waren nicht nur dienstlich, sondern auch privat dessen Weisungen unterworfen. Der Dienstherr haftete nämlich üblicherweise vollumfänglich für die Handlungen seines Gesindes, solange die Frauen und Männer in seinem Haus wohnten. Siehe auch -> Ehevogt und -> Hausvogt.
Gilbhard	Monatsname: **Oktober.** Siehe -> Hartung

| Gilde | Eigentlich ausschließlich eine Vereinigung und Interessenvertretung von Händlern. In Recklinghausen schloss diese Bezeichnung offenbar auch Handwerker und andere Gewerbetreibende ein. Im Zeitraum der sogenannten -> Frühen Neuzeit konnten in Recklinghausen nur Mitglieder der Gilden den 12-köpfigen Stadtrat (inkl. der zwei Bürgermeister) bilden. Die Mitgliedschaft in einer Gilde war jedoch nicht zwingend mit der Ausübung des jeweiligen Berufes verbunden. Man konnte mit dem entsprechenden finanziellen Vermögen die Mitgliedschaft in einer Gilde einfach kaufen und auf diese Weise die Geschicke der Stadt mitbestimmen. In Recklinghausen gab es zunächst acht, später zehn Gilden mit unterschiedlicher politischer Bedeutung: -> Wandschneider- und Tuchhändlergilde, Schneidergilde, Schustergilde, Bauleutegilde (womit aber nicht die heutigen Bauhandwerker, sondern die -> Ackerbürger gemeint sind, die Acker**bau** betrieben -> Bauleute), Bäckergilde, Krämergilde, Schmiedegilde, Fleischhauergilde. -> Zunft |

| Grastorf | -> Plaggen |

| Grimberg | Schloss südlich der Emscher im Gelsenkirchener Stadtteil Bismarck an der Stadtgrenze zu Herne-Wanne im heutigen Bereich des Hafens Grimberg gelegen. War ehemals Grenzburg zum Vest Recklinghausen an einer Furt der Emscher. Wurde im 18. Jahrhundert von Johann Conrad Schlaun umgestaltet und war im 17. und 18. Jahrhundert im Besitz der Familie von Nesselrode (-> Nesselrodestraße). Zuletzt war es nur noch der Wohnsitz eines Verwalters. Die Besitzer wohnten auf Schloss Herten. Das Gebäude verfiel im 19. und 20 Jahrhundert, wurde im 2. Weltkrieg stark beschädigt und schließlich in den 1960er Jahren gänzlich niedergelegt.

Im Juni 1634 kaufte der Stadtrat von Recklinghausen dort Getreide, um die Verpflegungs-Forderungen der kaiserlichen Heeresverbände unter General Gottfried Huyn von Geleen, die in Dülmen lagerten, bedienen zu können. -> Fourage

Grut — (mit kurz gesprochenem u), entspricht *Grütze*. Zum Bierbrauen verwendete, zerstoßene Kräutermischung als Gärzusatz. -> Grutbier.

Grutbier — Mit einer speziellen Würzmischung (-> Grut) gebrautes Bier aus Hafer oder anderen Getreidesorten. Vor dem Aufkommen des Hopfen als Bierwürze wurden die unterschiedlichsten Kräuter als Würzmittel eingesetzt. Im Bereich des Kurfürstentums Köln hatte ursprünglich der Landesherr das Monopol auf die Grut und erhob eine entsprechende Steuer. Im Jahr 1381 verbot er, Hopfenbiere zu brauen, weil die betreffende Verordnung die Verwendung von Hopfen nicht vorsah. Die nicht zu verhindernde weitere Verbreitung des Hopfenbieres führte schließlich dazu, dass auch in Recklinghausen eine städtische Bierakzise (Biersteuer) eingeführt wurde. Da jedoch die kurfürstliche Grutsteuer noch lange bestehen blieb, führte dies zu einer Doppelbesteuerung des Bieres, was 1665 zu einem langanhaltenden Streit zwischen der Stadt Recklinghausen und einem Bierbrauer aus der Umgebung führte.

Mit dem verstärkten Aufkommen des Hopfen als Bierwürze verschwand nach und nach das Grutbier. Die Grutbiere schmeckten üblicherweise wegen der vielen unterschiedlichen Kräuter würzig bis fruchtig, oft aber auch wegen einer Milchsäuregärung etwas säuerlich. Manche Biere waren für ihre abführende Wirkung bekannt, wie z.B. Christoph Weigel in seinem Ständebuch auf Seite 545 anmerkt:

*„...Anno 1503. ward der Cardinal Raymundus in die Holsteinische Länder vom Pabst geschicket/ der kam auch nach **Ekelenfort***/ im Schleswigischen/ und tranck des Biers/ allda gebrauet/ mit Lust; wiewohl unwissend/ was es für ein Tranck wäre. Welches ihm denn des*

* Heute: **Eckernförde**

*Nachts etliche Stuhlgänge gemacht/ daher als er Morgens vom Wirth/ daß es Bier wäre/
verstanden/ solches Cacabella geheissen/ wie es denn auch noch heutiges Tages Cacabella
genannt wird/ und ein guter kühler Tisch=Trunck ist/ da es vorhin Quakelteis geheissen. ...“*
Zu den zugesetzten Kräutern gehörten manchmal auch Tollkirsche und Bilsen-
kraut. In falscher Dosierung können diese halluzinogenen Drogenpflanzen tödlich
sein, weshalb schließlich die bayerischen Herzöge Wilhelm und Ludwig 1516 die
Anordnung herausgaben, dass Bier nur mit bestimmten vorgeschriebenen Zutaten
gebraut werden dürfe. Auch andere Landesfürsten, aber auch einzelne Städte hatten bereits vorher ähnlich lautende Verordnungen erlassen. Doch erst dieses (erst
im 20. Jahrhundert so benannte) „Reinheitsgebot“ erlangte als Qualitätsgarantie
eine überregionale Popularität.
-> Keutbier, -> Mertebier, -> Malzsteuer

Gugel	Kapuzenartige Kopfbedeckung mit angeheftetem Schulterstück; meist mit einer zipfelartigen Kapuze. In Mittelalter und beginnender Früher Neuzeit häufig im Zusammenhang mit dem -> Habit von Mönchen gebräuchlich; fand im Mittelalter aber auch in der zivilen Mode Anwendung. -> Kukulle
Gulden	Münze mit einem hohem Wert. War zunächst eine italienische Münze mit den Na-men Florentiner (*fiorino d'oro*). Daher stammt die Abkürzung fl. oder f. - was bis zur Einführung des Euro auch die Abkürzung für den niederländischen Gulden war. Im HRR bekam er seinen Namen nach dem Material aus dem er geprägt war: Der Gulden war eine Goldmünze mit einem Wert von einem halben bis zu einem drei-viertel -> Reichstaler. Wie bei allen Währungen üblich, war der Wert des Gulden an gesamtwirtschaftliche und politische Entwicklungen gekoppelt und schwankte über die Jahrzehnte und Jahrhunderte hinweg stark.
Gustav-Adolf-Kirche	Mitte des 19. Jahrhunderts erbaute, älteste evangelische Kirche Recklinghausens an der heutigen Herner Straße, ganz in der Nähe des -> Viehtores. Bekam ihren Namen nach dem König von Schweden, Gustav II. Adolf (*1594, +1632), der als Feld-herr im 30-jährigen Krieg unter anderem die Verbreitung und Festigung der pro-testantischen Lehre im HRR maßgeblich gefördert hat.
Gut betucht	Stellvertretend gebraucht, um jemanden als reich zu bezeichnen. Jemand, der das Geld hat, exklusive Kleidung zu kaufen ist in gutes Tuch gehüllt, also „gut betucht“.

Habit — Bezeichnung für die Bekleidung von Angehörigen eines (meist katholischen) Ordens, wobei hier im Gegensatz zur -> Kutte nicht nur ein einzelnes Kleidungsstück, sondern die Gesamtbekleidung gemeint ist. -> Gugel

Hag, Hagen — Eine Art Hecke oder eine Einfriedung aus Gestrüpp. ahd. **hag** ‚Einhegung, Schanze‘, mhd. **hac** ‚Dorngesträuch, Gebüsch; Umzäunung, Gehege‘, ndl. **haag**, Gehege, Hecke‘. Zur Verstärkung der Umfriedung eines Grundstücks und zur Erhöhung der Widerstandsfähigkeit der Barriere wurden üblicherweise die Zweige der Hecke miteinander verflochten, so dass so etwas wie ein natürlich gewachsener Zaun entstand.

Hagelfeier — Am **24. Juni,** dem Johannistag, der als Tag der Sommersonnenwende bereits in ältesten Zeiten eine besondere Bedeutung hatte, wurde und wird in der christlichen Tradition zu Johannes dem Täufer gebetet. Zu dieser sogenannten „Sommerweihnacht“ wurde der Heilige unter anderem um die *Abwendung von Hagelschlag* gebeten (*deshalb Hagelfeier*), es wurde ein Johannisfeuer angezündet, eine Prozession und ein großes Volksfest veranstaltet. Für Recklinghausen fand diese Prozession und das Volksfest üblicherweise in Suderwich und Umgebung statt (eine der Segensstationen dieser Prozession war unter anderem die Osterholter Kapelle -> *O.Manke / A. Stemmler, Die Tochter des Hexenjägers, S. 214*). Noch heute heißt die katholische Kirche in Suderwich *St. Johannes.* Das Volksfest wurde nach der Prozession in und um Peppings Scheune gefeiert. Auf diesem Grundstück steht heute die evangelische Kreuzkirche (Henrichenburger Straße 64).

Hagestolz — Älterer Junggeselle (mhd. *hage* = Freude [nicht zu verwechseln mit -> *hag / hagen* = Gebüsch] und mhd. *stolz* = prächtig, herrlich, schön, bzw. *stolzlîch* = stolz, hochgestimmt, übermütig, prächtig). Offensichtlich sah man unverheiratete Männer mit einem Augenzwinkern als besonders glückliche Zeitgenossen an, was wiederum Rückschlüsse auf die üblichen familiären „Machtverhältnisse“ zulässt.

Hahl — Hakenleiste, mit welcher der Kessel über das offene Herdfeuer gehängt wurde. War mit Einkerbungen, den sogenannten „Zähnen“ versehen, mithilfe derer man den Kessel höher oder tiefer hängen konnte. Wenn man ihn näher ans Feuer brachte, legte man „einen Zahn zu“, so dass das Essen schneller zu kochen begann.

| Hahlgans | Auch: Hagelgans. Zur -> Hagelfeier noch nicht ganz gemästete, magere Gans, die erst zu Weihnachten schlachtreif war. Auch als Schimpf- und Kosewort für junge Mädchen gebraucht. |

| Haike | Feierliche Kopfbedeckung von Frauen in Form einer gespreizten Kapuze bzw. eines Kopftuches. Die Spreizung wurde durch ein auf den Kopf gebundenes Brett erreicht. Wurde hauptsächlich im ländlichen -> Westfalen getragen. |

| Halsgericht | Strafgericht. Die am Häufigsten ausgesprochene Todesstrafe für Kapitalverbrechen war im Mittelalter und in der Frühen Neuzeit das Aufhängen am Hals. Dementsprechend wurde die Strafprozessordnung „Halsgerichtsordnung" genannt. -> Galgen, -> Peinliche Befragung, -> Rädern, -> Schwertstrafe |

| Hanse | Handelsnetzwerk in Nord-/Nordwestdeutschland und im Nord-und Ostseeraum. Gegründet unter anderem, um Piraterie und Wegelagerei einzudämmen. Zunächst eingerichtet als Zusammenschluss von Kaufleuten im 12. Jahrhundert, entwickelte sich die Hanse immer weiter zu einer norddeutschen wirtschaftlich-politischen Kooperative von Städten, der sogenannten *Städtehanse*. Auch Recklinghausen war Mitglied dieser rund 300 Städte umfassenden Vereinigung. Sie war eine der sogenannten Beistädte, die ihre Interessen innerhalb der Gemeinschaft über ein vollwertiges Mitglied vertreten lassen mussten. Für die Vestmetropole war dies die Reichsstadt Dortmund. Nähere Informationen zu Recklinghausen als Hansestadt in: Werner Koppe, Von der Hanse- zur modernen Einkaufsstadt, Band 1, Recklinghausen - eine Stadt der Hanse, Recklinghausen 2012 |

| Hanswurst | Im gesamten deutschsprachigen Raum bekannte Figur des komischen Theaters. Ab dem 16. Jahrhundert wurde der Hanswurst (auch: Hans Wurst) von den durch Deutschland reisenden Wanderbühnen als einfältige Person aus den niederen Ständen dargestellt. Noch heute wird jemand, den man für dumm hält und als nicht ernstzunehmend einstuft, als Hanswurst bezeichnet. -> Pickelhering |

| Hartung | **Januar.** Deutsche Version des Monatsnamens, der im 8. Jahrhundert im östlichen Frankenreich eingeführt wurde, und dessen Wiederbelebung im Jahr 1920 der *Allgemeine Deutsche Sprachverein* versuchte. Die Umbenennung der lateinischen |

Monatsnamen konnte sich jedoch im HRR nicht dauerhaft durchsetzen und verschwand schließlich aus dem alltäglichen Sprachgebrauch.
Der Versuch der Wiederbelebung dieser typisch deutschen Entwicklung wurde 1935 von den Nationalsozialisten im Hinblick auf die geplante internationale Expansion, genau wie die Benutzung der hauptsächlich im deutschen Raum benutzen Schriften, unterbunden.
-> Abb. S. 164 unten, -> Hornung, -> Lenzing, -> Heuert, -> Ernting, -> Scheiding, -> Gilbhard, -> Nebelung und -> Julmond, -> Fraktur, -> Sütterlin

Haspel
Gerät zum Aufwickeln von Garn, Seilen, Drähten oder Bändern. Gehörte u.a. zur Standardausrüstung bei der Herstellung von Garnen aus -> Flachs oder Wolle. Nach dem Spinnen wurden die Fäden auf diese rotierenden Gestelle aufgewickelt. Wenn die Fäden durcheinander kamen, „verhaspelte" man sich.

Haube
Kopfbedeckung für Frauen und Männer. Es gab Hauben für unterschiedliche Anwendungsbereiche. In der weiblichen Bevölkerung war dies unter anderem ein Erkennungszeichen „wohlanständiger" Ehefrauen. Sie waren „unter der Haube".
-> Weib

Haubenstock
Geschnitzter Kopf zur Anpassung und Aufbewahrung von Perücken und Hauben. Eine eindrucksvolle Sammlung dieser Haubenstöcke ist in der *Retro Station*, dem Recklinghäuser Stadtmuseum, in Raum 5 ausgestellt.

Hausnummer
Hilfsmittel zur eindeutigen Verortung eines Hauses. In Recklinghausen 1781 im Rahmen von Planungen zur Gründung einer Feuerversicherung eingeführt. Bis dahin wurden Häuser und Grundstücke mit dem jeweiligen Besitzer verbunden. *„Christoffer Uphoff neben dem Hof der Erben Floerken, jetzt Hermann Hundt"* war noch eine der genaueren Beschreibungen und nur aus der Kenntnis der zeitlich und örtlich begrenzten Verhältnisse nachvollziehbar. Um eine vom jeweiligen Besitzer unabhängige -> Taxation zu ermöglichen und damit den Verwaltungsaufwand zu reduzieren, gab der Kurfürst in der Brandordnung des o.g. Jahres in §5 den Auftrag, die Häuser *„mit einer oberhalb der Hausthuer weißer anzumalenden Nummer"* zu versehen. Nebengebäude sollten nach dem Alphabet gekennzeichnet werden. Dieses System ist mit wenigen Anpassungen an die jeweils aktuellen Verhältnisse bis heute gängige Praxis. In anderen Gebieten des HRR wurde diese Maßnhame bereits wesentlich früher eingeführt.

| Hausvogt | „ … 1) *verwalter eines hauswesens: oeconomus .. haushalter, hausvogt Alberus U 1b; hausvogt, der für das haus sorgt oder etwas ausrichtet, procurator domus Frisch 1, 429a; ich gehe dahin on kinder, und mein hausvogt hat einen son. 1 Mos. 15, 2.* |

„ … 1) *verwalter eines hauswesens: oeconomus .. haushalter, hausvogt Alberus U 1b; hausvogt, der für das haus sorgt oder etwas ausrichtet, procurator domus Frisch 1, 429a; ich gehe dahin on kinder, und mein hausvogt hat einen son. 1 Mos. 15, 2.*
2) aufseher, castellan eines fürstlichen schlosses oder einer burg.
3) castellan eines rathauses (nach haus sp. 644), und als solcher aufseher über die städtischen gefangenen. …"
Deutsches Wörterbuch von Jacob Grimm und Wilhelm Grimm,
https://www.woerterbuchnetz.de/DWB?lemid=H04429

Hecheln

Arbeitsschritt vor dem -> Spinnen von -> Flachs. Um die vorbereiteten Fasern verspinnen zu können, mussten sie gleichmäßig ausgerichtet werden. Das erreichte man dadurch, dass man sie über spezielle Nagelbretter zog. Sowohl den Vorgang als auch die Bretter bezeichnete man als *Hecheln*.

Heckerey

Noch 1822 gebrauchter Straßenname unsicherer Herkunft. Die Bezeichnung stammt möglicherweise vom ahd. *hegga* = Einfriedung. Grundstücke waren üblicherweise mit Hecken voneinander bzw. vom öffentlichen Raum abgegrenzt. Hier gab es offenbar außergewöhnlich viele dieser natürlichen Barrieren. -> Timpenstraße.
Eine andere Bedeutung könnte sich aus dem Wort „hecken" ergeben, das übertragen soviel wie „ausbrüten" oder „sich vermehren" bedeutet (von ahd. *hegidruosa* = Hoden; hier besteht kein sprachlicher Zusammenhang zu *hegga*). Gebraucht üblicherweise im Zusammenhang mit der Fortpflanzung von Vögeln. „*Keine Taube heckt einen Sperber*". (Adelung, Bd. 2, Sp. 1046 - 1048) Aber auch bei Kleintieren wie z.B. bei Igeln wurde der Gesamtprozess aus Fortpflanzung und Aufzucht der Jungen mit *hecken* bezeichnet.

Heergewäte

Auch: Heerwede. Im Mittelalter die Bezeichnung für die Kriegsausrüstung, die z.B. auch ein -> Bürger zur Verteidigung der Stadt beschaffen und in Ordnung halten musste. Wurde vom Vater auf den Sohn bzw. auf den nächsten männlichen Verwandten vererbt und durfte unter keinen Umständen an Auswärtige verkauft werden. -> Bürger, -> Poahlbürger

Helfentzähn

Zeitgenössisch für **Elfenbein**.

Heimleuchter

In Mittelalter und Früher Neuzeit gab es noch keine Straßenbeleuchtung und es war unter Umständen gefährlich, mancherorts auch verboten, ohne Licht in der

Dunkelheit unterwegs zu sein. Heimleuchter hielten hierzu Laternen bereit und begleiteten gegen Bezahlung den Auftraggeber durch die Nacht. Der „Menschenfresser von Dorsten" (durch das -> Rädern hingerichtet 1699), ein überführter Serienmörder, der seine Opfer z. T. verspeiste, übte diesen Beruf im Nebenerwerb aus und nutzte ihn u.a. für die Durchführung seiner Morde.
-> Polizeistunde, -> Nachtwächter

Heimliche Gemächer

Höfliche Umschreibung des Aborts. Ort an dem man die Notdurft in Abgeschiedenheit von der Öffentlichkeit verrichten kann. Umgangssprachlich auch „Stilles Örtchen" genannt. Auch in Recklinghausen üblicherweise wegen unangenehmer Gerüche außerhalb des Wohnhauses aufgestellte Holzbaracken über sogenannten Plumpsklosetts. -> Plankett, -> Mörung

Heimöde

„.... Ein Abspliß der Mark oder Gemeinheit, den ein Dorf, eine Bauerschaft für den Fall der Not besitzt, etwa zur Bestreitung seiner kommunalen Bedürfnisse."
A. Dorider, Geschichte der Stadt Recklinghausen in den neueren Jahrhunderten, S. 70, Anm. 1.
Heute heißt ein Straßenzug in Recklinghausen-Röllinghausen „Zur Heimöde".

Hellbach

Früher *Hellebecke* bzw. *Lechtape*. Beide Synonyme bezeichnen wahrscheinlich das gleiche wie der heute noch geläufige Name: einen Bach, der klares Wasser führt. Er entsprang nahe bei der Stadt und wurde bei Hillen von den dortigen sieben Quellen zusätzlich gespeist. (Die Straßennamen „Am Quellberg" und „Sieben Quellen" in Recklinghausen-Ost erinnern noch daran.) Er trieb auf seinem Weg zur -> Emscher vier -> Mühlen an. -> Tafelgut

Hellebarde

Etwa zwei Meter lange Hieb- und Stichwaffe, die wegen ihrer Durchschlagskraft und ihrer Effektivität überwiegend im Mittelalter im Kampf gegen berittene Soldaten (-> Ritter) eingesetzt wurde. Die Hellebarde ist ein Spieß, an dem ein Beil mit zusätzlichem Widerhaken befestigt ist. ... barde ~ mhd. *Barte = Axt, bzw. Streitaxt.* War, wie der Spieß, eine Waffe für Fußsoldaten (-> Spießer), wegen der Kombination mit einer Axt und einem Haken im Kampf gegen gepanzerte Gegner jedoch wesentlich effektiver. Der Wortteil „Helle..." leitet sich durch sprachliche Veränderungen von mhd. *halm* = Stiel, bzw. Stange ab. Ungefähr seit dem 16. Jahrhundert *Hellebarde,* vorher *Halmbarte* bzw. *Helmbarte* genannt. Im heutigen Sprachgebrauch würde man die Waffe also „Stangenbeil" oder „Beil am Stiel" nennen. Veränderte sich im Laufe der Zeit und nahm mit der Weiterentwicklung der Waffentechnik an Bedeutung ab, so dass sie letztendlich immer mehr zu einer reinen Ordonanzwaffe wurde. Die Pike (Spieß) nahm nach und nach ihren Platz in der Kriegsführung ein. In Abbildungen zu Mittelalter und Früher Neuzeit werden häufig -> Nachtwächter oder andere Wachmannschaften mit einer Hellebarde dargestellt.

Heller

Kleinmünze, die zwischen 1200 und 1494 im schwäbischen Ort Hall geprägt wurde. War als *Häller Pfennig* (denarius hallensis) bekannt. Wurde in Recklinghausen noch im 16. Jahrhundert gebraucht, danach jedoch von anderen Münzen verdrängt. -> Denar

Henker

-> Nachrichter

Herold

Ursprünglich ein militärischer Bote. Später ein höfischer Beamter für zeremonielle Aufgaben, der im Falle kriegerischer Auseinandersetzungen diplomatische Immunität genoss. Das Tragen von Waffen war ihm nicht erlaubt. Neben der Organisation der Zeremonien für Staatsempfänge und anderer höfischer Angelegenheiten war er auch derjenige, der nach einer Schlacht die gefallenen -> Ritter anhand ihrer -> Wappen zu identifizieren hatte. Das Amt des Herolds wurde in den Staaten, die zu einer nicht-monarchischen Staatsform wechselten, abgeschafft.

Herr

Anrede für höhergestellte männliche Personen; dem englischen „Sir" annähernd vergleichbar. Das weibliche Pendant war -> *Frau*.

Herrenstraße

In Recklinghausen die Straße, an der die „Herren" wohnten. An dieser Straße wohnten seit der Mitte des 17. Jahrhunderts die -> Vikare und ab 1789 der Pfarrer von Sankt Peter; also die „Herren" des katholisch geprägten Ortes.

Heuerling

-> Tagelöhner

Heuert

Monatsname: **Juli**. Siehe -> Hartung

Hexe

Im Vest Recklinghausen wie im weiteren Umfeld ndt. auch *Töversche* (Zauberische) genannt. Frau, der übernatürliche Kräfte angedichtet werden, welche sie angeblich für schädliche oder beeinflussende Zwecke missbraucht. Männer wurden dementsprechend als „Hexer" denunziert. Aber nur, wenn den Angeklagten (gleich ob Frau, Mann oder Kind!) ein Teufelspakt „nachgewiesen" werden konnte, wurden sie zum Tode verurteilt. Sonst drohte ihnen „nur" -> Pranger, Prügel und Verbannung. Weiteres hierzu findet sich in den reichlich vorhandenen Publikationen zum Thema. Die letzte als Hexe denunzierte Frau im Vest Recklinghausen wurde im Jahr 1706 mit dem Schwert hingerichtet und dann verbrannt. Besondere Bedeutung bekam der Prozess um Trine Schornfeld, genannt Plumpe, im Jahr 1650, die dem Tod auf dem -> Scheiterhaufen entging, weil sie trotz Folter nicht eines Teufelspaktes „überführt" werden konnte. -> Zauberei

Hillen
Eine der ältesten Ansiedlungen im Umfeld der Stadt Recklinghausen; südöstlich der Stadt am Fuß einer Erhebung des -> Vestischen Höhenrückens, innerhalb der -> Landwehr gelegen. War bereits vor der Stadtgründung besiedelt. Der Ortsname bezeichnet, wie das ethymologisch verwandte englische *hill*, eine Anhöhe. -> Poahlbürger

Hillenweg
Weg, der vom -> Kunibertitor zum Vorort -> Hillen führte. Heute *Castroper Straße* genannt.

Hobsfron
Dienstmann und ausführender Vertreter der Obgrigkeit in einem Hofverband. Stand in einem Dienstverhältnis zum -> Schulten und hatte in dessen Namen den Auftrag Abgaben einzuziehen, Verordnungen und Anweisungen zu überbringen und zu Gerichtssitzungen einzuladen. -> Fron

Hobsrichter
Vorsitzender eines -> **Hofgericht**es. Hob ~ Hof. Im Falle des Hofverbandes -> Oer, der dem Kölner -> Domkapitel gehörte, war dies ab ca. Anfang des 17. Jahrhunderts in Personalunion der regionale Verwalter dieser mächtigen Institution.

Hochlar
Ursprünglich *Huchtlare* = höher gelegenes, gerodetes Gebiet innerhalb der Landwehranlage. Einer der älteren Orte in der Umgebung der befestigten Stadt Recklinghausen. Liegt südwestlich der Stadtumwallung auf einer Anhöhe des -> Vestischen Höhenrückens. Existierte bereits vor der Stadtgründung und ist heute ein Stadtteil. -> Landwehr, -> Poahlbürger

Hofgericht
1. Gericht eines Grundherren; zuständig für liegenschaftliche Streitsachen der

grundherrlichen Bauern.

2. Im frühen HRR war das Reichshofgericht, später durch diverse Reformen in *Reichshofrat* umgewandelt, das höchste Gericht im HRR. Nach der Reichsreform von 1495 wurde die Bearbeitung der rechtlichen Angelegenheiten auf den Reichshofrat und das -> Reichskammergericht aufgeteilt.
Siehe auch https://de.wikipedia.org/wiki/Reichshofrat

Hofrat

1. **Gremium** zur Beratung des Kaisers.
2. **Amtsbezeichnung** für Angehörige eines politischen Verwaltungs-Gremiums. Oftmals Juristen. Vergleichbar mit dem Posten eines Staatssekretärs.
3. Käuflicher **Titel.**
4. Im Deutschen Reich als **Ehrentitel** bis 1918 gebräuchlich.

Holzgericht

Auch **Hölting** genannt. Zusammenkunft von Markengenossen, die mindestens zehn -> Scharen besaßen, um die Angelegenheiten der jeweiligen -> Mark zu besprechen.

Holzmarkt

Straße im Zentrum von Recklinghausen. Hier fanden in früheren Zeiten Holzauktionen statt. Holz war ein wichtiger Roh- und Werkstoff, aus dem sowohl Häuser und Fahrzeuge als auch allerlei Maschinen, Werkzeuge und Haushaltsgegenstände hergestellt wurden. Holz war auch der zentrale Energierohstoff.

Holzrichter

Vorsitzender des -> Holzgerichts.

Holzweg

1. **Bohl(en)weg**, ein mit hölzernen Planken befestigter Weg.
2. **Waldweg**, der speziell für den Holzeinschlag und für den Transport des geschlagenen Holzes innerhalb des Waldes benutzt wird. Derartige Wirtschaftswege haben häufig keine Verbindung zu Wegen, die aus dem Wald herausführen und enden oft in einer Sackgasse, bzw. an einem Holzlagerplatz. Wanderer, die auf einen Holzweg geraten, finden ohne Hilfe nicht immer auf den rechten Weg zurück. Daher die Redensart „auf dem Holzweg sein". Im Mittelalter und in der Frühen Neuzeit machten sich Bauern oft einen Scherz daraus, Ortunkundige auf die Holzwege zu weisen:
„Bauern betrügen ... 24) wenn sie Fremde und Reisende, welche bey ihnen nach dem rechten Wege fragen, unrecht anweisen, und mit Fleiß einen von der Straße abführenden Weg weisen. ..." Georg Paul Hönn, Betrugs=Lexicon, 1761, S. 40

| Horneburg | Schloss und -> Freiheit östlich von Recklinghausen. Im Betrachtungszeitraum dieses Buches war das große Schloss Horneburg sowohl adlige Wohnstätte als auch (seit 1425) Sitz der kurfürstlichen Güterverwaltung (-> Kellnerei) für das gesamte Vest. Das Schloss wurde 1646 von den Soldaten des französischen Marschalls Turenne weitgehend zerstört und danach nur zum Teil wieder aufgebaut. Auf die Restaurierung der Hauptburg verzichtete man. Sie stand noch lange als Ruine auf einer Insel in der Wassergrabenanlage. Heute ist nur noch ein kleiner Teil der damals wiedererrichteten Vorburg erhalten. Der große Wassergraben ist zu mehr als der Hälfte verfüllt und überbaut. -> Abb. S. 166 unten |

| Hornung | **Februar**. Näheres zu alten Monatsnamen siehe -> Hartung. |

| Hose | **Schlauch**, synonym gebraucht für die textilen Schläuche, die man sich als Schutz über die Beine zieht. Eigentlich korrekt im Plural, *Hosen,* da man sie als Paar benutzt. Ursprünglich als Bekleidung für Reiter entwickelt, damit beim Ritt durch hohes, scharfkantiges Gras die Beine nicht verletzt wurden, aber auch, weil Hosen die Bewegungsfreiheit weniger einschränkten als lange Gewänder. Da die Reiterei eine männliche Domäne war, waren auch die Hosen traditionsgemäß die Bekleidung der Männer. Frauen trugen Röcke. Deshalb auch umgangssprachlich: „Zu Hause hat sie die Hosen an", womit man auf die gesellschaftliche Ordnung im HRR anspielte, die im öffentlichen Bereich patriarchalisch geprägt war, sich im häuslichen Umfeld aber häufig in eine matriarchalische wandelte. Im Englischen heißen Schläuche noch heute *hose* (Fire hose, garden hose etc.) und schlauchartige Luftwirbel werden als *Windhose* bezeichnet. |

| HRR | **Heiliges Römisches Reich** (Deutscher Nation). Im historischen Kontext zur Abgrenzung des „alten Reichs" zum 1871 entstandenen Deutschen Reich und dem Dritten Reich der Nationalsozialisten gebraucht. Ursprünglich als „Weiterführung des römischen Kaiserreichs" gedacht. Im Kaisertitel Karls des Großen noch *Romanum imperium* genannt. Seit 1254 SRI = *Sacrum Romanum Imperium* als amtliche Bezeichnung. Ab 1361 in der deutschen Übersetzung *Heiliges Römisches Reich* und ab 1409 mit dem Zusatz *„in teutschen landen"*. Ab 1486 (Frankfurter Reichslandfrieden) *„das ganz Römische reiche teutscher nation"* benannt. Bei der Abdankung des letzten römisch-deutschen Kaisers 1806 als „Deutsches Reich" bezeichnet. Gegründet 962, de facto aufgelöst 1802/1803, endgültige Auflösung mit der Abdankung des Kaisers 1806. *„Das HRR bildete den Rahmen insbesondere der deutschen Geschichte, entwickelte* |

sich aber nie zu einem Nationalstaat. In den zum HRR gehörenden Territorien lebten An-
gehörige weiterer Nationalitäten, die u. a. Jiddisch, Französisch, Niederländisch, Friesisch,
Sorbisch, Tschechisch, Polnisch, Slowenisch, Italienisch, Ladinisch oder Rätoromanisch
sprachen."
https://ome-lexikon.uni-oldenburg.de/laender/heiliges-roemisches-reich-deut-
scher-nation

Hufe

Auch: Hufenrute. Maßeinheit. Flächenmaß mit regional stark unterschiedlichen Bemessungsrundlagen. Eine Hufe war in etwa diejenige Grundstücksgröße, die eine Bauers- oder Kötterfamilie für den eigenen Lebensunterhalt benötigte.
-> Kotten, -> Kötter

Hundekorn

Abgabe zur Fütterung der herrschaftlichen Hunde. Auch: Hundehafer.

Hurenvogt

Organ der städtischen Sittenüberwachung. Diese Aufgabe wurde üblicherweise vom -> Büttel übernommen. Ob es in Mittelalter und Früher Neuzeit auch in Recklinghausen Prostituierte gab, ist bisher nicht ausreichend erforscht.

Hurenzins

Abgabe von Prostituierten an die öffentliche Kasse, aber auch Konkubinatsabgaben von Geistlichen. -> Konkubinat

Ickmeister	ndt. *Eichmeister*. Das war jener städtische Beamte, der die Übereinstimmung der privaten mit den öffentlichen Maßen zu kontrollieren und sicherzustellen hatte. -> Stadtwaage, -> Mudde, -> Scheffel, -> Malter
Indult	„*Unter einem Indult (der oder das Indult sind im Deutschen gleichermaßen gebräuchlich) versteht das Kirchenrecht der römisch-katholischen Kirche einen Gnadenerweis der kirchlichen Autorität. Dieser kann den materiell-rechtlichen Gehalt einer Dispens (Befreiung von einer allgemein gültigen Vorschrift des kanonischen Rechts in Einzelfällen) oder eines Privilegs (persönliches Sonderrecht für Einzelne) besitzen.* ...“ https://de.wikipedia.org/wiki/Indult_(Kirchenrecht)
Inquisition	Lateinisch **inquisitio,** Deutsch **Untersuchung**; sinngemäß also **Untersuchungsverfahren**. Ursprünglich im 13. Jahrhundert zur Verfolgung und Aburteilung von Abweichlern durch die römisch-katholische Kirche eingeführtes Prozessverfahren. Im Laufe der Jahrhunderte entwickelte es sich zu einer religiös beeinflussten Strafprozessordnung vor allem im Zusammenhang mit Zauberei- bzw. Hexereivorwürfen. Zum Teil wurden auch die Strafverfolgungs*institutionen* mit dem Begriff belegt. Mit dem Ende des HRR und der Einführung des sogenannten „Code Napoléon“ 1804 und des „Code d'instruction criminelle“ 1808 fand auch die Inquisition auf deutschem Territorium ihr Ende. -> Hexe, -> Zauberei

Jahrmarkt

Mehrmals im Jahr stattfindende Zusammenkunft von Händlern. Jahrmärkte waren im Jahreslauf wichtige Termine für den regionalen und überregionalen Handel; sie waren so etwas wie lokale Handelsmessen. Der Fronleichnamsmarkt, der Peter und Paulsmarkt und der Michaelismarkt waren in Recklinghausen sogenannte „freie" Märkte, auf denen auswärtige Händler ihre Waren anbieten konnten. Diese Händler kauften dann auch Waren aus Recklinghäuser Produktion ein. Da die Ein- und Ausfuhr von Waren aufgrund merkantilistischer Handelsprinzipien mit einer -> Akzise belegt wurde, gab es auch schon mal Streit zwischen auswärtigen Kaufleuten und der Recklinghäuser Bürgerschaft. So geschehen im Jahr 1608, als die Stadt eine Ausfuhrsteuer auf Schmiedewaren erhob und die auswärtigen Händler daraufhin mit dem Boykott des Jahrmarktes drohten. Zunächst erscheint dieses Verhalten unverständlich. Wenn man sich jedoch vergegenwärtigt, dass die Recklinghäuser auf Produkte aus dem überregionalen Handel angewiesen waren, war das eine ernstzunehmende Drohung. -> Merkantilismus
Begleitend zu diesen Märkten gab es häufig Volksfeste, die gern zu ausschweifenden Feiern genutzt wurden. Dieser Brauch vermischte sich schließlich mit den Feierlichkeiten zur Kirchweih, so dass wir die heutigen Jahrmarktsrummel allgemein -> Kirmes nennen.

Jesuiten

„Der Orden der Jesuiten, ursprünglich als compagnie Gesú im Jahr 1534 von dem ehemaligen spanischen Offizier Ignatius von Loyola in Paris gegründet, ist ein katholischer Männerorden. Er ist im Gegensatz zu den in Recklinghausen seit den 1630er Jahren ansässigen Franziskanern kein Bettelorden. Er wurde sechs Jahre nach seiner Gründung, im Jahr 1540, von Papst Paul III. mit der Bulle „Regimini militantis ecclesiae" offiziell als katholischer Orden anerkannt und etabliert. Die Benennung als „Jesuiten" durch die Bevölkerung sollte eigentlich zunächst eine abfällige Bezeichnung sein, wurde dann aber auch von den Mitgliedern der Gesellschaft Jesu selbst als abkürzende Beschreibung gebraucht."
Olaf Manke und Alfred Stemmler, Die Tochter des Hexenjägers, S. 174
Als Speerspitze der Gegenreformation waren sie starken Anfeindungen und in manchen Ländern auch obrigkeitlichen Verfolgungen ausgesetzt, so dass der Papst sich 1773 schließlich auf diplomatischen Druck aus Frankreich, Spanien und Portugal gezwungen sah, den Orden aufzulösen. 1814 wurde er dann wieder zugelassen, wurde aber wegen seiner Loyalität zum Papst weiterhin von den Gegnern des Papstes abgelehnt und bekämpft.

In Recklinghausen gründeten die Jesuiten 1702 nach einer umfangreichen Stiftung der Kauffrau Maria Theresia Pinkernell aus dem Jahr 1692 eine vergleichsweise kleine Missionsstation. Die unverheiratete Frau überließ den Missionaren ihr Haus im Südosten der Stadt inklusive Grundstück sowie die zugehörigen Ländereien außerhalb der Stadtmauer. Der letzte Jesuit, der das Vest Recklinghausen und die südlich gelegene Grafschaft Mark als Einzugsgebiet hatte, kam im Jahr der Auflösung des Ordens hierher und blieb bis zu seinem Tod in der Stadt. Er starb hier im Jahr 1800. Die ehemalige Missionsstation wurde 1801 an einen ortsansässigen Kaufmann veräußert. Danach wurden die Jesuiten nicht wieder hier ansässig.

Die „Jesuiterei" an der Kampstraße in Recklinghausen von der Löhrhofstraße aus gesehen, vor 1942.

Jesuiterei

Niederlassung der -> Jesuiten an der -> Kampstraße in Recklinghausen. War ursprünglich ein -> Kramladen und wurde 1692 von der alleinstehenden Besitzerin, der -> Jungfrau Maria Theresia Pinkernell, testamentarisch dem Orden vererbt. Als die alte Gönnerin im Jahr 1702 starb, nahmen die Jesuiten das geräumige Fachwerkhaus endgültig in Besitz.

⇨

„Jesuiterei" ist eigentlich ein abfälliger Begriff für das Wirken und die Handlungs-weisen der Jesuiten, der sich in Recklinghausen als Bezeichnung für die o.g. Lie-genschaft einbürgerte. Ob die Benennung aus einer verleumderischen Absicht ent-stand oder eher wertfrei wie -> Kellnerei oder -> Komturei gemeint war, lässt sich heute nur schwer nachvollziehen.

Das Haus wurde 1801 verkauft, nachdem im Jahr zuvor der letzte Ex-Jesuit (der Orden war 1773 aufgelöst worden) gestorben war. Im Jahr 1942 schlug eine Flieger-bombe nahe des Hauses ein und zerstörte es. Im Jahr 1949/1950 wurde die Ruine abgebrochen. Heute ist der Standort mit dem „Palais Vest" überbaut. Wenn man den Haupteingang des Einkaufszentrums an der Löhrhofstraße benutzt, durch-quert man quasi das Schlafzimmer des Jesuiten bzw. den alten Kramladen.

Johannes-Janssen-Straße Straße im Innenstadtbereich von Recklinghausen, die entlang des Kirchplatzes verläuft. Johannes Janssen war ein Priester und bedeutender Historiker des 19. Jahrhunderts, der sein Abitur am Gymnasium Petrinum in Recklinghausen ablegte.

Juden Seit ältester Zeit verstreute Glaubens- und Volksgemeinschaft. Ursprünglich aus mehreren westsemimitischen Nomadenstämmen hervorgegangene Volksgruppe, die nach der Sesshaftwerdung strebte. Zur Erreichung dieses Ziels wurde unter vielen Schwierigkeiten die Vielgötterei zugunsten des Eingottglaubens aufgege-ben, der eher dazu geeignet war, die Menschen unter einem Ziel zu vereinen. Obwohl diese Simplifizierung der Götterwelt und die Vermischung von politischen und religiösen Zielen schließlich die Grundlage des christlichen Glaubens waren, wurden Juden in Europa zwar – bis ins 11. Jahrhundert – toleriert und teilwei-se sogar staatlich geschützt, späterhin aber auch mit schweren Einschränkungen und oftmals auch mit gewaltsamen Repressalien belegt. Insbesondere im Zusam-menhang mit der Intensivierung der ideologischen, politischen und territorialen Ziele von Papst und Kirche um die Wende vom ersten zum zweiten Jahrtausend fand eine Radikalisierung der gesamten christlichen Bevölkerung statt. Mit der Notwendigkeit der Finanzierung von gewaltsamen Eroberungsfahrten (Kreuzzü-ge) erfuhren insbesondere die oftmals recht -> gut betuchten jüdischen Mitbür-ger starke gesellschaftliche Einschränkungen. So blieb ihnen im HRR der Zugang zu vielen Berufen verwehrt und sie konnten im späten Mittelalter und in Früher Neuzeit nur jene Gewerbe ausüben, die christlichen Mitbürgern aus religiösen oder politischen Gründen verwehrt waren; was ihrem allgemeinen Ansehen nicht besonders förderlich war. Auch durften sie sich nur in bestimmten Bereichen der

Städte niederlassen und ihnen war in der Regel der Zugang zu öffentlichen Ämtern verwehrt.

In Recklinghausen sind für das späte Mittelalter und die Frühe Neuzeit Juden als Mitbürger nachweisbar. Einer war der 1567 hier geborene Gerson ben Meir Biberach, der zum christlichen Glauben konvertierte und als protestantischer Theologe und religiöser Agitator unter dem christianisierten Namen Christian Gerson auftrat und bekannt wurde. Er ertrank 1622 bei einem Verkehrsunfall in der Saale. (In der Nähe von Bernburg im heutigen Sachsen-Anhalt)

Der Zuzug jüdischer Mitbürger in Recklinghausen verstärkte sich erst nach der Aufhebung des HRR und dem Wegfall der katholischen Zwangverordnung von 1614 im Laufe des 19. Jahrhunderts, so dass 1828 die erste Gemeinde gegründet und im August 1880 die erste Synagoge in der Stadt errichtet werden konnte. (Heute Standort der Alten Feuerwache am Herzogswall.) Die neuere, leider auch tragische Geschichte der Juden in der Vestmetropole ist in anderen Veröffentlichungen ausführlich dargelegt und würde hier den Rahmen sprengen.

Juffernsprung	Zeitgenössisch: *Juffersprunck*. Ausgelassener Tanz, der im Zuge einer Sittenverordnung von der Recklinghäuser Stadtverwaltung im Jahr 1610 strikt verboten wurde. -> Spielmann
Julmond	Monatsname: **Dezember**. Siehe -> Hartung
Jungfern-Milch	Auch: Lac Virginis oder Mercurialwasser. Produkt eines chemischen Prozesses, bei dem unter Einsatz von reaktiven Substanzen ein milchiger Niederschlag in einer Flüssigkeit entsteht. Im Mittelalter benutzten die Alchemisten dazu in der Regel Quecksilber und Vitriol. Es war eine der Grundsubstanzen zur Erzeugung des „Steins der Weisen". Später wurde das Quecksilber durch andere Substanzen ersetzt. In der Kosmetik wurde häufig das auf ähnlichem Wege hergestellte Bleiweiß als Jungfern-Milch bezeichnet. Lange weißten Frauen ihr Gesicht und ihre Hände mit bleiweißhaltigen Kosmetika, um Hautunreinheiten zu übertünchen und weil ein blasser Teint als schön und vornehm galt. Da Bleiweiß hochgiftig ist, kann man es heute nur noch unter strengsten Auflagen für ganz wenige nachzuweisende Einsatzzwecke bekommen. -> Frauenzimmer
Jungfrau	Frau, die noch keinen Geschlechtsverkehr hatte. Da die Jungfräulichkeit im christ-

lichen Glauben Reinheit und Heiligkeit symbolisiert (Jungfrau Maria), wurden
alleinstehende Frauen, die sich (zumindest nach Außen) einer frommen Enthalt-
samkeit verschrieben, mit einem gewissen Respekt behandelt. Diese Frauen waren
dem patriarchalischen System jener Zeit nicht so unterworfen wie verheiratete
und konnten über ihre Lebensumstände freier bestimmen als jene. Manche dieser
Frauen fanden sich in der Gemeinschaft der -> Beginen zusammen, andere blieben
als Selbständige allein. In Recklinghausen sind mehrere Jungfrauen bekannt, wie
z.B. die Jungfrau Pinkernell (-> Jesuiterei) oder die geweihte Jungfrau Hilberg, um
deren Beerdigung (und die damit verbundenen Gebühreneinnahmen) ein Streit
zwischen dem Pfarrer von Sankt Peter und den ortsansässigen -> Franziskanern
entstand.

Justaucorps	Längerer Mantel des 17. und 18. Jahrhunderts, der besonders im Bereich des Ober-körpers körpernah geschnitten war und aus dem Offiziersmantel des Militärs hervorging. Gehörte im angegebenen Zeitraum zur weithin bevorzugten Männer-mode. Heutzutage als sogenannter „Piratenmantel" aus historisierenden Filmpro-duktionen bekannt. -> Allongeperücke

Kaiser	Durch Karl den Großen wieder eingeführter Titel eines allumfassenden Herrschers mit päpstlicher Legitimation. Sozusagen ein von Gott eingesetzter „König der Könige". Die Kaiserwürde löste sich im Laufe der Zeit von der päpstlichen Legitimation und war zu Begin der -> Frühen Neuzeit ein mehr oder weniger erbliches Wahlamt. Der Papst wurde schließlich nur noch pro forma in Kenntnis gesetzt. Der Kaiser des HRR wurde von einem Kurfürstenkollegium gewählt und sollte den regionalen Königen und Landesfürsten vorstehen. Er war als „Beschützer des christlichen Abendlandes" ursprünglich eine religiös legitimierte Integrationsfigur mit allumfassendem Herrschaftsanspruch. Nach dem Ende des HRR verweltlichte die Bedeutung des Kaisertitels immer mehr und verschmolz zunehmend mit der Königswürde. -> **König**
Kak	Der -> Pranger oder auch -> Schandpfahl genannt. In anderen Regionen Kaak (mit doppel-**a**) geschrieben. 1513 wurde der Recklinghäuser Kak mit 44 -> Fuß an Holzbrettern (umgerechnet ca. 13 Meter) ausgebessert. Je Fuß zahlte man 4 Pfennige. Der Kak stand in Recklinghausen auf dem Marktplatz und wurde in der ersten Hälfte des 19. Jahrhunderts entfernt. -> Schandstrafe
Kalandsbruderschaft	Zunächst eine freie und selbstbestimmte Vereinigung von Geistlichen und Laien, die sich aus religiösen und politischen Gründen zweimal im Jahr jeweils am ersten Tag des betreffenden Monats trafen (abgeleitet von lat. „Kalendae" = erster Tag des Monats). Es wurde ein Gottesdienst abgehalten, wohltätige Werke beschlossen und durchgeführt (Armenspeisung) und zum Abschluss ein Mahl gehalten. In einigen Bevölkerungskreisen waren diese Treffen wegen der unverhältnismäßigen Üppigkeit der „Geschäftsessen" und der Förderung von Vetternwirtschaft verrufen. Schon 1519 forderte Martin Luther u.a. aus diesem Grund die Abschaffung aller Bruderschaften. 1604 stellte Papst Clemens VIII. die Kalandsbruderschaften unter katholische Aufsicht. Im 19. Jahrhundert erfuhren sie schließlich ihren endgültigen Niedergang. Die Recklinghäuser Bruderschaft wurde 1324 gegründet, im Jahr 1475 ihre Satzung reformiert. 1604 wurde sie wie alle anderen unter kirchliche Aufsicht gestellt. 1615 erneuerte man während eines Streits mit dem Stadtrat um die Finanzierung der Stadtschule noch einmal die Statuten und entfernte daraus den Passus, der das Gastmahl thematisierte. 1616 wurde ein Teil des Kalandsvermögens dennoch zugunsten der Schulförderung eingezogen. Im Jahr 1788 wurde

auf Anordnung des Kurfürsten im Rahmen von Maßnahmen gegen den auch in Recklinghausen herrschenden -> Nepotismus die örtliche Bruderschaft endgültig aufgelöst.

<table>
<tr><td>Kalender</td><td>

Bis 1582 war der **Julianische Kalender** im HRR allgemein gebräuchlich, ab 1582 dann zunächst in katholischen Gegenden der **Gregorianische**.

Der *Julianische Kalender* ist ein Sonnen-Kalender, der von Gaius Julius Cäsar im Jahr 45 v. Chr. im Römischen Reich eingeführt wurde und der bis heute in einigen orthodoxen und altorientalischen Kirchen gebräuchlich ist. Durch die zeitliche Verschiebung von 11 Minuten und 14 Sekunden der kalendarischen Jahresrechnung im Vergleich zum tatsächlichen Sonnenjahr ergab sich im Laufe der Zeit bis ins 16. Jahrhundert eine Abweichung von zehn Tagen.

Mit der *Kalenderreform* von *Papst Gregor XIII.* 1582 galt in allen römisch-katholischen Gebieten, also auch in Recklinghausen, der Kalender nach „neuem Stil". Dieser führte eine neue *Schaltregel* ein, die den rechnerischen Unterschied von Kalenderjahr zu Sonnenjahr ausgleicht. Um die Übereinstimmung mit dem Sonnenjahr wiederherzustellen, ließ man die Differenz von 10 Tagen „ausfallen". Demnach folgte auf Donnerstag den 4. Oktober 1582 direkt Freitag der 15. Oktober. Doch erst in den folgenden Jahren wurde diese Regelung in allen katholischen Ländern umgesetzt. In Kurköln und damit auch im Vest Recklinghausen erfolgte diese Umstellung im November 1583.

Vor allem protestantisch dominierte Territorien blieben noch lange beim Julianischen Kalender, so dass es häufig zu Datums-Missverständnissen kam. Auch orthodox dominierte Länder blieben bei der Rechnung „alten Stils". Russland zum Beispiel führte erst nach der Revolution 1918 den *gregorianischen Kalender* ein, das Königreich Griechenland im Jahr 1923.

Auch der kalendarische Jahresbeginn wurde in vielen Ländern unterschiedlich bestimmt. Während der römischen Antike war der 1. Januar der kalendarische Jahresbeginn. Im 6. bis 9. Jahrhundert wurde er durch die katholische Kirche auf den 6. Januar verlegt. Ab 1621 sah die päpstliche Kanzlei als Jahresanfang zunächst intern wieder den 1. Januar vor. Im Jahr 1691 dann legte der gerade neugewählte Papst Innozenz XII. den Jahresanfang mehr oder weniger verbindlich auf den noch heute in weiten Teilen der Welt gebräuchlichen Termin. -> Zwischen den Jahren

</td></tr>
<tr><td>Kalvarienberg</td><td>

Als Kalvarienberg bezeichnet man i.d.R. einen erhöhten Ort, wo man der Leidensgeschichte Jesu gedenkt. Manche Kalvarienberge wurden schon im Mittelalter, be-

</td></tr>
</table>

sonders im Raum südlich der Alpen, als eine Art Kapelle angelegt; im hier betrachteten geografischen Umfeld waren diese besonders hervorgehobenen Stationen in etwa seit der Zeit des Barock üblich und beschränkten sich in den meisten Fällen auf eine Kreuzigungsgruppe an einer exponierten Stelle. -> Lohtor

Kampstraße

Als *Kamp* wird ein eingehegter, unbebauter Platz oder ein umfriedetes Feld bezeichnet. Der hier benannte, weithin von Gärten gesäumte Recklinghäuser Straßenzug führte vom Viehtor bis zur Kunibertistraße hinter der Stadtmauer entlang. Der Bereich zwischen Viehtor und Löhrhofstraße wurde 1933 in Hermann-Bresser-Straße umbenannt. Der Bereich zwischen Löhrhofstraße und Schaumburgstraße erhielt 1960 den Namen Löhrhof, obwohl dies aus dem historischen Kontext heraus nicht richtig ist. Heute wird nur noch der Teil zwischen Schaumburgstraße und Kunibertistraße als Kampstraße bezeichnet. -> Hag, -> Kerkellenkey

kardetschen

Auch: kardätschen und kardieren. Aufbereiten von Rohwolle zu einem Vlies bzw. zu vorverarbeiteten Wollfäden als Ausgangsmaterial für die Weiterverarbeitung. -> Tuchmacher, -> Spinner

Karmeliten

„Karmeliten sind die Mitglieder des Ordens der Brüder der allerseligsten Jungfrau Maria vom Berge Karmel (lat. Ordo Fratrum Beatissimae Mariae Virginis de Monte Carmelo), der um das Jahr 1150 am Karmelgebirge im Heiligen Land gegründet wurde und der Tradition des Eremitentums entspringt. Die Mitglieder des in der zweiten Hälfte des 15. Jahrhunderts gegründeten Ordenszweiges für Frauen werden Karmelitinnen genannt. Der Orden spaltete sich im Zuge der Reformbewegung des 16. Jahrhunderts (siehe Teresianischer Karmel) in Karmeliten und Karmelitinnen von der alten Observanz (auch Calzeaten oder zuweilen Beschuhte genannt, lat. Ordo Carmelitarum Calceatarum, Ordenskürzel OCarm oder OCC) und Unbeschuhte Karmeliten und Unbeschuhte Karmelitinnen (auch Barfüßer oder Discalceaten, lat. Ordo Carmelitarum Discalceatarum, Ordenskürzel OCD oder OCarmD).“
https://de.wikipedia.org/wiki/Karmeliten
Im Vest Recklinghausen wurden die Karmeliten 1726/1727 in der Nähe von Marl ansässig. Der damalige -> Domkapitelsverwalter Gerhard Caspar Schaumburg und seine Frau stifteten ihren Besitz, das landtagsfähige Gut Leuchterhof, nach dem Tod ihrer beiden Kinder diesem Orden. Die Gründung der Niederlassung wurde unter anderem von den -> Franziskanern heftig kritisiert. Im Zuge der -> Säkularisation Anfang des 19. Jahrhunderts wurde Kloster Leuchterhof aufgehoben.

| Kataster | „Unter Kataster wird im Allgemeinen ein Register, eine Liste oder Sammlung von Dingen oder Sachverhalten mit Raumbezug verstanden. Im engeren Sinne steht das (süddeutsch auch: der) Kataster, genauer das Liegenschaftskataster, für das landesweit flächendeckende Register sämtlicher Flurstücke (Parzellen, Grundstücke und grundstücksgleiche Rechte) und deren Beschreibung. In einem beschreibenden Teil (Katasterbuch/Liegenschaftsbuch) und in Karten (Flurkarte/Liegenschaftskarte) werden die Flurstücke mit ihrer räumlichen Lage, Art der Nutzung und Geometrie sowie zusätzlich auch die auf den Flurstücken befindlichen Gebäude beschrieben. Als Liegenschaften werden in Deutschland in den Landesgesetzen die Flurstücke und Gebäude definiert." https://de.wikipedia.org/wiki/Kataster |

Katzentisch — Im westfälisch-niederdeutschen Sprachgebrauch (*Kattendisk*) jener etwas abseits der Haupttafel stehende Tisch nahe der Feuerstelle, an dem Kinder, Alte, Kranke und jene saßen, die aus sonstigen Gründen nicht am gemeinschaftlichen Mahl an der großen Tafel teilnehmen konnten. Eigentlich wegen der Nähe zur Wärmequelle eine bevorzugte Position, andererseits wegen eben dieser Nähe zur Rauchentwicklung und zum Funkenflug auch nicht allzu beliebt. Wurde wohl so benannt, weil die Wärme des Feuers und der Geruch von Milchspeisen (für Kinder, Alte und Kranke - s.o.) die Katzen ganz besonders anzog. Da man dies als lästig empfand, wurde schließlich der Ausdruck „Katzentisch" zu einer negativen Bezeichnung. Heute sind damit Tische gemeint, die im Restaurant an ungünstigen Stellen, z.B. in Durchgangsbereichen, in der Nähe der Toiletten oder in der Nähe der Eingangstür (Zugluft!) stehen.

Kellnerei — Zeitgenössisch auch: Kellerey. Hier: Kurfürstliche Güterverwaltung. Im heutigen Sprachgebrauch könnte man annäherungsweise das Wort *Finanzamt* gebrauchen. Für das Vest Recklinghausen hatte in dem Betrachtungszeitraum dieses Buches die Kellnerei seit 1425 ihren Sitz auf Schloss -> Horneburg. Eine der Aufgaben der Kellnerei war neben anderen die Einziehung des kurfürstlichen -> Zehnt.

Kellner — Der oberste Beamte in der -> Kellnerei; später *Oberkellner* benannt.

Kemnastraße — Straße süd-südwestlich der Innenstadt von Recklinghausen, die vom -> Steintor bis zur Kreuzung Hohenzollernstraße/Mühlenstraße führt (heutiger sogenannter „Schleifenkreisel" am Hittorf-Gymnasium). Wurde 1898 nach Kaplan Kemna benannt, der als maßgeblicher Unterstützer und Förderer des ersten städtischen Krankenhausprojektes gilt. Unter seiner Aufsicht entstand das erste Prosper-Hos-

pital an dem vormals *Bruchweg* genannten Straßenzug, nachdem eine provisorische Einrichtung an der -> Kampstraße rasch zu klein geworden war. Das Krankenhaus-Gebäude wurde 1980 abgebrochen. An der Stelle des Kemnaschen Prosper-Hospitals befindet sich heute ein Kino.
-> Schachtrute, -> Arenbergstraße

Kerkelenkey

Niederdeutsche Bezeichnung für eine Örtlichkeit innerhalb der Recklinghäuser Stadtmauer. Der Wortbestandteil „Kerkelen" weist auf den Ort *Kirchhellen* an der westlichen Grenze des Vestes Recklinghausen hin. Der -> Oberhof Kirchhellen wurde zu Beginn des 15. Jahrhunderts in den Verwaltungsbezirk des -> Reichshofes Recklinghausen eingegliedert. Damit hatten dessen Vertreter an den Sitzungen der -> Hofgerichte, die in Recklinghausen stattfanden, zwingend teilzunehmen. Die Kirchhellener Bauern hatten zu den Gerichtstagen einen eigenen Versammlungsplatz, eben jenen „Kirchhellen-Platz". Dieser Versammlungsplatz lag – nach A. Dorider – in etwa in dem Umfeld, wo heute das mittlere Portal des „Palais Vest", bzw. die Freifläche des heute *Löhrhof* genannten Areals zu finden ist.

Keutbier

Zeitgenössisch auch kurz *koit* (ohne „-bier") genannt. Ein Vorläufer des Hopfenbieres. Als Braugetreide waren Gerste, Weizen, Dinkel oder Hafer üblich, die mit diversen Würzen „verbessert" wurden. Zum Beispiel mit Wacholder, Schafgarbe, Hanf und wildem Rosmarin. Der Geschmack war wegen der Verwendung von dunkel gedörrtem Malz eher etwas rauchig, was man damals als angenehm und hochwertig einstufte. Es war (u.a. wegen des landesherrlichen Monopols auf die -> Grut) in Recklinghausen zeitweise teurer als Hopfenbier.
-> Grutbier, -> Malzsteuer, -> Mertebier

Kiek in Bochum

Turm im südlichen Verlauf der Recklinghäuser Stadtmauer. Lag etwa in der Mitte zwischen -> Viehtor und -> Ulenturm. Herne war zu jener Zeit ein unbedeutendes kleines Dorf, so dass man von diesem Turm aus eher in Richtung der Stadt Bochum Ausschau hielt.

Kiepe

Tragevorrichtung, die üblicherweise wie ein Rucksack auf dem Rücken getragen wurde. Oft ein Korb mit Trageschlaufen, manchmal auch ein einfaches Holzgestell mit Trageriemen. Noch heute sind Kiepen bei der Weinlese per Hand gebräuchlich. Wurde bis ins 19. Jahrhundert als einfaches Transportmittel für Waren genutzt.

| Kiepenkerl | Zumeist männlicher wandernder Händler bzw. Hausierer (es gab auch „Kiepenweiber"), der eine -> Kiepe als Transportmittel für seine Waren nutzte. Das Kiepenkerldenkmal in Münster gibt eine bildliche, wenn auch etwas verklärende Vorstellung von einem solchen „Handelsreisenden". |

Kiepenkerl

Zumeist männlicher wandernder Händler bzw. Hausierer (es gab auch „Kiepenweiber"), der eine -> Kiepe als Transportmittel für seine Waren nutzte. Das Kiepenkerldenkmal in Münster gibt eine bildliche, wenn auch etwas verklärende Vorstellung von einem solchen „Handelsreisenden".

Kirchmeister

„.... war im spätmittelalterlichen und frühneuzeitlichen Deutschland ein städtisches Amt, das angesehenen und wohlhabenden Bürgern übertragen wurde. Die Ausübung war treuhänderisch und ohne persönlichen Gewinn. Der Kirchmeister verwaltete den Bau- und Ausstattungsfonds der ihm zugewiesenen Kirche, der aus frommen Stiftungen stammte. Er überwachte Baumaßnahmen und Anschaffungen und legte dem Stadtrat - nicht dem Bischof oder seinem örtlichen Vertreter - jährlich Rechnung ab. Sein Einfluss und seine gesellschaftliche Stellung waren beträchtlich. ..."
Josef Pauser: Die Vermögensverwaltung städtischer Kirchenbaufonds: Kirchmeisterämter. In: Peter Csendes/Ferdinand Opll (Hg.): Wien. Geschichte einer Stadt. Die frühneuzeitliche Residenz. Wien/Köln/Weimar 2003, S. 69

Kirmes

Regional auch Kirchweih oder Kirchweihfest. Tag, an dem man der Weihe der jeweiligen Kirche gedachte. Traditionell wurde nach dem Gottesdienst ein Volksfest veranstaltet. Da die Kirchen im Vest Recklinghausen unterschiedlichen Heiligen gewidmet waren, fanden über das Jahr verteilt mehrere Kirchweihfeste statt.
-> Jahrmarkt

k.k.

kaiserlich königlich, üblicherweise im Zusammenhang mit Körperschaften gebraucht, um deren direkte Zugehörigkeit zum kaiserlichen Herrscherhaus in Abgrenzung zu einer regionalen Herrschaft deutlich zu machen. Zum Beispiel: „Das k.k. Kinskische Regiment", das 1794 in Recklinghausen stationiert war.

Klafter

Maßeinheit. War sowohl als Längenmaß (etwa 1,7 bis 2 Meter - die augebreiteten Arme von Mittelfingerspitze zu Mittelfingerspitze gemessen), als auch als Flächen- oder Raummaß gebräuchlich. Als Fächenmaß etwa 3,5 bis 6,5 Quadratmeter, als Raummaß etwa 2,9 bis 5 Kubikmeter.

Klause

Regional auch *Kluse*.
1. Abseits einer geschlossenen Wohnsiedlung allein stehendes Wohnhaus
2. Wohnort eines oder mehrerer Einsiedler.
3. Landgaststätte

| Kley | mnd. auch: *klei, kleye*. Fetter, schwerer fruchtbarer Lehmboden, zäher Ton. |

| Knochenmühle | Mühle zur Zerkleinerung von Tierknochen. Das Knochenmehl wurde als Dünger und Hühnerfutter verwertet. Im Kreis Recklinghausen war in der Mitte des 19. Jahrhunderts eine Knochenmühle registriert. In der Literatur ist z.B. in der Erzählung „Krabat" von Otfried Preußler eine solche Mühle der zentrale Handlungsort.
-> Mühle |

| Knollenpflaster | Hier: Befestigung einer Straße durch einfach in den Untergrund eingestampfte Steine, was wie aus der Fahrbahn quasi herauswachsende Knollen aussah. Auf diese relativ kostengünstige Weise befestigte man insbesondere viel benutzte Wege, die ansonsten bei Regenwetter nicht oder nur sehr eingeschränkt befahrbar waren.
In der Medizin bezeichnete Knollenpflaster einen Wickel aus vielen unterschiedlichen Kräutern, Essenzen und Wachs. *„Es dienet zu Franzosischen Beulen und Knollen selbige zu erweichen."*
Johannes Hiskias Cardilucius, Der Neüen Statt= und Land=Apotheken Dritte Tomus Begreiffent die Chirurgy und Vollständiges Dispensatorium, Nürnberg 1674, S. 757 |

Kley — mnd. auch: *klei, kleye*. Fetter, schwerer fruchtbarer Lehmboden, zäher Ton.

Knochenmühle — Mühle zur Zerkleinerung von Tierknochen. Das Knochenmehl wurde als Dünger und Hühnerfutter verwertet. Im Kreis Recklinghausen war in der Mitte des 19. Jahrhunderts eine Knochenmühle registriert. In der Literatur ist z.B. in der Erzählung „Krabat" von Otfried Preußler eine solche Mühle der zentrale Handlungsort.
-> Mühle

Knollenpflaster — Hier: Befestigung einer Straße durch einfach in den Untergrund eingestampfte Steine, was wie aus der Fahrbahn quasi herauswachsende Knollen aussah. Auf diese relativ kostengünstige Weise befestigte man insbesondere viel benutzte Wege, die ansonsten bei Regenwetter nicht oder nur sehr eingeschränkt befahrbar waren.
In der Medizin bezeichnete Knollenpflaster einen Wickel aus vielen unterschiedlichen Kräutern, Essenzen und Wachs. *„Es dienet zu Franzosischen Beulen und Knollen selbige zu erweichen."*
Johannes Hiskias Cardilucius, Der Neüen Statt= und Land=Apotheken Dritte Tomus Begreiffent die Chirurgy und Vollständiges Dispensatorium, Nürnberg 1674, S. 757

Knüppeln — Freilaufende Hunde mussten geknüppelt sein, um ihnen den schnellen Lauf unmöglich zu machen. Dazu wurde dem Hund ein Stock oder Stecken (Knüppel) so um den Hals gehängt, dass ihm dieser bei schnellerer Gangart schmerzhaft an die Vorderläufe stieß. Dies wurde so praktiziert, um den Hunden das unkontrollierte Hetzen von Wild unmöglich zu machen. Traf ein Forstbeamter einen Hundehalter mit einem ungeknüppelten Hund an, hatte er das Recht das Tier zu erschießen.

Koadjutor — Hier: Dem Erzbischof beigestellter kirchlicher Amts- und Würdenträger. In unserem Betrachtungsraum und -zeitraum war der Koadjutor der erste Stellvertreter und designierte Nachfolger des Kölner Erzbischofs. Er hatte Befugnisse, die über jene eines Weihbischofs hinausgingen.

Köln — Hauptstadt des -> Erzbistums Köln, zu dem auch das Vest Recklinghausen gehörte.

Kölschland — Umgangssprachliche Bezeichnung des -> Vestes Recklinghausen. Da die Region als Nebenland zum Kurfürstentum Köln gehörte, lag dieser Name nahe.
-> Prüschland

| König | Höchste monarchische Würde in einem selbständigen Regionalstaat.

„In engerer Bedeutung, welche heut zu Tage in Europa der gewöhnlichste ist, bezeichnet der Nahme eines Königes den unumschränkten Beherrscher eines Königreiches, welcher dem Range nach unmittelbar auf den Kaiser folget, allen übrigen Arten von regierenden Herren aber vorgehet."

Grammatisch-Kritisches Wörterbuch der Hochdeutschen Mundart (Ausgabe letzter Hand, Leipzig 1793–1801), https://www.woerterbuchnetz.de/Adelung

Kötter

(Singular und Plural gleich) Bewohner eines -> Kottens. Meist abhängiger Dörfler oder Kleinbauer, der ein kleines Stück Land für die Selbstversorgung bewirtschaftete und im Nebenerwerb in einem anderen Berufszweig u.U. auch als -> Tagelöhner arbeitete. Kötter waren i.d.R. darüber hinaus zu sogenannten Hand- und Spanndiensten verpflichtet. Sie standen in der sozialen Hierarchie unter den Voll- und Halbbauern, aber über den Tagelöhnern. -> Hufe, -> Spanndienst

Kohlhaus

Gebäude zur Lagerung von Kohlen. Bereits im 18. Jahrhundert wurde in der Gegend von Hattingen an der Ruhr, Blankenstein und Witten Steinkohle gefördert und Handel damit getrieben. Das „schwarze Gold" wurde mit Lasttieren und Karren über Bochum und Dorsten u.a. zum Rhein transportiert und bei Dorsten zwischengelagert. Zu diesem Zweck errichtete man im Jahr 1767 auf dem Grund der Kirchengemeinde Gahlen an der Lippe das sogenannte *Kohlhaus* als Umschlagplatz. Es wurde in den 1970er Jahren abgebrochen.

Näheres dazu in: Abschied von einem Stück Dorstener Geschichte, von Gerda Illerhues, in: VK 44. Jahrg., 1972, S. 52-53

Kommende

(Betonung auf der zweiten Silbe) Hier: Niederlassung eines Ritterordens; auch *Komturei* genannt. Auch im Vest Recklinghausen gab es Kommenden des *Deutschen Ordens*, die der -> Komtur von -> Fellin im Jahr 1528 sicher ebenfalls besucht hat; in diesem Zeitraum war dies die Kommende Welheim bei Bottrop. Ab 1692 war auch die Malenburg bei Datteln eine Kommende dieses Ritterordens.

Komtur

Ein Komtur war der Inhaber eines hohen Amtes in einem Ritterorden, eine Art Statthalter, bzw. Vorsteher einer Komturei (-> Kommende) oder Oberbefehlshaber einer Ordensburg. -> Fellin

Komturei

-> Kommende

| Konkubinat | Eheähnliche Gemeinschaft ohne obrigkeitlich legitimierte Eheschließung. Auch abwertend „wilde Ehe" genannt. Die weibliche Partnerin wurde als *Konkubine* bezeichnet. Im katholischen Klerus, der dem Zölibat unterworfen ist, gab es immer wieder Priester, die in einem Konkubinat lebten. So ist in dem hier betrachteten Zeitraum von manchem vestischen Pfarrer bekannt, dass er mit seiner Haushälterin in einer eheähnlichen Gemeinschaft lebte und Nachkommen zeugte, obwohl ihm dies untersagt war. Daraus entstand im Volksmund der sarkastisch-humoristische Ausspruch: „In der katholischen Kirche ist die Kinderlosigkeit erblich." |

| Konvertit | Hier: Person, welche die Konfessionszugehörigkeit wechselt. Von lat. *conversio* = Umkehrung, Umwandlung, Verwandlung. Im Zuge der -> Gegenreformation wurden insbesondere von den -> Jesuiten sogenannte Konvertitenschulen eingerichtet, in denen Kinder protestantischer Eltern in katholischem Sinne unterrichtet und schließlich mit einer beruflichen Grundausrüstung ins Leben entlassen wurden. In Recklinghausen versuchte der äußerst einflussreiche und reiche -> Domkapitelsverwalter Gerhard Caspar Schaumburg (-> Schaumburgstraße) 1726 in Privatinitiative an der -> Martinistraße eine solche Schule einzurichten. Die Gründung dieses Instituts scheiterte unter anderem an der Erkenntnis, dass der Aufwand zu hoch und die Erfolgsaussichten zu gering seien. Die Absicht der Errichtung eines solchen Instituts ist einer der Hinweise darauf, dass es zu jener Zeit im Vest Recklinghausen trotz einer katholischen Zwangsverordnung eine Art „Kryptoprotestantismus" gegeben hat. -> Maul-Christen |

| Konzil | Versammlung kirchlicher Würdenträger zu höchster Entscheidung in kirchlichen Fragen. Üblicherweise Treffen von katholischen (Erz-) Bischöfen unter Vorsitz des Papstes. |

| Kornschreiber | Beamter der kurfürstlichen -> Kellnerei, der für die ordnungsgemäße Durchführung von Steuerangelegenheiten zuständig war. Steuern wurden von der agrarischen Gesellschaft häufig z.B. als -> Zehnt von Getreideernten gezahlt. Der Kornschreiber sorgte für deren korrekte Entgegennahme, Einlagerung und Verbuchung. |

| Koterie | Auch **C**oterie (mit C, von frz. coterie = [geschlossene] Gesellschaft). Seit etwa 1720 gebräuchlicher Ausdruck für einen elitären Zirkel. In der Regel von Außenstehenden benutzt und abwertend gemeint. Ähnlich dem heutigen „Clique". Näheres hierzu unter https://www.zdl.org/wb/wortgeschichten/Koterie |

| Kotten | Auch: Kate. Kleinere Hofstelle mit einem zugehörigen Gartengrundstück, die als Wohnstätte für Kleinbauern, Selbstversorger und -> Tagelöhner auf dem Grund eines größeren Besitzes angelegt war.
 -> Kötter |

Kotten

Auch: Kate. Kleinere Hofstelle mit einem zugehörigen Gartengrundstück, die als Wohnstätte für Kleinbauern, Selbstversorger und -> Tagelöhner auf dem Grund eines größeren Besitzes angelegt war.
-> Kötter

Krämer

Einzelhandelskaufmann oder -kauffrau, die einen örtlichen -> Kramladen betrieben. Dies war eines jener Geschäfte, die nicht allein Männern vorbehalten waren. Oft führten Frauen ein solches Handelsgeschäft auf lokaler Basis als Selbständige; nachweislich auch in Recklinghausen. Krämer und Krämerinnen kooperierten in der Regel mit Großhandelskaufleuten, die nachgefragte Waren auswärtiger Herkunft beschaffen konnten.

Kränzgenreiten

-> Gänsereiten. Wurde 1804 von der Recklinghäuser Stadtverwaltung verboten, weil aus der Geschicklichkeitsübung für Reiter ein wildes, zielloses Umherjagen geworden war, das Passanten gefährdete.

Kram

Gemischte Waren; im Gegensatz zur heutigen Bedeutung des Wortes oftmals von höherer Qualität und signifikanter Alltagsrelevanz.

Kramladen

Einzelhandelsgeschäft in dem es alle möglichen Waren des täglichen Bedarfs, aber auch höherwertige Importwaren zu kaufen gab. Näheres im Internet auf der Webseite *https://www.zedler-lexikon.de* unter dem Suchbegriff „Krämer".

Kratzstein

-> Stein des Anstoßes

Kraut und Loth

Zündmittel und Projektile für Steinschloss-Gewehre, wobei das sogenannte *Kraut* oder *Zündkraut* (ein schnell entzündbares Schwarzpulver) unter anderem zur besseren Zündung der eigentlichen Treibladung benutzt wurde und -> *Loth* das Projektil bezeichnet. Späterhin auch *Pulver und Blei* genannt.
Zu einer -> Generaljagd im Jahr 1728 hatte sich aus jedem Recklinghäuser Bürgerhaus „*ein mitt gutte Gewehr, auch genugsahmen Kraut und Loth wollversehener auffgewachsener Mann*" einzufinden. -> Büchse

Kreuzer

Hauptsächlich im Süden des HRR gebräuchliche Kleinmünze. War zwar auch im Vest Recklinghausen im Umlauf, hatte hier aber weniger Bedeutung. 68 Kreuzer entsprachen einem -> Reichstaler. In Recklinghausen war der -> Stüber weiter verbreitet.

| Krug | 1. Handliches **Gefäß**, meist mit einem Henkel, mit einem ungefähren Inhalt von einem halben bis einem Liter.
2. Synonym für **Wirtshaus, Schankwirtschaft** in der Getränke in Krügen serviert wurden. |

Krüger   Betreiber eines Wirtshauses, Schankwirt. -> Krug

Kukulle   -> Gugel, aber auch weiter Überwurf in einigen Mönchsorden. -> Habit

Küfer   Auch: Böttcher. Hersteller von Gefäßen (Fässer, Krüge und andere) meist aus Holz.

Kundenmühle   Mühlenbetrieb, der ausschließlich als Dienstleistungs- und nicht als Verlagsbetrieb arbeitete. Die meisten Mühlen in Recklinghausen waren wegen des Mühlenzwangs derartige Kundenmühlen. -> Mühle -> Multer, -> Verlag

Kunibertitor   Eigentlich *Königsbergtor*. Stadttor im östlichen Teil der -> Stadtmauer von Recklinghausen. Es war benannt nach dem im Osten vor der Stadt gelegenen Königsberg, der heute Kuniberg genannt wird. In Recklinghausen sprach man noch sehr lange in der hier üblichen niederdeutschen Mundart, in der „Königsberg" mit „Kunningsberch" übersetzt wurde. Die umgangssprachliche Verschleifung führte schließlich zur heutigen Bezeichnung „Kuniberg".

Die durch das Tor hinausführende innerstädtische Straße war ebenfalls nach dieser Erhebung des Vestischen Höhenrückens benannt und führte als Handelsstraße über Suderwich nach Dortmund. Das Stadttor war ein mächtiger Steinbau aus zwei mit massiven Eichentoren verschließbaren Bollwerken, wobei das eine diesseits, das andere jenseits des inneren Wassergrabens stand.

Mit dem Personennamen „Kunibert" haben Tor und Straße im direkten Zusammenhang nichts zu tun, obwohl man dies im Vergleich mit der Namensgebung des nahegelegenen -> Martinitores vermuten könnte.

Kunststraße   Deutsche Bezeichnung für **Chaussee**. Fernstraße, die als möglichst direkte Verbindung zwischen mehreren Zielorten geplant und gebaut ist. Kunststraßen waren üblicherweise mit einem festen Unterbau versehen, fielen leicht zum Rand hin ab, so dass das Wasser in die seitlich angelegten Gräben ablaufen konnte und hatten eine verfestigte Schotterfahrbahn.

Kunststraßen kamen in Deutschland erst im 19. Jahrhundert verstärkt auf. Das

Vest Recklinghausen wurde zunächst von zwei Kunststraßen in Nord-Süd-Richtung berührt. Die eine verlief von Münster nach Bochum und führte in Recklinghausen über die -> Münsterstraße und die Steinstraße zum -> Steintor, und die andere berührte Dorsten. Kunststraßen wurden aus wirtschaftlichen und militärischen Gründen angelegt, weil man auf ihnen schneller voran kam als auf den sonst üblichen Feldwegen. Sie waren sozusagen die Schnellstraßen des 18. und frühen 19. Jahrhunderts. -> Steinweg

Kur

mhd. *kure* = **Wahl.** Das heute gebräuchliche *Kür* für z.B. eine selbstgewählte und eigenständig eingeübte sportliche Aufgabe geht hierauf zurück.

Kurfürst

„Ein Kurfürst (lateinisch princeps elector imperii oder elector) war einer der ursprünglich sieben ranghöchsten Fürsten des Heiligen Römischen Reiches, denen seit dem 13. Jahrhundert das alleinige Recht zur Wahl des römisch-deutschen Königs (Kurwürde) zustand, mit dessen Würde seit dem 10. Jahrhundert der Anspruch auf das Kaisertum verbunden war. ... Das Wort Kurfürst geht auf das mittelhochdeutsche kur *oder* kure *für Wahl zurück, aus dem das neuhochdeutsche* küren *entstanden ist."* https://de.wikipedia.org/wiki/Kurfürst
Im Bereich des Kurfürstentums Köln war der Kurfürst gleichzeitig Erzbischof des territorial viel größeren -> Erzbistums Köln. Als Erzbischof hatte er seinen Amtssitz in -> Köln, als Kurfürst ab 1597 in -> Bonn. Siehe auch: https://de.wikipedia.org/wiki/Kurköln

Kurgenosse

Ein Kurgenosse ist nicht, wie man irrtümlicherweise annehmen könnte, eine Person, mit der man gemeinsam die Zeit in einer gesundheitlichen Rehabilitationsmaßnahme verbringt, sondern ein **Wahlmann.** Jährlich am -> Stephanstag wurden seit dem 14. Jahrhundert die Recklinghäuser Bürgermeister und der Stadtrat aus dem Kreis der berechtigten Gildenmitglieder neu gewählt. Hierzu stellten die -> Gilden jeweils einen Kurgenossen ab, der in ihrem Auftrag das Wahlrecht ausübte. Hinter verschlossenen Türen besprachen dann diese Wahlmänner, wer im nächsten Jahr die Geschicke der Stadt leiten sollte. Nach der Wahl gab es üblicherweise ein ausschweifendes Gelage, was in der Recklinghäuser Bevölkerung nicht immer mit Wohlwollen zur Kenntnis genommen wurde.

Kurrentschrift

Im HRR und noch bis in die 1880er Jahre gebräuchliche, mit der Feder handgeschriebene Schrift, die viele individuelle Ausformungen erfuhr.
-> Sütterlin, -> Frakturschrift, -> Federkiel

Kutte

Hier: Weites, gewandartiges Bekleidungsstück von Angehörigen eines Ordens (-> Habit), aber auch schmuckloses Gewand oder Arbeitskittel. Hat daneben im heutigen Sprachgebrauch in diversen Subkulturen eine eigene Bedeutung erhalten.

Läufer	**1.** Technik: Der obere, sich drehende der beiden Mühlsteine. -> Mühle
	2. Kommunikation: Bote, auch: Läuferbote -> Postillion

Laden

Hier: Klappe mit der das Fenster verschlossen wird. Ursprünglich ein von innen angebrachter Verschluss des glaslosen Fensters gegen Zugluft, später unter anderem ein von außen angebrachter Schutz des teuren, mundgeblasenen Fensterglases. Es gab verschiedene Formen von Fensterläden. In Recklinghausen war weitestgehend der zweiteilige Laden üblich, der an der Außenwand des Hauses rechts und links vom Fenster an Drehscharnieren oder Haken (-> Gehenge) befestigt wurde. Manchmal wurde die Klappvorrichtung über bzw. unter dem Fenster angeschlagen, so dass die Flügel nach oben und unten geöffnet werden konnten. Dabei setzte man Stützen, die den jeweiligen Flügel in der geöffneten Position hielten. Der obere Teil fungierte als Sonnenblende (später übernahmen textile Markisen diese Funktion), der untere Teil wurde bei Handelshäusern, insbesondere wenn sie einen Fensterverkauf betrieben, als Präsentationsfläche für Waren genutzt. Daraus entstand die Bezeichnung „Laden" für „Räumlichkeiten eines Handelshauses". -> Kramladen

Lampengässchen

Verbindungsgasse zwischen der Breiten Straße und der Herrenstraße. Hat seinen Namen angeblich nach einem -> Lampengießer, bzw. Zinngießer, der im 19. Jahrhundert hier seinen Geschäftsbetrieb führte. Vorher war die Gasse wahrscheinlich namenlos.

Lampengießer

Lampenmacher, Kerzenmacher oder Lichtgießer stellten in früherer Zeit zunächst Kerzen, später metallene Öllampen und Gaslaternen her. Waren vor allem im konfessionellen Zeitalter oftmals mobile Dienstleister, aber auch niedergelassene Handwerker. -> Lampengässchen

Landfrieden

„Im römisch-deutschen Reich wird Landfriede seit dem Hochmittelalter bis in die Frühe Neuzeit als der reichsweit, in einer einzelnen Region oder einem Territorium zeitweise oder dauerhaft bestehende, in der Regel vom König oder von den jeweiligen Herrschaftsträgern eingeforderte und mithin auch kontrollierte Friedenszustand verstanden. Dieser gründete sich zunächst auf beeidete, später überwiegend verkündete Rechtsnormen, welche die Anwendung von Gewalt und den kriegerischen Streitaustrag im Allgemeinen einschränkten oder vollends untersagten. Im Speziellen bezogen sie sich auf den Schutz von Personengrup-

pen (Geistliche, Witwen, Waisen, Arme, Kaufleute etc.), Sachen (Vieh, Mühlen, Ackergeräte etc.) und Orten (Kirchen, Straßen- und Wasserwege etc.). Insbesondere die Fehdeführung wurde sukzessive von formalen Bedingungen (Ansage durch Fehdebrief, Fehdeverbot in der Nacht und an Kirchenfesten etc.) begrenzt und rechtlich enger gefasst. Dazu traten typischerweise Sanktionsdrohungen für den Fall eines Verstoßes. Weiterhin fungierte dieser Terminus in den Quellen als Selbstbezeichnung solcher Rechtsnormenkataloge im Wortfeld von „pax" und „treuga" bis zum Ende des 13. Jahrhunderts bzw. „vride" und „lantvride" während des Spätmittelalters." https://www.historisches-lexikon-bayerns.de/Lexikon/Landfriede_(Spätmittelalter)

Landtag

„tag an welchem eine körperschaft als vertretung eines landes oder einer landschaft zu gerichtlicher oder politischer thätigkeit zusammentritt, und diese versammlung selbst: ..." Deutsches Wörterbuch von Jacob Grimm und Wilhelm Grimm, https://www.woerterbuchnetz.de/DWB?lemid=L01312

Hier unterscheiden wir den kurkölnischen Landtag, auf dem die Angelegenheiten der gesamten zur kurkölnischen Hoheit gehörenden Verwaltungsbezirke verhandelt wurden – das Vest Recklinghausen hatte hier nur das Recht auf Anwesenheit, aber nicht auf Abstimmung – und dem vestischen Landtag, auf dem man über die Angelegenheiten des Verwaltungsbezirks zwischen Emscher und Lippe beriet.

Landwehr

Die Stadt Recklinghausen war nicht nur durch eine -> Stadtmauer und eine Wallgrabenanlage gegen angreifende Feinde geschützt, sondern auch im weiteren Umfeld durch aufgeschüttete Wälle, die mit dichtem, verflochtenem, undurchdringlichem Strauchwerk (-> Hag), z.B. Dornenhecken (Brombeere, Ilex, Heckenrose, Weißdorn etc.) bewachsen waren. Das Entfernen der Dornenhecken war unter Strafe gestellt, wie ein Hochlarer Bauer 1640 schmerzlich feststellen musste. Stellenweise wurden auch Palisaden auf den Wall gesetzt. In den meisten Fällen gehörte auch hier zu jedem Verteidigungswall ein Graben und eine Brücke, die zusätzlich durch eine Schranke bzw. einen Schlagbaum (-> Rennebaum) abgesperrt war. Es gab die sogenannte *Ringlandwehr*, die, wie der Name verrät, ringförmig um die Stadt verlief, und es gab einige sogenannte *Streichlandwehren*, die das eingeschlossene Land noch einmal in abgegrenzte Bereiche aufteilten, um den Truppen der Gegner, welche die Ringlandwehr an einer Stelle überwunden hatten, das Einschließen der Stadt zu erschweren und ihnen von der Seite her Verluste zufügen zu können. Innerhalb der Verteidigungsanlage führten befestigte Wege an der Landwehr entlang, die der Wartung und Pflege des Strauchwerks und der Palisaden dienten.

In die nächste Nähe der Stadt konnte man üblicherweise nur über die Öffnungen in der Landwehr gelangen. Umgehen konnte man die Barriere nicht, wenn man in die Stadt wollte. Man *musste* die Brücke und den Schlagbaum passieren. Bei der Passage der Brücke über einen Landwehrgraben bzw. am Schlagbaum war der städtische Zoll zu entrichten. Hierzu gab es an den Durchlässen jeweils ein Zollhäuschen. Erwähnt wird ein solches Zollhaus im Zusammenhang mit der nördlichen Ringlandwehr, wo der kurbrandenburgische Postreiter vor dem Siebenjährigen Krieg (1756 bis 1763) die Post für die Bürger der Stadt deponierte bzw. abholte.
-> Brückenzoll, -> Poahlbürger, -> Schlupp, -> Steinweg, -> Abb. S. 163

lat.	**lateinisch**
Lefzen	ahd. *lefs* = das schlaff Herabhängende. Die Lippen bei Hunden und Raubtieren.
Legat	Gesandter, diplomatischer Vertreter.
Lehen	Zur alleinigen Nutzung überlassener Besitz ohne Überlassung des Besitzrechts.
Leibchen	Leichtes Bekleidungsstück für den Oberkörper, das direkt am Leib getragen wurde.
Leichenbitter	Bezahlter Bote, der nach dem Ableben eines Bürgers die Trauernachricht an Verwandte und Mitbürger überbrachte. Dieses Geschäft wurde auch im Nebenerwerb betrieben. Da die Trauerboten dabei logischerweise ein betrübtes Gesicht machten, hat sich der Ausdruck „Leichenbittermiene" bis in unsere Tage erhalten. Leichenbitter übernahmen aber auch die Verbreitung von Nachrichten zu anderen Gelegenheiten, z.B. für Hochzeiten oder Taufen, wozu sie natürlich einen fröhlicheren Gesichtsausdruck zeigten.
Leinpfad	Weg, der neben einem Fließgewässer für das -> Treideln angelegt wurde.
Lenzing	Monatsname: **März**. Siehe -> Hartung
Leutpriester	Priester, der neben dem Zelebrieren der sonntäglichen Messe auch seelsorgerische Aufgaben erfüllt, sich also aktiv um die *Leute* kümmert. In der Regel war dies der Ortspfarrer, der in seinen liturgischen Aufgaben von mehreren -> Altaristen unterstützt wurde, so dass er Zeit für seine seelsorgerischen Aufgaben hatte.

Leyendecker	Dachdecker, der sich auf die Verarbeitung von Schiefer spezialisiert hat. Von mnd. leye = Schieferstein. Im Interesse der Brandverhütung wurden im Laufe der Zeit die bisher üblichen, leicht entflammbaren Reet- bzw. Strohdächer gegen Schindeldächer aus Ton oder Schiefer getauscht. Leyendecker waren mithin gefragte Handwerker. Allerdings war Schiefer nicht immer die beste Wahl. Hierzu schreibt Christoph Weigel in seinem Ständebuch im Kapitel über die Dachdecker auf Seite 424: *„... auch werden Kirchen und Häuser damit gedecket / wie er sich zum Dachdecken wohl schicket / und lässet sich allezeit von Schiefer=Dächern ein sauberes nützliches Regen=Wasser sammeln / aber in Feuers=Brunsten ist bey solchen Dächern nicht gut löschen / weil dieser Stein in der Hitze zerspringet / und die Trümmer gewaltsamlich um sich wirfft.“*
Lippe	Rechter Zufluss des Rheins und nördlicher Grenzfluss des Vestes Recklinghausen.
Livland	Region im Bereich des -> Deutschordensstaates, in etwa das Gebiet der heutigen Staaten Estland und Lettland. Recklinghausen unterhielt bis zum 16. Jahrhundert enge wirtschaftliche Beziehungen zu Livland. Recklinghäuser Kaufleute reisten immer wieder einmal dort hin. In Livland gab es einflussreiche Geschäftspartner, die ihre Wurzeln in Westfalen und im Umland von Recklinghausen hatten. Auch bei den livländischen Deutschordensrittern gab es Vestische. Wirtschaftliche Beziehungen bestanden u.a. im Rahmen der Hansemitgliedschaft. Häufig anzutreffende Namen waren von Herten, von Nesselrode, von Uhlenbrock (waren u.a. Bürgermeister in Riga) etc.
Lizentiat	Abkürzung *lic.*, mittlerer akademischer Grad. Stand über dem -> Bakkalaureus, aber unter dem Doktor. Hatte jedoch, anders als der Bakkalaureus, die Lehrberechtigung. In etwa mit dem heutigen akademischen Grad *Magister* vergleichbar. -> Dr. iur. utr.
Löhrhof	Ehemalige große Hofstelle im südöstlichen Teil von Recklinghausen, zwischen Löhrhofstraße, Löhrgasse und -> Kampstraße (*heute Hermann-Bresser-Straße*) gelegen. Zur Zeit mit dem „unteren“ Bauteil des „Palais Vest“ überbaut. War vom Mittelalter bis in die Frühe Neuzeit der Ort an dem die -> Lohgerber ihr Handwerk ausübten. Im Jahr 1704 veranlasste die Recklinghäuser Stadtverwaltung, dass die Lohgruben und die Flachsteiche aus dem innerstädtischen Umfeld verlegt werden sollten. Der ehemalige Gerberteich auf dem Löhrhof, an der unteren -> Kampstraße gelegen, wurde nach 1865 verfüllt.

Loh	Auch: Loe (*mit Dehnungs-e*). Ein Wort mit mehrfacher Bedeutung. Es kann einerseits als Flurname für **Wald** oder **Gehölz** stehen, andererseits auch für **Baumrinde** (mnd. lô).
Lohe	Aus Baumrinde (oft von der Eiche, aber auch von anderen Baumarten) gewonnenes Gerbmittel für die Lederverarbeitung. -> Loh
Lohgerber	In Recklinghausen auch **Löhrer** genannt. Beruf des Lederherstellers. Tierhäute wurden mit -> Lohe in speziell dafür ausgehobenen Gruben in einem langwierigen Verfahren haltbar und verarbeitbar gemacht. Das so erzeugte Leder war in der Regel so strapazierfähig, dass es auch für die Herstellung festen Pferdegeschirrs (-> Riemenschneider) oder für Schuhsohlen verwendet wurde. Da die Lohgruben jedoch einen üblen Gestank verbreiteten, waren sie zunächst nur am Stadtrand geduldet. In Recklinghausen zeugt der Name -> Löhrhof noch von dem bis mindestens 1704 hier ausgeübten Gewerbe. In Mittelalter und Früher Neuzeit wohnte auch der -> Nachrichter in diesem Umfeld.
Lohmühle	Hier regional auch *Loemühle.* -> Loh. -> Mühle zur Aufbereitung von Baumrinde (meist Eichenrinde) zu -> Lohe.
Lohtor	Nördliches Stadttor im Verlauf der Recklinghäuser -> Stadtmauer. Erhielt seinen Namen offenbar in Bezug auf ein Waldstück, das nahe bei der Stadt lag (-> Loh). Das genaue Aussehen des Lohtores ist nicht überliefert, es soll aber wie das -> Kunibertitor aus zwei Bollwerken bestanden haben. Der Platz vor dem Lohtor hieß in früheren Zeiten -> *Pferdemarkt,* was auf die dort stattfindenden Veranstaltungen schließen lässt. Mit der kommunalen Neugliederung im Jahr 1926 wurde er „Am Lohtor" benannt. -> Kalvarienberg
Loth	Auch: Lot (ohne **h**), mhd. *lôt* = Gewicht 1. Kleines Gewichtsmaß/ Massemaß: Entsprach in etwa 15,6 Gramm. -> Quent 2. Ein kleines Stück Blei, ein Bleigewicht, auch Senkblei. 3. Projektil für Steinschlossgewehre. -> Kraut und Loth

Mädchenschule

Mädchen war im HRR grundsätzlich ein anderer Lebensweg vorbestimmt als den männlichen Nachkommen. Insofern waren auch die Schulen nach Geschlechtern getrennt, und auch die Unterrichtsinhalte unterschieden sich grundlegend. Mädchen wurden zwar auch im Lesen und Schreiben unterrichtet, aber nicht so ausführlich wie die Jungen. Sie wurden vorrangig auf hauswirtschaftliche Aufgaben vorbereitet, weil in der Organisation von Haus und Hof ihre zentrale Bestimmung liegen sollte.

Die Recklinghäuser Mädchenschule wurde 1630 und 1645 erwähnt, hatte 1705 zwei Lehrerinnen und erhielt 1788 eine größere Zuwendung aus der aufgelösten -> Kalandsbruderschaft. 1789 wurde die Verantwortung für die städtische Mädchenschule an die ortsansässigen -> Augustinessen übergeben. Nach der Auflösung des HRR und des Augustinessenklosters sicherte im Jahr 1802 der neue Landesherr, der Herzog von Arenberg , das Bestehen der Schule und setzte weltliche Lehrerinnen ein. -> Arenbergstraße

Wie auch bei den Jungenschulen wurde zur Finanzierung des Schulbetriebs ein Schulgeld von den Eltern eingefordert. Für die Kinder armer Eltern übernahm die Stadtverwaltung die Entrichtung des erforderlichen Betrags.

In den Schulen der ländlichen Bereiche gab es innerhalb des Schulgebäudes getrennte Klassen und draußen getrennte Schulhöfe für Mädchen und Jungen. Die Trennung von Mädchen- und Jungenschulen bzw. -klassen wurde noch bis in das zweite Drittel des 20. Jahrhunderts beibehalten. So war z.B. das Hittorf-Gymnasium bis in die Mitte der 1970er Jahre eine reine Jungenschule, und das heutige Marie-Curie-Gymnasium ein reines Mädchengymnasium.

Mähre

Pferd. Eigentlich ein weibliches Pferd (Stute) mit einem Fohlen. Im Mittelalter die Bezeichnung für ein Streitross. Späterhin waren damit ausgezehrte, abgearbeitete Tiere gemeint, die zu nichts mehr nütze waren. In Recklinghausen gibt es den Straßennamen „In der Mährenfurt". Dieser Straßenzug liegt in der Nähe einer Furt der -> Emscher, durch welche die -> Wildlinge auf das andere Ufer des Flusses verbracht wurden. -> Marstall

Magie

1. Positivere Bezeichnung der -> Zauberei
2. Umschreibung philosophischer und metaphysischer Prinzipien, die als Grundlage für die Wahrsagerei und die Massenbeeinflussung dienten.

Es wurde in weiße und schwarze Magie unterschieden. Weiße Magie sollte positive Effekte heraufbeschwören können, während schwarze Magie angeblich vom Teufel beeinflusst und dementsprechend mit einer negativen Aura belegt war.

Malenburg
Wasserburg- bzw. Schlossanlage aus dem 14. Jahrhndert in der Nähe von Datteln-Ahsen. Auch Mahlenburg (mit **h**) geschrieben. Ursprünglich Adelssitz. Ab dem 17. Jahrhundert -> Kommende des -> Deutschen Ordens.

Malter
Maßeinheit. Ins metrische System umgerechnet als Hohlmaß je nach Region etwa 100 bis 200 Liter. In Recklinghausen um 1820 etwa 100 Liter; als Stapelmaß ungefähr 1,5 Kubikmeter.

Malz
In verschiedenen Arbeitsschritten u.a. für den Brauprozess speziell vorbehandeltes, gedörrtes bzw. geröstetes Getreide.

Malzsteuer
In dem hier betrachteten Zeitraum waren -> Grutbiere bzw. -> Keutbiere noch weitgehend üblich, für die eine breite Palette an Getreidesorten zum Einsatz kam. Um Versorgungsengpässe zu vermeiden war es nicht erlaubt, Getreide das zum Brotbacken vorgesehen war, zu mälzen. Deshalb wurden sowohl die Getreideernte als auch das zum Brauen verwendete -> Malz obrigkeitlich überwacht und besteuert (-> Zehnt). Mit dem verstärkten Aufkommen des Hopfenbieres wurde überwiegend Gerste als Braugetreide eingesetzt. Die harmonierte einerseits vom Geschmack her besser mit dem Hopfen als andere Getreidesorten, andererseits wurde Gerste seltener zum Brotbacken gebraucht als Roggen und Weizen.

Manen
In manchen zeitgenössischen Texten des Mittelalters und des konfessionellen Zeitalters werden Begriffe der klassischen Antike aufgegriffen. So bezeichnet das Wort *Manen* die *Geister der Ahnen*. Der Manenkult war besonders im römischen Reich eine weit verbreitete spirituelle Praxis, die sich in der christlichen Überlieferung als *Totengedenken* etabliert hat. Manche Forscher nehmen an, dass sich die antike Götterwelt aus der Totenverehrung und der überhöhenden Abstraktion bestimmter Charaktereigenschaften der Verstorbenen entwickelt hat.

Mark
1. Gewichtsmaß, Währungsgrundgewicht im HRR; in Gold 24 Karat zu 288 -> Grän, in Silber 8 Unzen.
2. Währungsnominal, entsprach eineinhalb rheinischen Goldgulden. ⇨

3. Herrschaftsgebiet, Grafschaft südlich der Emscher bis Gummersbach und Neustadt an der Agger und östlich von Dortmund bis Unna und Soest.

4. Gebiet, ursprünglich eine Gegend, die an den Grenzen des Reichs lag (von ahd. marcha = Grenze). z.B. Mark Brandenburg. Im Vest Recklinghausen war das Grenzgebiet im Bereich der Emscher in mehrere Marken aufgeteilt. Als Grenzland zur Grafschaft Mark (s.o. 3. Herrschaftsgebiet) waren dies von Ost nach West die Meckinghover, die Suderwicher, die Recklinghäuser, die Hochlarer (daher der Stadtteilname Hochlarmark), die Hertener, die Resser, die Berger, die Horster und die Welheimer Mark. In der Recklinghäuser Mark gab es neben dem üblicherweise durchfeuchteten Grund im direkten Umfeld des Flusses mit lichtem Birken- und Erlenbestand auch in den weniger feuchten Gebieten Hochwälder mit Buchen und Eichen, die gern zum Holzeinschlag und zur Schweinemast genutzt wurden. Auch eher sandige Gebiete und Heideflächen waren vorhanden, wovon noch heute im Recklinghäuser Stadtgebiet Namen wie „Schimmelsheide", „Hillerheide", „Vennheide" oder „Jungfernheide" zeugen. Die Marken waren unter sogenannte Markengenossen aufgeteilt. Die jeweiligen Nutzungsrechte „klebten" an bestimmten Hofstellen. Diese zur Nutzung vergebenen Bereiche wiederum konnten in kleinere Bereiche, die sogenannten -> Scharen, aufgeteilt werden, deren Nutzungsrechte anderweitig vergeben werden konnten. Inhaber von wenigstens zehn Scharen konnten am -> Holzgericht teilnehmen.

Marschall	Oberster Heerführer. Auch: *Marschalk*. Das Amt des Marschalls war eines von vier (regional auch fünf) Hofämtern mit weitreichenden Befugnissen. Diese Ämter waren im Betrachtungszeitraum dieses Buches hochrangige, erbliche Verwaltungsposten im jeweiligen Herrschaftsgebiet. -> Erbmarschall, -> Marstall
Marstall	ahd. *marahstal* = Stall für die -> Mähren. Im konfessionellen Zeitalter üblicherweise die Bezeichnung für die Stallungen eines herrschaftlichen Guts, eines Rittersitzes oder eines Schlosses. Da die Reiterei seit ältesten Zeiten im militärischen Umfeld eine besondere Stellung einnahm, war auch deren Befehlshaber als oberster Befehlshaber des gesamten Militärapparats prädestiniert. -> Marschall
Martinitor	Nordöstlich gelegenes Stadttor von Recklinghausen. Erhielt seinen Namen nach dem Heiligen Martin, Bischof von Tours, dessen Standbild über dem Tor angebracht war. Martin (*um 316/317 in Ungarn, +wahrscheinlich am 8.11.397 in Frankreich) war Soldat in römischen Diensten und konvertierte zum Christentum. Er soll

in Amiens seinen Mantel mit einem Bettler geteilt haben, der ihm schließlich als Christus erschienen sein soll. 356 schied er bei Worms vor einem Feldzug aus dem Militär aus, wurde Einsiedler zunächst auf einer Insel vor Genua und schließlich in der Nähe von Poitiers. Er wurde wegen seiner asketischen und frommen Lebensweise 371/372 angeblich gegen seinen eigenen und den Willen einiger Kleriker zum Bischof von Tour gewählt. Er gründete Klöster und Landpfarreien, unternahm Missionsreisen und soll Wunder gewirkt haben. Am 8. November 397 starb er auf einer Missionsreise in Candes, in der Nähe von Tours. Da die Bewohner von Candes den Leichnam des inzwischen berühmten und hochgeachteten Martin nicht herausgeben wollten, stahlen ihn Mönche aus Tours und verbrachten ihn in seine Bischofsstadt, wo er drei Tage später beigesetzt wurde. Daher ist der Gedenktag des Hl. Martin nicht der 8. sondern der 11. November.
In Recklinghausen erinnert heute noch der Name der Martinistraße an ihn.
Das Martinitor wurde, wie die anderen Stadttore, in der Mitte des 19. Jahrhunderts abgetragen.

Maul-Christen

Zeitgenössischer Ausdruck für religiöse *Heuchler*. Pfarrer Bernhard Schmitz (Pfarrer in Recklinghausen 1727 - 1745) benannte seinerzeit im Rahmen einer erzbischöflichen -> Visitation die Recklinghäuser als Heuchler. Er ließ in lateinischer Sprache niederschreiben: „*Omnes catholici ore, utinam corde.*" Auf Deutsch: „Mit dem Mund sind sie alle Katholiken, ach wären sie dies doch auch im Herzen!"
-> Konvertit

Meintat

Freveltat, Untat, Missetat, Verbrechen.

Meintäter

Übeltäter, Delinquent, Verbrecher, -> Quade

Melkbaum

Der Hirte der Stadt Recklinghausen trieb abends die Kühe der -> Ackerbürger von den städtischen Weiden aus an einem Punkt zusammen, wohin die Mägde mit Eimern kamen, um die Tiere zu melken. Dieser Treffpunkt war bei einer Eiche, die heute in dem 1906 angelegten Wäldchen südlich des Saatbruchgeländes, in der Nähe zum Hohenhorster Weg und der Bahntrasse zu verorten ist.
-> Milchpfad

Merkantilismus

Wirtschaftspolitik, die - vereinfachend gesagt - eine exportorientierte Ausrichtung hat. Vorläufer des kapitalistischen Wirtschaftssystems. Das Bestreben, mehr ausals einzuführen sollte das Kapital im Land halten und die strapazierten Staatsfinanzen entlasten. -> Jahrmarkt

Mertebier

Niederdeutsche Bezeichnung für **Märzenbier**, bzw. Märzbier. Hierbei handelt es sich um ein Bier, das überwiegend im März gebraut wurde. Es war wegen einer höheren Stammwürze und eines höheren Alkoholgehaltes länger haltbar. Eigentlich entspringt es der bayrischen Tradition, wo im Sommer aus Brandschutzgründen nicht gebraut werden durfte und man deshalb für die Sommerzeit ein länger haltbares Bier benötigte. Es wurde aber offenbar auch in Recklinghausen gebraut und verköstigt. Denn schon in den Unterlagen zum Bau des Rathauses 1505/1511 wird diese Art von Bier erwähnt. -> Keutbier, -> Grutbier, -> Brauhaus

Messkorn

Auch *Meßkorn* geschrieben. Jährliche Abgabe der Pfarreiangehörigen (Bürger, Dörfler und Bauern) an die Kirche. Im Recklinghäuser Umland nahmen die Tochterkirchen das Messkorn ein und lieferten es an die Pfarrkirche Sankt Peter ab. Die war als Mutterkirche der umliegenden Kirchspiele die zentrale Einnahmestelle.

Messpriester

-> Altarist

mnd.

Mittelniederdeutsch. Frühere Form der niederdeutschen Sprache. Wurde vor allem im Norden des HRR gesprochen und neben Latein als Handelssprache von den (nördlichen) niederländischen Provinzen bis nach -> Livland genutzt. Sie war in diesem geografischen Umfeld auch als Urkundensprache geläufig, so dass viele Dokumente bis etwa in die Mitte des 17. Jahrhunderts in einer Mischung aus Mittelniederdeutsch und Latein verfasst wurden.

mhd.

Mittelhochdeutsch. Wurde ungefähr zwischen 1050 bis 1350 gesprochen und war zur Stauferzeit (zwischen 1170 und 1250) die klassische Dichtersprache. Sie begleitete die erste bedeutende deutschsprachige Literaturepoche. Werke dieser Zeit waren u. a. das *Nibelungenlied, Parzival* sowie *Tristan und Isolde* und die ersten *Artus-Dichtungen.* Bedeutende Autoren waren u. a. *Walther von der Vogelweide, Wolfram von Eschenbach* und *Hartmann von Aue.*

Miasmen

Altertümliche Vorstellung von Krankheitserregern die nicht mit dem bloßen Auge erkennbar sind. Im Zeitrahmen dieses Buches führte die missverständliche Verbreitung wissenschaftlicher Thesen des Altertums zur nahezu paranoiden Angst vor der Ansteckung mit der Pest und anderen tödlichen Krankheiten, und man erreichte damit genau das Gegenteil der beabsichtigten Wirkung: Der Verbreitung von Epidemien wurde Vorschub geleistet, statt sie zu verhindern. Der Glaube, Miasmen würden über den Kontakt mit Wasser verbreitet, ließ die Badekultur, die noch im Mittelalter gepflegt wurde, in der -> Frühen Neuzeit nahezu verschwinden. (-> Bader) Ein wichtiger Baustein für die allgemeine Gesundheit war damit abgeschafft. Besonders in den einfacheren Bevölkerungsschichten wusch man sich nicht mehr, bzw. nicht mehr regelmäßig. Die -> „gut betuchten" Kreise gingen zu einer Reinigung des Körpers mit Alkohol, Cremes und Puder über, die sich das einfache Volk nicht leisten konnte. Erst im Zuge der wissenschaftlichen Auseinandersetzung mit dem Entstehen von Krankheiten und der Entwicklung eines erweiterten Gesundheitsbewusstseins verschwand dieser Glaube langsam aus der Vorstellungswelt der Bevölkerung.

Michaelistag	**29. September**. Gedenktag des Erzengels Michael. In Mittelalter und Früher Neuzeit ein bedeutendes Datum im Zusammenhang mit Pacht- und Zinszahlungen. In Recklinghausen fand überdies am ersten Sonntag nach Michaelis die Hauptkirmes statt. Noch heute ist der Zeitraum rund um den Monatswechsel September/Oktober ein wichtiger Termin in Steuerangelegenheiten.
Milchpfad	In Nord-Süd-Richtung verlaufender Feldweg südlich des -> Viehtores, der die Stadt mit den außerhalb gelegenen Viehweiden verband. Die Milchkühe mussten regelmäßig gemolken werden, so dass der Pfad sowohl als Fußweg für die Melkerinnen und Melker diente als auch Transportweg für die Milch war. -> Trift
Minderstadt	Ortschaft mit eingeschränkten Stadtrechten. -> Freiheit, -> Wigbold
Mörung	*„.... heimliche gemächer zur nothdurft an einem abgesonderten ort, daraus der unflat durch mörungen und canal fortgebracht, und das hause vor gestank möge verwahrt werden. ... die mörungen, das ist, steinerne röhren, oder von gutem zeuge gemaurete canalen ..."* Deutsches Wörterbuch von Jacob und Wilhelm Grimm. Lfg. 14 (1885), Bd. VI (1885), Sp. 2595, Z. 15. Bereits in antiker Zeit gebaute Abwasseranlagen. Derartige Einrichtungen sind aus dem mittelalterlichen und frühneuzeitlichen Recklinghausen allerdings bislang nicht bekannt. -> Heimliche Gemächer, -> Plankett

| morganatische Ehe | Nicht standesgemäße, sogenannte Ehe „zur linken Hand". Üblicherweise ging der Herr in einer standesgemäßen Ehe links und die Frau rechts, befand sich vom Mann aus also „rechter Hand" (was hier auch als „richtige" Hand gedeutet werden kann.). Die morganatische Ehe ist zwar eine legitime, aber nicht standesgemäße Ehe, in der einer der Ehepartner (meist die Frau) einem niedrigeren -> Stand angehörte. Der Partner/die Partnerin ging also – bildlich gesprochen – „linker Hand". Der Begriff wurde meist im adligen Umfeld gebraucht. Kinder aus einer solchen Ehe wurden in der Erbfolge i.d.R. an eine nachgeordnete Position gesetzt. Der Ausdruck geht auf die Tradition der -> Morgengabe zurück. |

morganatische Ehe — Nicht standesgemäße, sogenannte Ehe „zur linken Hand". Üblicherweise ging der Herr in einer standesgemäßen Ehe links und die Frau rechts, befand sich vom Mann aus also „rechter Hand" (was hier auch als „richtige" Hand gedeutet werden kann.). Die morganatische Ehe ist zwar eine legitime, aber nicht standesgemäße Ehe, in der einer der Ehepartner (meist die Frau) einem niedrigeren -> Stand angehörte. Der Partner/die Partnerin ging also – bildlich gesprochen – „linker Hand". Der Begriff wurde meist im adligen Umfeld gebraucht. Kinder aus einer solchen Ehe wurden in der Erbfolge i.d.R. an eine nachgeordnete Position gesetzt. Der Ausdruck geht auf die Tradition der -> Morgengabe zurück.

Morgengabe — Im Rahmen einer Eheschließung eine oftmals finanzielle Zuwendung, manchmal auch eine Zuwendung in Form von beweglichen oder unbeweglichen Gütern eines Bräutigams an die Braut. Aber auch Frauen, die zum zweiten Mal heirateten, bedachten ihren neuen Ehemann mit einer Morgengabe. In diesem Zusammenhang kann man den Übergang der Pfandschaft über das Vest Recklinghausen in Schaumburgische Hände als Morgengabe der Witwe Cordula von Stecke, geborene von Gemen an ihren zweiten Ehemann Johann von Holstein-Schaumburg deuten. -> Gemen, -> Schaumburgstraße

Moritat — Ballade mit einem die Sensationsgier befriedigenden Inhalt, die üblicherweise von einem -> Bänkelsänger vorgetragen wurde. Moritaten hatten neben dem Zweck, die Bevölkerung zu unterhalten auch einen informativen Charakter. Am Ende einer Moritat schloss sich in der Regel eine moralische Belehrung an.

Motte — Hier: Erdhügelburg. War im frühen Mittelalter gebräuchlich. Im konfessionellen Zeitalter allenfalls noch als Ruine oder -> Wüstung vorhanden. Die ursprüngliche -> Burg der Herren von -> Oer, die im Bereich des heutigen Alt-Oer lag, war eine solche Erdhügelburg mit einem Wohnturm. Motten waren üblicherweise in eher sumpfigem Gelände oder in der Nähe von Wasserläufen angelegt, weil sie sich dort wegen der Geländebeschaffenheit besser verteidigen ließen.

Mudde — In anderen Regionen auch: *Mud, Müdde, Mütt, Muid*. Unter anderem war dies ein niederländisches Hohlmaß für Getreide. Regional legte man ganz unterschiedliche Bemessungsgrundlagen an. In Recklinghausen orientierte man sich offenbar an der Maßeinheit des -> Scheffels.

Lehnwort aus dem Lateinischen: *molendinum*. Handwerks- bzw. Industriebetrieb, in dem durch den Antrieb mit natürlichen Energien (Wasser, Wind, Tiere) mechanische Maschinen für unterschiedliche Zwecke betrieben wurden. Am bekanntesten sind heute Kornmühlen, in denen Getreide mithilfe von speziell hergerichteten Steinen zu Mehl vermahlen wird (-> Läufer). Es gab jedoch auch Mühlen, die für den Antrieb von Schmiedehämmern und anderen Industriewerkzeugen genutzt wurden (z.B. -> Walkmühle, -> Lohmühle, -> Knochenmühle).

Mühlen waren wegen der regelmäßigen und teilweise hohen Einnahmen fast immer im Besitz einer übergeordneten Institution und wurden an die jeweiligen Betreiber verpachtet. Für die -> Ackerbürger und die Bauern der Umgebung bestand ein Mühlenzwang, der sie an eine bestimmte Mühle band. Die Bürger der Stadt Recklinghausen z.B. hatten ihr Korn in den kurfürstlichen Mühlen am -> Hellbach mahlen zu lassen. Nicht immer jedoch waren die Mühlenpflichtigen mit der Zuteilung zu einer Mühle zufrieden.

In der Frühen Neuzeit war Recklinghausen eine -> Ackerstadt, und die umliegenden Gebiete waren von Bauernschaften und Dörfern geprägt, deren Existenzgrundlage Ackerbau und Viehzucht waren. Der Betrieb von Mühlen war also unverzichtbar. Im Einzugsgebiet der Stadt gab es sowohl Wassermühlen als auch Windmühlen. Die Wassermühlen standen an den Bächen der Umgebung. Die Windmühlen standen üblicherweise günstig auf den Erhebungen des Vestischen Höhenrückens. Aber auch im direkten Umfeld der Stadt gab es Windmühlen. An der Paulusstraße ist z. B. noch der Rest einer Windmühle aus dem Jahr 1851 erhalten (*2024: Privatnutzung. Keine öffentliche Besichtigung!*).

Die meisten Recklinghäuser Mühlen befanden sich in landesherrlicher Zentralverwaltung. So gehörten die drei für die Recklinghäuser Bürger bedeutendsten Mühlen der Umgebung, nämlich jene oben erwähnten Hellbach-Mühlen im heutigen Stadtteil Recklinghausen-Ost bzw. -Hillerheide, der kurfürstlichen Regierung. Die Straßennamen „Mittlere Mühle" und „Kreymühlenweg" erinnern noch an sie. -> Craymühle, -> Tafelgut

Die Recklinghäuser Mühlen waren bis ins 19. Jahrhundert hinein fast ausschließlich -> Kundenmühlen. Die Müller wurden üblicherweise in Naturalien bezahlt, indem sie einen festgelegten Anteil am Mahlgut für sich behielten. -> Multer

Mühlen waren immer auch ein bevorzugtes Ziel im Zusammenhang mit Interessenkonflikten. Entweder unterbrach man bei Wassermühlen den Zufluss und legte damit den Mühlenbetrieb still, oder man demontierte wichtige Teile, die zum Betrieb einer Windmühle nötig waren; so geschehen im 30-jährigen Krieg, als hessische Soldaten die Metallteile einer Recklinghäuser Windmühle stahlen. Damit behinderte man die Grundversorgung mit Nahrungsmitteln oder die industrielle Produktion, sorgte auf diese Weise für Unruhe unter der Bevölkerung und schmälerte dem Gegner die Einnahmen, was ihn letztendlich auch militärisch schwächte.

Münster

1. Stadt in Westfalen. Einer der Orte in denen 1648 der 30-jährige Krieg beendet wurde. -> Weinmonat

2. Großkirche.

„Der Begriff „Münster" kommt ursprünglich vom griechisch-lateinischen Wort monasterium, womit seit frühchristlicher Zeit ein Kloster bezeichnet wurde. Umfasste der Begriff monasterium anfänglich den gesamten Gebäudekomplex eines Klosters, so wurde er später für die Klosterkirche reserviert. Von hier aus ging der Begriff Münster auf Bischofskirchen über, etwa in Straßburg, Basel und Konstanz. Er wurde im Mittelalter, und vor allem im südwestdeutschen Raum, aber auch zur Bezeichnung bedeutender Stadt- und Stiftskirchen verwendet, die keine Kathedralen waren, in denen aber wie in den Klosterkirchen ein regelmäßiges Gebet von Geistlichen stattfand. Hier sind etwa das Ulmer, das Überlinger und das Freiburger Münster zu nennen."
https://www.muensterfabrikfonds.de/freiburger-muenster/muenster/muenster-statt-dom/

Münsterstraße

Hieß vor 1900 „Sternstraße" bzw. „Lohtorstraße". Straßenzug, der vom Lohtor aus in Richtung -> „Stern" verläuft und mit der Steinstraße als Durchgangsstraße eines der zentralen städtischen Handelszentren war.
-> Kunststraße

Multer

Anteil am Mahlgut, das der Müller als Bezahlung seiner Dienstleistung für sich behielt. In Recklinghausen betrug ein Multer den vierundzwanzigsten Teil des zum Mahlen eingelieferten Korns. Während andernorts das „gestrichene" Maß angelegt wurde, legten die Recklinghäuser Müller das „gehäufte" Maß an; was nicht immer zur Zufriedenheit der Kunden war. Es ist also nicht verwunderlich, dass man ihnen häufig unterstellte, sie zweigten einen größeren als den ihnen zustehenden Teil des gemahlenen Getreides unehrlicherweise für sich selbst ab. Was durchaus seine Berechtigung hatte, weil die Müller, die nicht Besitzer, sondern Pächter der jeweiligen Mühle waren, eine verhältnismäßig hohe Pacht an den Eigentümer zu zahlen hatten und deshalb oft – insbesondere in erntearmen Zeiten – um ihr Auskommen bangen mussten.

| mundus novus | lat. „Neue Welt". Der amerikanische Kontinent. Der Ausdruck stammt aus einem Brief des Amerigo Vespucci an seinen Auftraggeber. Der Florentiner Vespucci war Wirtschaftsagent der Medici in Sevilla und hatte den Auftrag, in den überseeischen Ländern, von denen man in Europa erst kürzlich erfahren hatte, nach Reichtümern zu suchen. Er reiste zwischen 1497 und 1504 viermal in die „Neue Welt"; zweimal mit Unterstützung des kastilischen (spanischen) Königspaares, zweimal mit Hilfe des portugiesischen Königs. |

Nach Vespuccis Vornamen hat dann im Jahr 1507 der deutsche Kartograph Martin Waldseemüller erst Mittel- und Südamerika, später auch Nordamerika benannt.

Unter anderem aufgrund der (äußerst hinterhältigen, brutalen und eigennützigen) Eroberung des Kontinents im Westen des Atlantik* verlagerten sich in der „Alten Welt"allmählich die Wirtschaftsräume, was sich im Verlauf von rund zweihundert Jahren auch im recht provinziellen Vest Recklinghausen immer deutlicher bemerkbar machte.

*Hier fand unter dem Deckmantel christlicher Mission der größte Genozid aller Zeiten statt.

| Muskete | Langläufige Vorderladerwaffe mit glattem Lauf, die eine Weiterentwicklung der -> Arkebuse war. Anfänglich wurden auch Musketen, wie vorher die Hakenbüchsen, wegen ihres Gewichts auf eine Stützgabel aufgestellt. Später dann, als die Bauweise leichter wurde, war dies nicht mehr nötig. Auch wurde das bei der Arkebuse übliche Steinschloss späterhin durch ein verlässlicheres Radschloss ersetzt, so dass die gesamte Waffe zuverlässiger und damit kampftauglicher wurde. |

| Musketier | frz.: Soldat, der mit einer Muskete ausgerüstet war. |

Nachbarschaftsbrunnen

Bis zum Ende des 19. Jahrhunderts gab es in Recklinghausen keine zentrale Wasserversorgung. Wasser wurde aus Tiefbrunnen geschöpft, die über das gesamte Innenstadtgebiet verteilt waren. Die Stadtbevölkerung war in verschiedene Bezirke, sogenannte Nachbarschaften, unterteilt. Diese Nachbarschaften umfassten mehrere Straßenzüge. Jede der Nachbarschaften war für einen oder mehrere Brunnen verantwortlich, die in ihrem Einzugsbereich lagen. Sowohl die Anlage als auch die Instandhaltung dieser Brunnen war eine wichtige und streng überwachte Aufgabe, da sie im Falle von Brandkatastrophen wie auch bei Belagerungen eine hohe Bedeutung für das Überleben hatten.

Nach dem letzten großen Stadtbrand am Ende des 19. Jahrhunderts ließ die Stadt Recklinghausen ein umfassendes Wasserversorgungs- und Kanalisationssystem bauen und richtete in diesem Zusammenhang auch das Feuerwehrdepot am Herzogswall ein.

-> Quadenturm -> Florian -> Feuerspritze -> Spritzenhaus, -> Brunnenvergiftung

Nachrichter

In Recklinghausen als Synonym für **Henker** gebraucht. Nachrichter waren nicht nur für Hinrichtungen zuständig, sondern übernahmen darüber hinaus wegen ihrer beruflich notwendigen Kenntnisse des menschlichen Körpers auch medizinisch-"handwerkliche" Aufgaben, wie z.B. Amputationen, womit sie in einigen Bereichen mit dem Berufszweig der -> Bader konkurrierten. Sie traten auch als -> Abdecker auf. Nachrichter wohnten als „Unehrliche" meist im Randbereich der Stadt oder mancherorts auch außerhalb. In Recklinghausen ist das Wohnhaus eines Nachrichters auf der unteren -> Kampstraße in der Nähe des -> Viehtors bekannt. An dieser Stelle war er nah an der -> Fillerei, die er unter anderem betreute, und er wohnte zumindest im Mittelalter in einem Bereich, der wegen des nahen Gerberviertels unangenehme Gerüche verbreitete.

Dieser -> „unehrliche" Beruf war nicht allein Männern vorbehalten. So ist z.B. für das 17. Jahrhundert in -> Gemen eine Frau als Henkerin belegt. Ob auch in Recklinghausen Frauen diesen Beruf ausübten ist nicht bekannt.

Aus manchen Gegenden ist bekannt, dass der Henker im Wirtshaus seinen eigenen -> Krug besaß, weil niemand anderer aus einem Gefäß trinken mochte, das vorher der Nachrichter benutzt hatte. Manchmal wurde der entsprechende Krug sogar sofort nach dem Gebrauch zerstört, damit niemand anderer versehentlich daraus trinken konnte.

Nachtwächter — Aufsichtsperson, die nach Einbruch der Dunkelheit für die Ordnung und Sicherheit in der Stadt Sorge zu tragen hatte. War oft mit einer -> Hellebarde ausgerüstet.

nasse Burse — Umgangssprachlich: Saufgesellschaft (in einem Wirtshaus). -> Burse

ndl. — **Niederländisch**

ndt. — **Niederdeutsch.**

Nebelung — Monatsname: **November.** Siehe -> Hartung

nhd. — **Neuhochdeutsch**. Diese deutsche Sprachform lässt sich in vier Abschnitte unterteilen: Frühneuhochdeutsch, das sich ab etwa 1350 entwickelte, älteres Neuhochdeutsch, das von ungefähr 1650 bis 1800 gebräuchlich war, jüngeres Neuhochdeutsch, das man bis etwa 1945 sprach und Gegenwartsdeutsch, das sich seit etwa 1945 stetig weiterentwickelt und umformt.

Nepomuk — Stadt in Westböhmen. Hier: Name eines sogenannten -> Brückenheiligen. Eigentlich **Johannes Welflin aus Pomuk** in Böhmen. Der 1393 von der Karlsbrücke in -> Prag in die Moldau geworfene und darin ertränkte Heilige (Heiligsprechung 1729) war auch in Recklinghausen bekannt und als Schutzpatron des Beichtgeheimnisses und der Verschwiegenheit äußerst beliebt. Nach 1730 ließ man ihm zu Ehren an der Mauer zum Garten des sogenannten -> Eickschen Hauses am Marktplatz besonders öffentlichkeitswirksam eine Statue errichten, die für fast 100 Jahre dort stand.
In der Haard ließ die Witwe des damaligen Försters eine Statue errichten, die noch heute an ihrem Platz steht. „Jan Boomsens", wie man den Johannes aus Böhmen zur Abgrenzung zu Johannes dem Täufer hierzulande benannte, war seit 1732 zweiter Ordenspatron der -> Jesuiten. Im Zuge der -> Gegenreformation wurde die Verehrung dieses Heiligen so etwas wie eine religiöse Mode.

Barocke Statue des Hl. Nepomuk in der Propsteikirche Sankt Peter Recklinghausen

Nepotismus

Synonym für **Vetternwirtschaft**. Wörtlich eigentlich „Neffenwirtschaft". Vom Lateinischen **nepos** = *Neffe*. Nepotismus ist die vorrangige Förderung von bevorzugten Personen, um einen eigenen Vorteil zu erringen. Üblicherweise stehen dabei nähere Verwandte an erster Stelle; deshalb Neffen- oder Vetternwirtschaft.

Da Vetternwirtschaft die Chancengleichheit und damit auch den breiter gestreuten Wettbewerb behindert, traten die Kölner Kurfürsten Maximilian Friedrich und sein Nachfolger Maximilian Franz im Interesse der wirtschaftlichen Prosperität dieser entwicklungsbehindernden Praxis entgegen. (Dass sie selbst durch legitimierten Nepotismus in die hohe Stellung gekommen waren, spielte dabei keine Rolle.) Sie lösten Vereinigungen und Gemeinschaften auf, die dem Nepotismus Vorschub leisteten und gaben Verordnungen heraus, die diese auch in den städtischen Führungsgremien weitausgreifende Sitte unterbinden sollten. Wie andernorts wurden auch in Recklinghausen diese kurfürstlich verordneten „Neuerungen" nur sehr zögerlich umgesetzt.

Nesselrodestraße

Heutige Straße im Nordwesten des Stadtgebietes außerhalb der ehemaligen Stadtmauer, jedoch innerhalb der damaligen -> Landwehr. Die Familie von Nesselrode stellte, mit einer einmaligen Unterbrechung, vom 16. bis zum 18. Jahrhundert den kurfürstlichen -> Statthalter im Vest Recklinghausen. Die von Nesselrodes residierten auf Schloss Herten. Sie waren eine weit verzweigte und mit höchst einflussreichen Politikern verwandte adlige Sippe. So war der damalige Statthalter im 30-jährigen Krieg, Bertram von Nesselrode, über seine Frau mit dem erfolgreichen kaiserlichen General Melchior von Hatzfeld verschwägert (ein Halbbruder seiner Frau), der die Hessen 1641 aus Dorsten vertrieb. Seine anderen (Halb-) Schwager waren der Fürstbischof von Würzburg, ein Domherr in Mainz und ein Reichshofrat. Einer der Söhne des vestischen Statthalters war schließlich als Reichsfürst Großprior des Malterserordens (gest. 1754 in Valetta/Malta). Zwei der Töchter waren Mitgründerinnen des Dorstener Ursulinenklosters.

Niedervest

Der westliche Teil des Vestes Recklinghausen mit der Stadt Dorsten als Zentrum. -> Obervest, -> Vest

Obergildemeister Wortführender Gildemeister im Stadtrat. -> Gilde. In Recklinghausen kam der Obergildemeister häufig aus der -> Wandschneider- bzw. Tuchmachergilde. Entsprechend seiner politischen und wirtschaftlichen Machtposition hatte sein Wort im Rat der Stadt ein großes Gewicht. Oftmals wurden die Obergildemeister auch in das Bürgermeisteramt gewählt.

Oberhof Übergeordnete Hofstelle oder Ortschaft innerhalb der Verwaltungseinheit eines Verbandes aus mehreren Hofstellen. Das Vest Recklinghausen war wie die meisten Teile des HRR überwiegend landwirtschaftlich geprägt. Zur besseren Verwaltung waren die Liegenschaften hierarchisch strukturiert.
-> Hobsfron, -> Schulte, -> Oer, -> Reichshof

oberschlächtig Von oben her betrieben. Mühlräder von Wassermühlen die durch einen oberhalb des Rades liegenden Wasserlauf in Gang gesetzt werden, sind oberschlächtig. Mühlräder, die durch einen unterhalb des Rades durchlaufenden Wasserlauf betrieben werden, nennt man -> unterschlächtig.
 -> Mühlen, -> Abb. S. 167 oben

Obervest Der östliche Teil des Vestes Recklinghausen mit der Stadt Recklinghausen als Zentrum. -> Niedervest, -> Vest

Oer (sprich wie: *Ohr*, das „e" ist ein sogenanntes Dehnungs-E) Dorf und Hofverband östlich bzw. nördlich von Recklinghausen. Die Höfe des Hofverbandes unterstanden der Verwaltung des Kölner -> Domkapitels. Da sich die einzelnen Hofstellen im Bereich des Lippetals aneinanderreihten, war diese Gegend eine verkehrsstrategisch wichtige Verwaltungsregion. Der hierfür zuständige -> Domkapitelsverwalter hatte, ebenso wie der -> Hobsrichter seinen Wohnsitz in der Stadt Recklinghausen. Der Name gibt Hinweise auf die einflussreichen Herren von Oer, denen bis zu Beginn des 15. Jahrhunderts große Teile der Landschaft nordöstlich bis östlich von Recklinghausen gehörten. Die ehemalige Burg Oer (-> Motte) stand nahe des heutigen Stadtteils Alt-Oer. Im 14. Jahrhundert zogen die Herren von Oer auf die -> Horneburg um. In einer gewaltsamen Auseinandersetzung mit dem Kölner Kurfürsten verloren die Herren von Oer ihren gesamten Besitz, der in der Folge der Kölner Kurie zufiel. Daher erklärt es sich, dass Dorf und Hofverband einem -> Domkapi-

telsverwalter unterstellt waren. Zu den ehemaligen Besitztümern der Herren von Oer gehörten auch Ländereien in der Nähe von Dortmund. So kam es, dass der in Recklinghausen ansässige Verwalter des Domkapitels auch für die im Vest gelegenen Höfe der Region Körne (heute Dortmund-Körne) zuständig war.
-> Oberhof, -> Schulte

Ohm

1. **Flüssigkeitsmaß:** Je nach Region ca. 135 bis 175 Liter.
2. **Verwandtschaft:** kurz für ahd. **ōheim** = „Mutterbruder", Onkel mütterlicherseits.

Ossenberg

Erhebung des -> Vestischen Höhenrückens östlich bis nordöstlich der Stadt Recklinghausen in der Nähe zum -> Kuniberg. Die Bedeutung des Namens ist nicht eindeutig nachvollziehbar. Einige Forscher folgern entsprechend dem altsächsischen Wort ōs für Gottheit, die Erhebung sei Versammlungs- und Opferstätte der vestischen Stammesgenossen in ältester Zeit gewesen.

Pallium	n., *das Pallium.*

„ ... eine schmale weiße Wollstola, bestickt mit sechs schwarzen Seidenkreuzen, die über das Messgewand gelegt wird. Das Pallium ist äußeres Zeichen der Metropolitanwürde und symbolisiert das Joch, das der Gute Hirte zu tragen hat. Ein Erzbischof darf es nur für die Dauer seiner Amtszeit und nur innerhalb seiner Metropolie tragen. Es wird aus der Wolle zweier Lämmer hergestellt, die der Papst am Fest der hl. Agnes (21. Januar) segnet. Jeweils am 29. Juni, dem Hochfest Peter und Paul, segnet der Papst die aus der ersten Wolle dieser Lämmer neu gewebten Pallien. Sie gelten als Berührungsreliquien, weil sie bis zur Verleihung in einem Behältnis am Grab des Apostels Petrus aufbewahrt werden. ...“
https://www.katholisch.de/lexikon/1285-pallium

Pasquillant   Verleumder, Ehrabschneider, Verfasser von Schmähschriften.

Paternoster   Hier: **Rosenkranz**. Christoph Weigel schreibt dazu in seinem Ständebuch im Kapitel „Der Paternostermacher ...“ (S. 458):
„Dieses Handwerk der Paternostermacher hat seinen Ursprung von der so genannten Paternoster / Rosen=Kränze / oder Bether ersten Erfindung / welche / wie Polydorus Vergilius *erzählet / von einem Eremiten / Petrus genannt / Französischer Nation / von Amiens der Haupt=Stadt in Piccardie gebürtig / so um das Jahr nach Christi des Welt=Heylandes Geburt 1090. wegen sonderbarer Heiligkeit unter Pabst* Urbano II. *berühmt war / ausgesonnen worden. ...“*

Peinliche Befragung   Verhör eines Straftäters unter Einsatz der Folter. „Peinlich“ ist hier wörtlich auf „Pein“ für Schmerz zurückzuführen. -> Rädern, -> Schwertstrafe

Pest   Infektionskrankheit, die durch Bakterien hervorgerufen wird. Der Erreger wurde 1894 entdeckt und konnte ab da systematisch bekämpft werden. In Mittelalter und Früher Neuzeit hatte man eine nur vage Vorstellung von Viren und Bakterien, machte aber schon in jenen Zeiten unsichtbare -> Miasmen als Auslöser verantwortlich. Die Pest kann über Flöhe oder auch über eine Tröpfcheninfektion verbreitet werden.

Pestarzt   Mediziner, oft ein -> Bader, der auf die Behandlung von Patienten spezialisiert war, welche sich mit der Pest infiziert hatten. War meist mit einem schwarzen Umhang und einer vogelartigen Maske ausgerüstet. Im „Schnabel" dieser Maske befanden sich aromatische Kräuter, die dem Arzt einerseits das Arbeiten in einem übel riechenden Umfeld erleichtern sollten, andererseits auch, weil man erwartete, dass diese Kräuter den Arzt vor den Pesterregern schützten. Die spezielle Kleidung signalisierte den Mitbürgern schon von Weitem, dass irgendwo ein Seuchenfall aufgetreten war. Höchstwahrscheinlich rührt daher auch das Kinderspiel *„Wer hat Angst vorm schwarzen Mann?"* Denn Distanz zu halten von Pestkranken oder auch von denjenigen, die direkt mit der Seuche in Kontakt kamen, war in der Vorstellung der Zeit eine der sichersten Methoden, nicht infiziert zu werden. Mit rassistischen Tendenzen hat das Kinderspiel nichts zu tun.

Pferdemarkt   Platz vor dem -> Lohtor, wo in früheren Zeiten Viehauktionen stattfanden.

Pflastergeld   Städtische Gebühr, die zur Instandhaltung und Reinigung der innerstädtischen Straßen erhoben wurde. Eingefordert wurde das Pflastergeld an den Stadttoren für den Auftrieb von fremdem Vieh sowie für auswärtige Wagen und Karren, die von Tieren gezogen wurden. Wurde im Jahr 1855 in Recklinghausen abgeschafft. -> Chausseegeld

Pfründe   *„Die Pfründe (von mittellateinisch praebenda für „Unterhalt" abgeleitet), ... lateinisch -> Benefizium, bezeichnet ursprünglich eine Schenkung. Später bezeichnet es das Einkommen aus einem weltlichen oder kirchlichen Amt, insbesondere die durch eine natürliche oder juristische Person gewährte Verköstigung oder Zahlung von Unterhalt. Übertragen wird der Begriff auch für das Amt selbst mit einem selbständigen Einkommen für den Amtsinhaber oder für eine Abgabe zur Finanzierung dieses Amtes gebraucht."* https://de.wikipedia.org/wiki/Pfründe

Philhellene   Anhänger einer 1821 ins Leben gerufenen neuhumanistischen Bewegung, die sich der Bewahrung der geistigen und kulturellen Errungenschaften des antiken Griechenland verpflichtet fühlte. Der aus Recklinghausen stammende Diplomat und Forschungsreisende Ferdinand Werne fühlte sich dieser Bewegung ebenso zugehörig wie Johann Wolfgang von Goethe.

Pickelhering   Komische Figur in Theaterstücken von umherziehenden Komödianten. Vergleichbar mit dem -> Hanswurst.

Plaggen	Etwa 40 mal 60 Zentimeter große Grassoden, die man aus dafür vorgesehenen Wiesen stach und zur Düngung magerer Böden, als Streu für das Vieh und zum Hausbrand verwendete.

Plaggenwirtschaft	Überwiegend im nordwestdeutschen Raum auf mageren Böden angewendete, aufwändige Düngemethode, um den oftmals geringen Ertrag dieser Böden zu erhöhen und den üblicherweise monokulturellen Ackerbau (i.d.R. Roggen) zu ermöglichen. Die Plaggenwirtschaft konnte allerdings auch dazu beitragen, dass die abgeplaggten Böden versandeten. Im Recklinghäuser Umland so geschehen u.a. im Bereich der Westruper Heide. (Siehe hierzu: Arno Straßmann, Binnendünen in Westfalen; in: Heimatpflege in Westfalen, 18. Jg., 4/2005) Im Interesse der Landschaftspflege und einer gerechten Verteilung der Ressourcen war das Stechen von -> Plaggen auf öffentlichem Grund behördlich reglementiert. Im Jahr 1661 z. B. hatte der -> Hobsrichter im Bereich von Sinsen Ärger mit einem Bauern, der illegal -> Grastorf gestochen hatte.

Plankett	Synonym für Bretterverschlag, manchmal gebraucht, um die -> Heimlichen Gemächer zu umschreiben.

Poahlbürger	Bezeichnung für all jene, die zwar außerhalb der -> Stadtmauer, aber auf städtischem Grund innerhalb der u.a. mit Pfählen bestandenen -> Landwehren bzw. innerhalb der durch Schlagbäume (-> Rennebaum) abgesperrten Gebiete als Bürger ansässig waren. Die Poahlbürger, auch Pfahlbürger (*ndt. Poahl = Pfahl*) oder „Schutzbürger" genannt, galten als Bürger „niederen Rechts". -> Bürger

Polizeistunde	Gesetzliche Maßnahme zur Regelung des Alkoholausschanks. In Recklinghausen war es den Wirten während des konfessionellen Zeitalters verboten ab 9 Uhr abends Alkohol auszuschenken. Damit sollte einerseits die Nachtruhe gewahrt werden, andererseits war dies auch eine Maßnahme zur Brandverhütung. Da es noch keine elektrische Straßenbeleuchtung gab, war man in der Nacht auf das Mitführen einer Laterne mit einer offenen Flamme als Licht angewiesen. Doch selten waren die Heimkehrer aus den Wirtshäusern nüchtern. Aus dem gleichen Grund war der Aufenthalt im Freien nach Einbruch der Dunkelheit einschränkend geregelt. Über die Einhaltung der Vorschriften gab der -> Nachtwächter acht. -> Heimleuchter

Polizeyordnung	Gesetze der Frühen Neuzeit zur Regulierung der öffentlichen Ordnung. „Polizey" be-

zeichnete jedoch keine Ordnungs*behörde*, sondern stand als Allgemeinbegriff stellvertretend für alle Angelegenheiten, die das Auftreten und Verhalten von Bürgern im öffentlichen Raum betrafen. In den Polizeyordnungen wurden u.a. auch Bekleidungsvorschriften festgeschrieben. Die Kleidung der verschiedenen -> Stände und Berufe war in Aussehen und Qualität klar voneinander abgegrenzt, um bereits am äußeren Erscheinungsbild den Beruf und die soziale Stellung der jeweiligen Person erkennen zu können.

Postillion

„Postilionen und Botten (Boten, d.V.) sind mercklich unterschieden / ob schon einem wie dem anderen Briefe / an gehörige Oerter zu überbringen / anvertrauet werden ; wann einige vermeinen / der Unterscheid bestehe darinnen / daß jene reiten / diese aber gehen / irren sie sehr weit / unerachtet es vor Alters also üblig gewesen seyn mag; indeme heut zu Tag / wie wir bald melden wollen / auch die Botten reiten und fahren / allein nur meinst den Trab / die Postilionen aber den Courrier: Und ob sie schon beederseits mit besondern Rechtsfreyheiten begabet sind / gehören doch gleichwohl die Posten so wohl in dem H. Römischen Reich / als auch allen anderen Königreichen von Europa / unter die höchste Regalien / oder Kaiserliche und Königl. Vor=Rechte / daher dann die Verletzung / Hinderung und Beraubung der Posten auf das hefftigste mit dem Tod abgestraffet wird. ...“
Christoph Weigel, ABBILDUNG UND BESCHREIBUNG DER GEMEIN-NÜTZLICHEN HAUPTSTÄNDE, Regensburg 1698

Postlinde

„Seit dem Jahr 1646 durchquerte eine regelmäßige Postlinie das Vest Recklinghausen, wobei die Stadt Recklinghausen allerdings nicht direkt einbezogen wurde. Die vom preußischen Kurfürsten Friedrich Wilhelm I. von Brandenburg eingerichtete Linie sollte die westdeutschen Exklaven Brandenburgs mit Berlin verbinden und führte im vestischen Land über Dorsten, Marl, Horneburg und Waltrop nach Lünen. Da der kurbrandenburgische Postreiter die Stadt Recklinghausen aus zeitlichen Gründen nicht direkt besuchte, sondern nördlich daran vorbei ritt, hat man ein an der Landwehr gelegenes Zollhaus auch als Posthäuschen benutzt, wo der Reiter Sendungen mitnehmen oder deponieren konnte. Leider ist es heute nicht mehr genau nachvollziehbar, wo dieses Posthäuschen gestanden hat. Nachdem dieses Gebäude vermutlich im Siebenjährigen Krieg (1756 bis 1763) von Französischen Soldaten zerstört worden ist, hat man kurzerhand eine Linde, die günstig am Postreiterweg stand, zur Deponierung von Briefen genutzt. Der Reiter legte die Post für die Recklinghäuser in den hohlen Stamm bzw. nahm die dort von einem städtischen Boten deponierten Sendungen mit.“
Olaf Manke und Alfred Stemmler, Die Tochter des Hexenjägers, ... , S. 32–33
Seit 2006 steht an der Kreuzung *Auf dem Siepen - Im Stübbenberg*, diesseits der Auto-

bahn 43, eine Erinnerungstafel. Einer der dortigen Bäume wurde stellvertretend als Postlinde gekennzeichnet. -> Landwehr, -> Postillion
Siehe auch: Arno Straßmann, TILIA POSTALIS HONORIS CAUSA, Zur Einweihung der neuen Postlinde in Recklinghausen-Siepen, in: Vestischer Kalender 2006, S. 81

Prädikant	Protestantischer Laienprediger.

Präliminarfriede
Eine Friedensvereinbarung, die in Vorverhandlungen zu einem endgültigen Friedensschluss ausgehandelt wird. Eine Art Vorfriede.

Prag
Stadt in Böhmen. Seit Kaiser Karl IV. (*1316, +1378) Residenzstadt des HRR. Ab 1558 übernahm Wien (mit einer 37-jährigen Unterbrechung) diese Position. Heute ist Prag die Hauptstadt der Tschechischen Republik. -> Nepomuk

Pranger
Auch: -> Kak oder -> Schandpfahl. Verurteilte, denen eine Ehrenstrafe auferlegt worden war, wurden an einen Pfahl angebunden oder mittels eines Gestells aus Brettern in einer bestimmten Stellung fixiert (der sogenannte „Block") und öffentlich ausgestellt. In Recklinghausen befand sich der Pranger vor dem Rathaus ganz in der Nähe des Marktbrunnens. Er wurde in der ersten Hälfte des 19. Jahrhunderts abgebaut.

Primat
Hier: In der katholischen Kirche die Vorrangstellung des Papstes. Näheres dazu bei: https://www.kathpedia.com/index.php/Primat

Probationstag
Versammlung zur Überprüfung des Münzwesens, idR. veranstaltet von einem oder mehreren Reichskreisen.
https://drw.hadw-bw.de/drw-cgi/zeige?index=lemmata&term=probationstag
-> Valvationstabelle

Procurator
Herrschaftlicher Beamter mit Handlungsvollmacht in finanziellen Angelegenheiten. Wurde auch Cellerar, -> Kellner oder Hofmeister benannt.
Im Zusammenhang mit den Recklinghäuser -> Augustinessen wurde in alten Unterlagen für die Vermögensverwalterin des Klosters die Bezeichnung „Prokuratersche" gebraucht.

Prüschland
„Preußisches Land". So nannte man im Vest Recklinghausen umgangssprachlich

die Gebiete südlich der Emscher. Denn die Grafschaft Mark, zu der diese Region gehörte, war seit 1602 im Besitz von Brandenburg-Preußen. -> Kölschland

Quad / Quade	ndt. Ein böser Mensch. „ ... *quat, adj. und adv. böse, schlecht.* ... „ https://www.woerterbuchnetz.de/DWB/quad Aber auch: Angehöriger des suebischen Volksstammes der Quaden, die im 8. bis 6. Jahrhundert vor Christus aus dem Maingebiet in Richtung Böhmen, Niederösterreich und die Südwestslowakei auswanderten. Durch ihre politisch-militärischen Aktivitäten, die sich bis auf die iberische Halbinsel erstreckten, wurden sie teilweise als unangenehme Zeitgenossen wahrgenommen, so dass sich ihr Volksname im deutschsprachigen Raum als Synonym für schlechte Menschen etablierte. Die Quaden gingen im Laufe der Jahrhunderte in anderen Volksstämmen auf.
Quadenturm	Größter Wehrturm im westlichen Teil der Stadtmauer von Recklinghausen. Auch Kerker für die -> Quaden. Hatte bis zur Mitte des 17. Jahrhunderts höchstwahrscheinlich vier Flankentürmchen, die in späterer Zeit verschwunden sind. (-> Bekannte Abbildung von Wenzel Hollar um 1640) Der Quadenturm wurde zuletzt von einem Kaufmann als Lager für Jagdutensilien und Pulver benutzt und Mitte des 19. Jahrhunderts (1868) an eine Eisenbahngesellschaft verkauft, die ihn abtragen ließ. Im Jahr 1909 wurde an der Stelle dieses Gefängnisturms der Schlauchturm des noch heute existierenden Recklinghäuser Feuerwehrdepots errichtet (Herzogswall 31), nachdem dort zwischenzeitlich die erste Recklinghäuser Synagoge gestanden hatte. Der Schlauchturm ist zum Teil aus den Steinen des Quadenturms gebaut. -> Florian
Quart	Hohlmaß; entspricht ins Dezimalsystem umgerechnet etwa 1,2 Litern.
Quent	Handelsgewicht, ins Dezimalsystem übertragen etwa 1,67 Gramm. Wegen der geringen Messgröße wird auch heute noch umgangssprachlich die Verkleinerungsform „Quentchen" für kleinste, nicht genau zu bestimmende Mengen gebraucht. *„mittelhochdeutsch quintī(n) = der vierte (ursprünglich: fünfte) Teil eines Lots, über das Mittellateinische zu lateinisch quintus = der Fünfte, der fünfte Teil"* https://www.duden.de/rechtschreibung/Quent

Raderalbus

-> Albus. Silberne Münze, auf deren Rückseite das Motiv des -> Rheinischen Münzvereins in Form eines Rades dargestellt war. Auch andere Münzen wurden dem Motiv nach benannt. Zum Beispiel der *Raderschilling*. Beide Münzen waren auch in Recklinghausen im Umlauf.

Rädern

Extrem grausame Bestrafungs- und Foltermethode. Hierbei wurden einem verurteilter Gewaltverbecher zunächst mit einem Rad oder einer Eisenstange die Knochen zertrümmert, um ihn anschließend mit den Extremitäten bei lebendigem Leib in die Speichen eines großen Rades einzuflechten. Die Todesqualen, die der Verurteilte dabei erlitt, wurden ihm manchmal durch das vorherigen Abschlagen des Kopfes oder einer anderen, schnellen Tötungsmethode „erlassen", und sein toter Körper wurde allein zur Abschreckung ins Rad geflochten. Das letzte Urteil dieser Art sprach der Recklinghäuser Stadtrat im September 1779 gegen einen Mörder aus. Ihm wurde die „Gnade" des Köpfens zugestanden.
-> Peinliche Befragung, -> Schwertstrafe, -> Segensberg

Reeperbahn

Räumlich viel Platz beanspruchender Arbeitsplatz eines -> Seilers. Auf der Reeperbahn flocht bzw. drehte dieser Handwerker Hanf oder Flachs zu langen Bändern, Seilen und Tauen. Die Reeperbahn lag wegen des Platzbedarfs üblicherweise außerhalb der Stadt. In Recklinghausen war sie den einschlägigen Quellen nach im Bereich des heutigen Herzogswalls angelegt.

Reepeisen

Auch „Reffeisen" oder „Riffelkamm" genannt. Ein solches Gerät hatte zehn bis zwanzig Eisennägel, die auf einem Brett befestigt waren. Es diente dazu, die Samenkapseln, Blüten und Seitentriebe des geernteten -> Flachs von den Stängeln zu trennen. Da die Pflanzen nur in kleinen Bündeln verarbeitet werden konnten, war dies eine langwierige und mühselige Arbeit. -> Flachsbecke, -> Boken

Regal

Hier: „*I (ursprünglich) vom König vergebenes Herrschafts- / Nutzungsrecht, zunächst nur verwendet für die an kirchliche Würdenträger verliehenen, aus dem Reichsgut stammenden Güter und Rechte, später zunehmend als mit der Landeshoheit verbunden betrachtet; als Regalien werden schließlich Rechte bezeichnet, an denen ein öffentliches Interesse besteht, auch wenn die Nutzung entgeltlich an Privatpersonen übertragen wurde. ...*"
https://drw.hadw-bw.de/drw-cgi/zeige?index=lemmata&term=Regal

| Reichsacht | *„**Achts=Erklärung**, Reichs=Acht, Acht=Verfestigung, Bann, Proscriptio, ist eine solche Strafe, welche wider diejenigen ergehet, so sich des Lasters der beleidigten Majestät schuldig gemacht, sich an ihrer vorgesetzten Lehnsherrschaft, Obrigkeit und dem Land=Frieden vergriffen, und bey erfolgter richterlichen Citation nicht erschienen. ... Der Unterscheid dieser Bestrafung ist zweyerley: entweder geistlich oder weltlich. ...* |

*„**Achts=Erklärung**, Reichs=Acht, Acht=Verfestigung, Bann, Proscriptio, ist eine solche Strafe, welche wider diejenigen ergehet, so sich des Lasters der beleidigten Majestät schuldig gemacht, sich an ihrer vorgesetzten Lehnsherrschaft, Obrigkeit und dem Land=Frieden vergriffen, und bey erfolgter richterlichen Citation nicht erschienen. ... Der Unterscheid dieser Bestrafung ist zweyerley: entweder geistlich oder weltlich. ...*

Die weltliche heisset Acht, und ist wiederum zweyerley: entweder Unter=Acht, oder Ober=Acht. Die Unter=Acht geschiehet, wenn jemand von dem Richter, der unter dem Kayser oder König gesessen, geächtiget, das ist: in die Acht erkläret wird, sintemal er alsdenn nicht weiter geächtiget ist, als desselben Richters Gebiet gehet. Welches man sonst auch Vogel=frey machen nennet. Wenn aber hingegen jemand von dem Kayser oder König geächtiget, und mag, als ein erklärter Missethäter, weder behauset, noch beherberget, noch geätzet oder geträncket werden. Welche letztere Acht, weil sie von dem Kayser selbst, und dem gantzen Reiche herrühret, eigentlich die Ober=Acht heisset. ...“
Johann Heinrich Zedler, Universal=Lexicon, 1731, Band 1, Spalte 340

Reichsfiskalat -> Fiskal

Reichshof Die Reichs-, früher auch Königshöfe genannt, sind in der Hauptsache unter der Regierung Karls des Großen in Abständen von einem bis eineinhalb Tagesreisen entstanden. Der jeweilige Reichs- bzw. Königshof war i.d.R. zentraler Verwaltungssitz und wirtschaftliches Zentrum einer Region, dem die jeweiligen Oberhöfe zugeordnet wurden. Auch die Stadt Recklinghausen wird in unterschiedlichen Quellen als Reichshof bezeichnet.
-> Oberhof, -> Oer, -> Kerkelenkey, -> Tagesreise

Reichskammergericht Höchstes Gericht für Zivilprozessangelegenheiten im HRR. Zur Entlastung des kaiserlichen -> Hofgerichtes bzw. des Reichshofrates auf dem Reichstag von 1495 geschaffenes Gericht mit festem Amtssitz. Zunächst wurde es in Frankfurt eingerichtet, wechselte dann aber wegen unterschiedlicher Notwendigkeiten immer wieder den Standort und war bis zum Ende des -> HRR nacheinander in acht unterschiedlichen Städten beheimatet. -> Reichslandfrieden

Reichslandfrieden Auch: „Ewiger Landfrieden“. Auf dem Reichstag zu Worms 1495 beschlossene Reichreform zur Einführung einer allgemein verbindlichen staatlichen Rechtsordnung, unter anderem zur Eindämmung des Fehdewesens und zur Abschaffung des Faustrechts.

Reichstag	Ab 1495 als reichsweites Gremium eingeführter Ersatz für die bis dahin üblichen königlichen Hoftage bzw. Kurfürstentage. *„Auf den Reichstagen wurden im Zusammenwirken von Kaiser, Fürsten und Ständen alle wichtigen Fragen entschieden. Hauptaufgabe war die Bewilligung von Reichssteuern. Deshalb blieben die Reichstage trotz ihrer Schwerfälligkeit bis zum Ende des Heiligen Römischen Reichs Deutscher Nation das wichtigste Verfassungsinstrument."* https://historisches-lexikon.li/Heiliges_Römisches_Reich_Deutscher_Nation

Reichstaler	Silbermünze, die bis 1806 gebräuchlich war. Spätere Münzen wurden ebenfalls Taler benannt, waren aber in andere Münzordnungen eingebunden und dementsprechend nicht mit dem „alten" RT identisch. Die Bezeichnung geht auf den *Joachimsthaler Guldiner* zurück. Deshalb bis etwa 1901 *Thaler* (mit „h") geschrieben. Ab 1566 Leitwährung im HRR. Im Laufe der Zeit wurde der Taler als internationaler Rechnungswert und als Buchwährung üblich; so wie in späteren Jahrhunderten der amerikanische Dollar, dessen Name direkt auf den Taler zurückgeht.

Reichsunmittelbare	Personen, Personengruppen und Gebietskörperschaften, die dem Kaiser direkt und unmittelbar unterstanden; z.B. Kurfürsten, manche Grafen und hohe Kleriker und auch die Reichsstädte (wie z.B. Dortmund); in Abgrenzung zu denjenigen, die einer regionalen Herrschaft zugeordnet waren. So gehörte z.B. Recklinghausen zum Herrschaftsgebiet des Kurfürsten von Köln und war ihm auch abgabepflichtig. Mit dem Reichsdeputationshauptschluss zu Beginn des 19. Jahrhunderts und dem Ende des HRR trat eine neue Verwaltungsordnung in Kraft, und damit endete auch die Reichsunmittelbarkeit.

Reisige	*Plural.* Auch (aus dem schweizerischen Sprachgebrauch) *Reisläufer* oder *reisige Knechte.* Üblicherweise waren mit diesem Begriff umherziehende, angeheuerte Söldner, zu Fuß oder auch beritten, gemeint, die auf eigene Rechnung arbeiteten. Oftmals hatten sie sich bis ins 16. und 17. Jahrhundert hinein auf den Schutz und die Begleitung von Warenkarawanen oder Kutschen spezialisiert oder dienten ganz allgemein als Soldaten demjenigen Auftraggeber, der sie bezahlte. Seit 1495 zwar verboten (-> Reichslandfrieden), wurden derartige Söldner dennoch bis ins 17. Jahrhundert hinein beschäftigt. „Reisen" bedeutete in diesem Zusammenhang „Auf Kriegszug gehen". Das neuhochdeutsche Wort „Reise" geht direkt auf diese Kriegsterminologie zurück.

Rennebaum	Schlagbaum, Schranke z.B. an der -> Landwehr. -> Brückenzoll
Rente	**1.** Regelmäßige Zahlung eines Geldbetrags. **2.** Regelmäßiges arbeitsfreies Einkommen aus einem Vermögen. **3.** Fortlaufende vertragsgemäße Geldbezüge zum Beispiel aus einer Versicherung, eines Darlehens oder einer Überlassung zur Nutzung.
Rentenkauf	Erwerb des Rechts auf den Bezug einer periodisch wiederkehrenden Leistung in Geld- oder Sachwerten (-> Rente 3.) gegen eine einmalige größere Zahlung. Üblicherweise fand dies im Rahmen von Grundstücksüberlassungen statt. In der Frühen Neuzeit war auch der Rückkauf der Renten üblich geworden, so dass sich daraus eine Art Hypothekengeschäft entwickelte. Mit dieser Praxis umging man das kirchenrechtliche Zinsverbot (-> Zins). Auch auf diesem Wege konnte der aus Marl nach Recklinghausen eingewanderte Kaufmann Johann Uphoff im 16. Jahrhundert über Grundstücksspekulationen ein beträchtliches Vermögen aufbauen, seinen Einfluss in der Stadt festigen und zum Bürgermeister aufsteigen.
Rentmeister	*„... vorwiegend mit der Verwaltung von Einkünften und Ausgaben, oft aber auch mit jurisdiktionellen Aufgaben betrauter Beamter, häufig in leitender Stellung ...“* In der städtischen Verwaltung heute in etwa mit dem Kämmerer zu vergleichen. https://wiki.genealogy.net/Rentmeister
Rheinischer Münzverein	Zusammenschluss der vier rheinischen -> Kurfürsten (von Köln, Mainz, Trier und Kurpfalz) zur gemeinsamen Herausgabe von Münzen, um den Geldverkehr innerhalb der Grenzen der beteiligten Gebiete aufeinander abzustimmen und damit den wirtschaftlichen Austausch zu fördern. -> Raderalbus
Riemenschneider	Handwerker im Ledergewerbe, der auf die Herstellung von Pferdegeschirr, Ledergürtel und andere streifenartige Werkstücke spezialisiert war. Nicht zu verwechseln mit Sattlern oder Schuhmachern, die ihrerseits hochspezialisierte Handwerker waren.
Ries	Hier: Mengenangabe für Papier. In unserem Betrachtungszeitraum 480 Blatt Schreibpapier. Heute je nach Papiergewicht und Blattgröße eine variable Blattanzahl. Ein Ries industriell hergestelltes „normales“ Schreibpapier mit 80 Gramm/qm im Format DIN A 4 enthält 500 Blatt.

| Ritter | Ursprünglich ein berittener Krieger (Kämpfer zu Pferde, Reiter, mhd. *rîter*), vom späten Mittelalter bis in die Frühe Neuzeit als Titel für eine besondere Würde und gesellschaftliche Stellung gebraucht. In Recklinghausen und Umgebung lesen wir in erhaltenen Akten häufig von Meinungsverschiedenheiten zwischen den Bürgern der Städte und der Ritterschaft, die im vestischen -> Landtag in der Überzahl war und dementsprechend die regionale Politik maßgeblich beeinflusste. Doch war nicht jeder Ritter als solcher landtagsfähig. Erstens musste er einen adligen Stammbaum von acht Ahnen vorweisen können (bis 1719, danach 16 Ahnen), und zweitens musste er im Besitz eines landtagsfähigen Rittergutes sein. Die Zahl der landtagsfähigen Adelsfamilien wurde im Laufe der Zeit aus unterschiedlichen Gründen (z.B. Verbürgerlichung durch Heirat etc.) immer kleiner, so dass sich am Ende die Entscheidungsbefugnisse im Land auf wenige ritterliche Kreise, die oftmals untereinander verwandt und verschwägert waren, konzentrierten. |

Als der letzte Nachkomme des Kurfürsten Adolf von Schaumburg aus illegitimer, bürgerlicher Linie in Recklinghausen, Gerhard Caspar, das landtagsfähige Rittergut *Leuchterhof* in Marl kaufte, hegte er wahrscheinlich die Hoffnung, damit seinen Nachkommen die „Rückkehr" in den Adelsstand zu ebnen. Leider verstarben seine beiden Kinder vor der Realisierung dieses Vorhabens, so dass er das Landgut dem katholischen Orden der -> Karmeliten als Kloster vermachte. Um das Erbe entbrannte ein heftiger Streit in der Verwandtschaft; wohl auch, weil mit diesem Hof eine besondere politisch-gesellschaftliche Stellung verbunden war. Heute ist Gut Leuchterhof ein Reiterhof. Die Straße in Marl trägt noch den Namen „Klosterstraße".

| Rittmeister | Militärischer Dienstgrad: Hauptmann der Kavallerie. |

| RKG | Abkürzung für -> **Reichskammergericht**. |

| Rochusstraße | Zwischen der Schaumburgstraße und der Kunibertistraße in Nord-Süd-Richtung östlich parallel zum Markt verlaufende Straße im Zentrum der Recklinghäuser Innenstadt. Wurde benannt nach dem Franziskaner und Pestheiligen Rochus von Montpellier, der im 14. Jahrhundert auf seinen Reisen Pestkranke auf wundersame Weise geheilt haben, selbst von der Seuche befallen und mithilfe eines Engels genesen sein soll. Nach dem Pestjahr 1666 wurde die Binger Rochus-Wallfahrt eingerichtet, die noch heute jeweils im August als bedeutendste Wallfahrt zu Ehren |

dieses Mannes veranstaltet wird. Ungefähr zeitgleich mit der Gründung der Binger Wallfahrt wurde in Recklinghausen eine Rochus-Prozession eingeführt, die unter anderem auch durch diese Straße ging.

Rolle

Bezeichnung für eine Schleuse an einem Fluss. Besonders bekannt war hierzulande die Rolle an der -> Lippe bei Ahsen.

Romstraße

Straße im Nordwesten der Innenstadt von Recklinghausen. Einige Historiker bezweifeln einen Zusammenhang mit der italienischen Hauptstadt und gehen eher von einer etymologischen Entwicklung aus den Umgebungsbedingungen aus. Heute heißt dieser Straßenzug „Im Rom".

Roof

Auch: *Rof*. Alter Begriff aus der Schifffahrt. Heute ist der Ausdruck **Kajüte** für den Wohnbereich der Schiffer geläufiger. Da die auf der -> Lippe eingesetzten Transportboote zu schmal waren und zu wenig Tiefgang hatten, war es kaum möglich, zusätzlichen Raum für die Unterkunft des Bootsführers bereitzustellen. Die Räumlichkeiten waren entsprechend begrenzt.
-> Aak

Rosenkranzbruderschaft

Die Rosenkranzbruderschaft war eine von Dominikanern um 1470 in der heutigen Recklinghäuser Partnerstadt Douai gestiftete Gemeinschaft für Laien. Ihr Ziel war die Vertiefung der Frömmigkeit breiter Volksmassen durch das Rosenkranzgebet. Das Gründungsjahr wird in unterschiedlichen Publikationen entweder mit 1468 oder 1470 angegeben.
Die Liebfrauenkirche im Stadtteil Recklinghausen-Ost (im Volksmund auch „Oster Dom" genannt) hieß bei ihrer Einweihung 1903 noch, ebenso wie die vorher nahebei errichtete Notkirche, *Kirche unserer Lieben Frau im Rosenkranz*, kurz: *Rosenkranzkirche*. Der Name der unmittelbar an der Kirche entlang führenden Rosenstraße verweist seit 1904 indirekt noch darauf.

RT

Abkürzung für -> **Reichstaler**

Ruhr

1. Fluss, der dem Ruhrgebiet den Namen gegeben hat. Rechter Zufluss des Rheins.
2. Sammelbegriff für diverse **Durchfallerkrankungen**.

Sackpfeife	Entgegen der landläufigen Meinung war die Sackpfeife, auch als *Dudelsack* bezeichnet, als Instrument nicht allein auf Schottland oder die Normandie beschränkt. Auch im HRR und in vielen anderen Gebieten des Kontinents fand sie Anwendung durch -> Spielmänner und war auf Volksfesten neben der -> Schalmei stark vertreten.
Säkularisation	Ungefähr seit der Mitte des 17. Jahrhunderts verwendeter Begriff für die staatliche Einziehung bzw. Nutzung kirchlicher Besitztümer. In Recklinghausen waren 1802/1803 u.a. das Franziskaner- und das Augustinessenkloster hiervon betroffen.
Sakramentshäuschen	Kleinarchitektur innerhalb von katholischen Kirchengebäuden zur Aufbewahrung des eucharistischen Leibes Christi. Es ist seit dem Ende des 14. Jahrhunderts als separates Architekturelement üblich gewesen und steht in geosteten Kirchen nördlich, also in Hauptblickrichtung links vom Hauptaltar. In Recklinghausen wurde das noch heute in der Kirche Sankt Peter existierende Sakramentshaus im gotischen Stil im Jahr 1520 von den gräflichen Eheleuten Johann und Cordula von Schaumburg (geb. von -> Gemen, verw. von Stecke), die zu diesem Zeitpunkt die Pfandinhaber des Vestes Recklinghausen waren, gestiftet. -> Schaumburgstraße
Salentinstraße	Straße in Recklinghausen-Hochlarmark von der Cranger Straße bis zur Grullbadstraße in Ost-West-Richtung verlaufend. Wurde nach Salentin von Isenburg benannt, der als Kurfürst-Erzbischof von Köln im Jahr 1576 das Vest Recklinghausen aus einer mehr als 100 Jahre währenden Verpfändung auslöste. Einer seiner Vorgänger, Dietrich von Moers, hatte zur Finanzierung der -> Soester Fehde das Land zwischen Emscher und Lippe zur Geldbeschaffung an die Herren von -> Gemen verpfändet. Über die Erbtochter Cordula von Gemen, die als Rechtsnachfolgerin in den Pfandvertrag eintrat, kam das Vest Recklinghausen als -> Morgengabe an ihren zweiten Ehemann, Graf Johann von Holstein-Schaumburg, der den vestischen Besitz in erster Linie als finanzielle Sicherung ansah. -> Schaumburgstraße Als Salentin auf die Aufhebung des Pfandvertrages und die Rückgabe des Vestes drängte, waren die Bürgerinnen und Bürger hierzulande hocherfreut und schenkten dem Landesherrn, der kurz darauf sein Amt niederlegte, um im Jahr 1577 zu heiraten, einen goldenen Becher.

| Schachtrute | In älteren Unterlagen gebrauchter Begriff für die Menge von ungefähr zwei Wagenfuhren. Wurde oft gebraucht, um den Umfang der -> Spanndienste zu bestimmen, die Bauern und -> Ackerbürger im Zusammenhang mit dem Bau von Straßen und Gebäuden zu leisten hatten. Als z.B. 1849 der Magistrat der Stadt Recklinghausen einen Teil der -> Stadtmauer u.a. für den Bau des Prosper-Hospitals zum Abbruch frei gab, ließ der mit dem Bau des Krankenhauses befasste Kaplan Kemna (-> Kemnastraße) elf Schachtruten mehr als erlaubt hierfür abtransportieren. |

Schachtrute

In älteren Unterlagen gebrauchter Begriff für die Menge von ungefähr zwei Wagenfuhren. Wurde oft gebraucht, um den Umfang der -> Spanndienste zu bestimmen, die Bauern und -> Ackerbürger im Zusammenhang mit dem Bau von Straßen und Gebäuden zu leisten hatten. Als z.B. 1849 der Magistrat der Stadt Recklinghausen einen Teil der -> Stadtmauer u.a. für den Bau des Prosper-Hospitals zum Abbruch frei gab, ließ der mit dem Bau des Krankenhauses befasste Kaplan Kemna (-> Kemnastraße) elf Schachtruten mehr als erlaubt hierfür abtransportieren.

Schalmei

In der zeitgenössischen Musik des Mittelalters und der Renaissance bis in die Anfänge des Barock häufig von -> Spielmännern eingesetztes Holzblasinstrument, das einen charakteristischen, lauten Ton erzeugt. Der Klang der Schalmei war scharf bis nasal. Das Instrument wurde bis zur Erfindung der Oboe auch in der höfischen und in der Konzertmusik eingesetzt.

Schandpfahl

-> Kak, -> Pranger, -> Schandstrafe

Schandstrafe

Zeitlich befristete Strafe, die den Verlust oder die Minderung der Ehre zur Folge hatte. Hierzu gehörten das Prangerstehen, das Umhängen von sogenannten Lästersteinen, aber auch der zeitweilige Verlust des Rechts auf den Empfang kirchlicher Sakramente. Schandstrafen bedeuteten einen Ausschluss aus der Sozialgesellschaft und waren trotz ihrer zeitlichen Befristung nicht selten ein Grund für den gesellschaftlichen und wirtschaftlichen Ruin des Verurteilten.
Schand- bzw. Ehrenstrafen sind heutzutage nicht mehr mit den Werten des Grundgesetzes vereinbar und dementsprechend im deutschen Rechtssystem abgeschafft.
-> Kak, -> Pranger, -> Unehrliche

Schar, *pl.* Scharen

Rechtsbegriff im landwirtschaftlichen Umfeld. Nutzungsanteil an Grundbesitz, z.B. an einer -> Mark (Gebiet)

Schaumburgstraße

Straßenzug, der im Westen der Stadt in west-östlicher Richtung vom Altstadtmarkt bis zum Kaiserwall führt; er hieß bis 1926 Gartenstraße und endete an der Kampstraße. Den Durchstich zum Kaiserwall legte man erst in den 1930er Jahren an.
Die Schaumburgstraße wurde nach der im 16., 17. und 18. Jahrhundert äußerst einflussreichen Familie (von) Schaumburg benannt. Die Recklinghäuser Mitglieder entstammten einem illegitimen Zweig derjenigen gräflichen Familie, die rund 100 Jahre lang (1476 bis 1576) die Pfandherren des Vestes gewesen sind.
⇨

Der erste in Recklinghausen nachweisbare Sprößling dieser Familie war ein Sohn des Kurfürst-Erzbischofs von Köln, Adolf von Holstein-Schaumburg (Amtszeit 1547 - 1556), mit dem Namen Arnold von Schaumburg. Dieser trat 1576 den Posten des -> Domkapitelsverwalters in Recklinghausen an. Ein Nachkomme dieses Mannes, ebenfalls mit dem Namen Arnold Schaumburg (inzwischen ohne „von"), war im 30-jährigen Krieg im Alter von ca. 25 Jahren erster Bürgermeister von Recklinghausen. Der letzte bedeutende Vertreter dieser Familie war Gerhard Caspar, der zusammen mit seiner Frau Sybilla Agnes unter anderem die noch heute existierende Kreuzigungsgruppe am -> Lohtor gestiftet hat. -> Kalvarienberg

Scheffel

Maßeinheit, die wie alle anderen Maße alter Zeit regional unterschiedlich gehandhabt wurde. Im Vest Recklinghausen maß man ein Scheffel ungefähr – in die heute gebräuchlichen Maßeinheiten umgerechnet – je nach Stadt, Dorf oder Bauerschaft zwischen 21 und 28 Liter.

Scheffelsaat

Maßeinheit. Die Fläche, die mit einem Scheffel Getreide eingesät werden konnte. Im Vest Recklinghausen waren das etwa 22 Ar (1 Ar = 100 m^2).

Scheiding

Monatsname: **September**. Siehe -> Hartung

Scheiterhaufen

1. **Mehlspeise** aus Brotresten. Insbesondere in Bayern gebräuchlich.
2. **Aufgeschichtete Holzstücke** (Äste, Bretter, etc.) zum Entzünden eines Feuers. Zunächst für Lagerfeuer oder offene Kamine, später in größerem Maße als extrem grausame Hinrichtungsmethode für vermeintliche Zauberer und -> Hexen, denen ein Teufelspakt vorgeworfen wurde. -> Zauberei

Scheuer

Scheune. In einer -> Ackerstadt betrieben die -> Ackerbürger unter anderem auf den Feldern außerhalb der Stadtmauer Ackerbau, dessen Ertrag nach der Ernte eingelagert werden musste. Zu einer ganzen Reihe von Häusern in der Innenstadt von Recklinghausen gehörten sowohl eine Scheune als auch ein Stall für das Vieh.

Schinder

-> **Abdecker**, regional auch Filler. -> Fillerei

Schinderplatz

Platz in der Nähe des -> Kunibertitores, wo bis 1784 das verreckte Vieh abgedeckt wurde. Von diesem Jahr an sollte dieser Vorgang in Richtung Flachsbecke verlegt werden. Auf dem ersten maßstabsgetreuen Stadtplan von 1822 wird die -> Fillerei, wo derartige Arbeiten durchgeführt wurden, ungefähr an jener Stelle verortet, wo heute Rathaus und Stadthaus stehen.

Schlitzohr

Gauner, Betrüger, verschlagener und unehrenhafter Zeitgenosse. Es gibt mindestens zwei Ursprünge dieses Begriffs:

1. Einem Kleinkriminellen wurde, nachdem er erwischt und abgeurteilt worden war, ein Schlitz ins Ohr geschnitten, um ihn durch die entstehende Narbe für andere zu kennzeichnen - Rehabilitation ausgeschlossen.
2. Einem Zimmermann, der gegen die Regeln verstoßen oder straffällig geworden war, wurde der üblicherweise getragene goldene Ohrring vom Zunftmeister aus dem Ohr gerissen, was eine schlitzartige Wunde hinterließ, die schließlich vernarbte. Die Mitmenschen sollte dies auf den Charakter dieses Gesellen aufmerksam machen; was eine sehr nachhaltige Wirkung auf das Ansehen des Delinquenten und damit auf die gesellschaftliche Akzeptanz und seine beruflichen Chancen hatte. Indem man schwarze Schafe kennzeichnete stellte man das positive Ansehen der übrigen Handwerker dieses Berufs sicher.

Schlüsselscharte

Fensterartige, sehr schmale und speziell zur Verteidigung angelegte Öffnung in einer örtlichen Sicherungsanlage (Stadtmauer oder Burgbefestigung), die eine Form wie ein umgekehrtes Schlüsselloch hat. Während die allseits bekannte Form der Schießscharte, die einfache, senkrecht stehende Spalte, auf die Erfindung und den Einsatz der Armbrust zurückzuführen ist, kamen Schlüsselscharten auf, als man Burgen und Städte mit -> Arkebusen und anderen Gewehren verteidigte. Diese schweren Geschütze konnten nicht in der Hand gehalten werden, wenn man zielgenau treffen wollte, sondern mussten einen festen Auflagepunkt haben. Die herkömmlichen, für leichte Waffen angelegten Scharten waren für den Einsatz von Feuerwaffen nicht geeignet. Also erweiterte man die Öffnungen an einer Stelle, logischerweise im unteren Bereich, um das schwere Gerät auflegen und effektiv einsetzen zu können.
In der Recklinghäuser Stadtmauer gab es, wie noch heute zu sehen ist, keine Schlüsselscharten, was Rückschlüsse auf die Art der Kriegsführung und die admistrativen Prioritäten zulässt. Im Vest Recklinghausen hat man von je her versucht, wenn es möglich war, Konflikte diplomatisch oder finanziell zu lösen.

Schlupp

Auch: Schluppe bzw. Schlüpp. *Durchlass* oder *Schneise* in der -> Landwehr. Hatte Namen wie Wolfsschlüpp, Elpenschlüpp, Lutkenschluppe oder Hohe Schlüpp.

| Schmied | Handwerksberuf in der Metallverarbeitung. War in viele hochspezialisierte Zweige unterteilt. Die bekanntesten sind Waffenschmiede und Hufschmiede. Weniger allgemein bekannte Handwerker sind die Feilenhauer, Messerschmiede, Nagelschmiede, -> Schwertfeger, Stecknadel- und Heftleinmacher, Zirkelschmiede, -> Zeiner und noch einige weitere Spezialisten. In Recklinghausen gab es vor allem Huf-, Nagel-, Messer- und Waffenschmiede. So beherbergte das Gebäude der heutigen *Altstadtschmiede* an der Kellerstraße, das in der Mitte des 19. Jahrhunderts neu errichtet worden war, zuletzt eine Huf- und Nagelschmiede. |

| Schnatgang | Begehung zur Kontrolle von Grenzen und zur Freilegung eventuell zugewachsener Markierungen. Auch wurden Neubürger auf den Schnatgängen mit den Grenzen der Gemeinde bekannt gemacht. -> Fuagang |

| Schornstein | Steinkonstruktion, die zur Ableitung des Rauches vom Herdfeuer errichtet wurde. In älteren Fachwerkhäusern gab es allerdings noch keinen gemauerten Kamin, sondern lediglich eine Vorrichtung über der offenen Feuerstelle mit der die Rauchentwicklung und der Funkenflug abgeleitet wurden. Der Rauchabzug geschah überwiegend durch die geöffneten Fenster und Türen bzw. durch spezielle Öffnungen im Dach, die auch *Eulenlöcher* genannt wurden. Da man nur gut durchgetrocknetes Holz verfeuerte, hielt sich die Rauchentwicklung allerdings in Grenzen.
Erst spät im Laufe des konfessionellen Zeitalters wurden nach und nach immer mehr vor allem Stadthäuser – auch in Recklinghausen – zur Brandverhütung mit einem gemauerten Kamin ausgestattet. So ist zum Beispiel die Ausstattung der Recklinghäuser Mädchenschule mit einem solchen Abzug im Jahr 1778 einer besonderen Erwähnung in den kommunalen Unterlagen wert. Das Rathaus hatte allerdings schon im Jahr 1505 /1511 zwei gemauerte Kamine bekommen. -> Stadtbrand |

| Schuldschwein | Die Kölner Kurie hatte im Vest Recklinghausen großen Grundbesitz, den sie an Ortsansässige verpachtete. Bauernhöfe, die dem -> Domkapitel als Pächter zur Abgabe verpflichtet waren, hatten über die reguläre Pacht hinaus jährlich ein feistes (gut gemästetes) Schwein nach Köln zu liefern. Diese Schweine wurden sowohl zur Verpflegung des kurfürstlichen Militärs als auch für die Versorgung der Angehörigen der kurfürstlichen Verwaltung benötigt. War dies aufgrund schlechter Mastbedingungen nicht möglich, konnte die Lieferung ersatzweise in Geldzahlungen erfolgen. Die Schuldschweine des Vestes wurden auf dem Schultenhof in -> Oer bzw. bei |

Schloss -> Horneburg zusammengetrieben und von dort aus auf dem Landweg von Schweinetreibern nach Köln verbracht. Hierzu stellte das Domkapitel einen Geleitbrief aus, der den Schweinetrieb von Weg- und Grenzzöllen befreite und die kurkölnischen Untertanen zur Unterstützung verpflichtete. -> Faselschwein

Schulte	Verkürzungsform zu **Schultheiß**. Der war als Dorfmeister oder Vorsteher eines Verbandes von Bauernhöfen das Bindeglied zu den übergeordneten Behörden und erinnerte die Bauern und Dörfler u.a. an die Begleichung ihrer (Steuer-) **Schuld**. Von ahd. **sculd** = *Schuld, Sünde, Missetat, Vergehen, Verbrechen, Geschuldetes, Pflicht, Schuldigkeit, Abgabe ...* Er hatte oft auch lokal begrenzte richterliche Befugnisse der niederen Gerichtsbarkeit. Dem Schulten als Exekutivorgan beigeordnet war der -> Hobsfron. -> Mark, -> Gograf
Schwertfeger	Handwerker, der ein fertig geschmiedetes Schwert schärfte, polierte und abschließend zusammenfügte. Denn Klinge, Griffhülse, Parierstange, bzw. Parierring, Knauf, Nietknopf und andere Teile wurden separat hergestellt. Die Montage und Aufbereitung führten die Waffenschmiede aus Rationalisierungsgründen, insbesondere bei größeren Aufträgen, häufig nicht selbst durch, sondern arbeiteten hierzu mit den entsprechenden Spezialisten zusammen. „Fegen" bedeutet in diesem Zusammenhang „reinigen", „putzen", „polieren". Oftmals übernahmen Schwertfeger auch das Polieren, Aufbereiten und Zusammenfügen von geschmiedeten Rüstungsteilen oder das Schleifen und Polieren von Sensen, Messern und anderen metallenen Gerätschaften.
Schwertfegergasse	Straße im südlichen Viertel der Recklinghäuser Innenstadt in der Nähe zum Paulsörter. -> Schwertfeger
Schwertstrafe	Hinrichtung mit dem Schwert. Wurde eigentlich als *ehrenhafte* Hinrichtungsmethode angesehen. Die Schwertstrafe wurde zum Teil auch jenen Verurteilten als „Gnadentod" zugebilligt, denen nach gültiger Rechtslage eigentlich ein grausamer Foltertod gedroht hätte. Die letzte als -> Hexe verurteilte Frau im Vest Recklinghausen, Anna Spiekermann, wurde 1706 mit dem Schwert enthauptet und danach verbrannt. Die Enthauptung der Frau zeigt bei näherer Betrachtung das Dilemma, in dem sich die Verantwortlichen in der Zeit der aufkommenden Aufklärung befanden. Einerseits hatten sie dem alten Gesetz zu folgen, dann wiederum mussten sie der emotionalen, aufgeheizten Volksmeinung Rechnung tragen und schließ-

lich auch nach ihrem persönlichen Wissen und Gewissen entscheiden. Im Jahr 1779 fällte das Recklinghäuser Stadtgericht das letzte Todesurteil dieser Art. Einem Mörder, der zum-> Rädern verurteilt worden war, wurde vorher der Kopf abgeschlagen, um ihm die langen, grausamen Todesqualen zu ersparen.

Schwerttanz

Der Schwerttanz war ein volkstümlicher Brauch, der das Ende des Winters thematisierte. In diesen Tänzen wurde die kalte Jahreszeit in einstudierten Schaukämpfen symbolisch bekämpft und besiegt. Der Tanz erforderte wegen des Hantierens mit scharfen Klingen eine hohe Konzentrations- und Koordinationsfähigkeit. Wie lange dieser Brauch in Recklinghausen gepflegt wurde, ist nicht genau bekannt.

Schwibbogen

Ein gebogenes architektonisches Element zur Verstrebung und Sicherung zwischen zwei Bauteilen.
Der ebenfalls als Schwibbogen bezeichnete Kerzenleuchter und als weihnachtliche Dekoration gebrauchte Bogen aus Holz oder anderen Materialien ist in Recklinghausen nicht üblich gewesen.

Segensberg

Erhöhtes Gelände südwestlich von Recklinghausen im heutigen Stadtteil Hochlar im Grenzgebiet zur Nachbarstadt Herten. Hier befand sich die Richtstätte der Stadt Recklinghausen. -> Steintor, -> Galgen

Seiler

Handwerker, der vorwiegend aus Hanf, aber auch aus -> Flachs Bänder, Seile und Taue herstellte. Während kürzere Schnüre im Haus gefertigt werden konnten, musste festes, langes Tauwerk wegen des Platzbedarfs unter freiem Himmel auf der -> Reeperbahn hergestellt werden. Da der Bedarf an Seilen, Bändern und Schnüren hoch war, konnte eine Stadtgesellschaft nur selten auf einen Seiler verzichten. Nicht zuletzt wurden Stricke auch im Strafvollzug gebraucht. So hieß es umgangssprachlich, wenn jemand zum Tod durch den Strang verurteilt wurde, er müsse „mit des Seilers Tochter Hochzeit

halten". In Recklinghausen lag das Haus des Seilers am -> „Stern", bzw. am -> Holzmarkt 17, wo auch Johannes Janssen während seiner Schulzeit wohnte.
-> Johannes-Janssen-Straße

Sendgericht

„Das Sendgericht oder auch der Send ist ein Begriff aus der kirchlichen Rechtsgeschichte. Vor dem Sendgericht (ehemals auch Sinode) genannten kirchlichen Gericht wurden von den Geistlichen [...] Schandtaten, Sünden und Laster der Gemeindeglieder behandelt und gerügt. ..."
https://de.wikipedia.org/wiki/Sendgericht
In Recklinghausen fand dieser Termin üblicherweise in oder an der Pfarrkirche Sankt Peter statt. Die verhängten Strafen für die Verstöße reichten von Geldbußen (-> Brüchte), die der Armenfürsorge zuflossen (-> Gasthaus) bis zur öffentlichen Ächtung und Verweigerung von Sakramenten. Gerade die letztgenannte Strafe hatte im konfessionellen Zeitalter für die Menschen eine besonders hohe Bedeutung. Der Verlust des Rechts auf den Empfang der Sakramente bedeutete zwar nicht de facto, aber doch quasi den Ausschluss aus der Gemeinschaft. Damit verbunden waren in der Folge der Verlust des gesellschaftlichen Ansehens und der sozialen Akzeptanz, was schließlich auch zu einem Verlust der Lebensgrundlage führen konnte. Das Sendgericht war eine der Instanzen mit denen die moralische Integrität der Bevölkerung und somit der gesamtgesellschaftliche Zusammenhalt ausbalanciert werden sollte.
-> Schandstrafe

Sette

In manchen Regionen auch Satte (mit **a**). Gefäß, Trog. Auch: Milchsette = Trog zur Entrahmung der Milch; aus hygienischen Gründen üblicherweise aus Metall. Es gab aber auch Gefäße aus Holz. Die Milch wurde in diese Gefäße gegeben und ein wenig stehen gelassen, um anschließend den abgesetzten Rahm bequem abschöpfen zu können.

Knecht gießt Milch in eine Sette,
Ausschnitt aus einem Bild von Hendrik Martenszon Sorgh, 1664

Siechen	Kranke Menschen. Noch heute heißen Krankenhäuser in den Niederlanden *Ziekenhuis* = Siechenhaus.

Siechen   Kranke Menschen. Noch heute heißen Krankenhäuser in den Niederlanden *Ziekenhuis* = Siechenhaus.

Siechenkotten   ndt. = Seikenkotten, stand in Recklinghausen etwa dort, wo die heutige „Allee des Wandels" die Marpenstraße oder die Jostesstraße kreuzt. Der Siechenkotten war eine Isolierstation, die für an einer unheilbaren Seuche erkrankte Menschen eingerichtet worden ist. Im Jahr 1874 wurden beim Bau der Zechenbahn (heute die oben genannte „Allee des Wandels") die letzten Reste des ehemaligen Siechenkottens abgebrochen.

Siepen   Geländeeinschnitt im Umfeld eines Bachlaufes bzw. der Bach selbst. „Auf dem Siepen" ist eine Straße nordwestlich von Recklinghausen im Ortsteil Bockholt-Siepen. War früher „Siepenheide" bzw. „Siepenkamp" benannt. Am Beginn der Straße, die heute durch die Autobahn 43 unterbrochen ist, steht ein als Denkmal ausgewiesener Baum, mit dem an die ehemalige -> Postlinde erinnert wird.

Silentium   lat. *die Stille, die Ruhe, das Schweigen.* Im klösterlichen Umfeld die Zeit für das stille Gebet, im Schulunterricht der Recklinghäuser Schulen die Zeit für die Schüler, die Lehrinhalte unter Aufsicht des Lehrers selbständig zu wiederholen und zu vertiefen.

Soe   Kleiner Gang zwischen zwei Fachwerkhäusern. In Recklinghausen mussten die Häuser einen Abstand von drei -> Fuß (ca. 90 cm) voneinander haben. Dies war notwendig, um ablaufendem Wasser aus den Höfen und von den Dächern genügend Raum zu geben. -> Druppel

Soester Fehde   Im Zusammenhang mit seinen Bestrebungen, die kurkölnische Macht im Bereich des heutigen Nordrhein-Westfalen auszubauen und zu festigen, hat der Kölner Erzbischof Dietrich von Moers (*um 1385, +1463) auch die zu seinem Herrschaftsgebiet gehörigen westfälischen Gebiete mit Steuern belegt, was weithin als ungerecht empfunden wurde. Es formierte sich ein massiver Widerstand, in dem die Stadt Soest, die zu jenem Zeitpunkt ein wirtschaftlich und politisch starkes Zentrum gewesen ist, eine Führungsrolle übernahm (-> Erblandesvereinigung). Zwar wurden die Steuerstreitigkeiten beigelegt, doch der Versuch der massiven Einflussnahme von Seiten des Erzbischofs auf die Soester Börde blieb bestehen. Diesen drohenden Verlust von wirtschaftlichem und politischem Einfluss konnten und wollten die Soester nicht hinnehmen. Sie verbündeten sich mit dem Herzog von Kleve-Mark, der auch auf der übergeordneten politischen Ebene ein Gegner des Kölner Erzbischofs war. Johann von Kleve erklärte 1444, nach vergeblichen Schlichtungsbemühungen von kaiserlicher Seite, dem Erzbischof von Köln den Krieg (-> Fehde). Beide Kontrahenten hatten mächtige Verbündete. Auf Klever bzw. Soester Seite stand u.a. der Herzog von -> Burgund, der auch vom Papst unterstützt wurde. Auf Kölner Seite standen u.a. der -> Kaiser und auch die Reichsstadt Dortmund. Der Konflikt dauerte fünf Jahre, in denen marodierende Truppen auch im Vest Recklinghausen den Menschen das Leben schwer machten. 1449 endete der Kampf durch einen beiderseitig anerkannten Schiedsspruch des Papstes. Soest verlor allerdings durch das Ausscheiden aus dem Herzogtum -> Westfalen seine bisherige wirtschaftliche und politische Bedeutung.

Zur Finanzierung seiner Anstrengungen verpfändete Dietrich von Moers die Verfügungsgewalt über fast alle Gebiete, die unter kurkölnischer Herrschaft standen, unter anderem im Jahr 1446 auch das Vest Recklinghausen, das an die Herren von -> Gemen ging. Über die Gemener, die übrigens Lehnsnehmer des Herzogs von Kleve waren, ging das Vest Recklinghausen durch Erbschaft und Heirat 1476 an die Grafen von Holstein-Schaumburg. Erst 100 Jahre später gelang die Auslösung. -> Salentinstraße

Solemnität	Auch: Solennität. = Festlichkeit, Feierlichkeit, Würde.
Spanndienste	Bauern und Bürger waren dazu verpflichtet, unentgeltliche Dienste an der Gemeinschaft zu leisten. In Recklinghausen ist es bekannt, dass üblicherweise im Falle der sogenannten *Spanndienste* Besitzer von Fuhrwerken dazu herangezogen wurden, ihre Zugtiere einzuspannen, um zum Beispiel Material für den Bau von Gebäuden und Straßen aus den Steinbrüchen der Umgebung herbeizuschaffen. Da diese Dienste zwar gelegentlich mit Verpflegung, aber nicht extra in barer Münze entlohnt wurden, waren sie äußerst unbeliebt. Die Zugtiere und Wagen waren so nämlich der eigenen Nutzung entzogen; sie konnten also während dieser Zeit, die schon mal mehrere Tage umfassen konnte, nicht zur Erwirtschaftung des persönlichen Lebensunterhalts eingesetzt werden. -> Bürger, -> Poahlbürger
Spezereien	Gewürzwaren (engl. *spice*). Meist im Plural gebraucht. Da Gewürze überseeischer Herkunft sehr teuer und oftmals auch selten waren, hat sich dieses Wort auch als Synonym für besondere Lebensmittel eingebürgert. Manche Händler hatten sich wegen der Nachfrage aus -> gut betuchten Kreisen und der

damit verbundenen Gewinnspanne als sogenannte *Würzkrämer* auf den Vertrieb dieser exklusiven Lebensmittel spezialisiert.

Spieker

Hier: Gebäude zur Aufbewahrung von landwirtschaftlichen Produkten. Niederdeutsch für **Speicher**. Stand meist abseits des Wohnhauses. -> Scheuer

Spielmann

Spielmänner waren Musiker, die, wenn sie eine Lizenz besaßen, einen lokalen bis regionalen Gebietsschutz für sich beanspruchten; was sie oft genug auch obrigkeitlich geltend machen mussten, weil fahrende Musikanten ihnen das Einkommen schmälerten. Bis 1715 wurden Lizenzen entgeltfrei vergeben. Danach wurde zunächst für das Niedervest das alleinige Auftrittsrecht von der Landesregierung an den Meistbietenden verpachtet, später auch im Obervest. Musiker galten lange als -> „Unehrliche“ und konnten das Bürgerrecht nicht erwirken, obwohl ihnen die Reichspolizeyordnungen spätestens ab 1558 die „Ehrlichkeit“ bescheinigten. Viele Spielleute mussten, zum ersten wegen der dürftigen Bezahlung, zum zweiten, weil sie auf längeren Festen auch selbst gern feierten, im Nebenerwerb andere Tätigkeiten ausüben. In Recklinghausen war es z.B. über lange Zeit üblich, dass Spielmänner auch als -> Türmer arbeiteten, bzw. Türmer im Nebenerwerb Spielleute waren.

Spießer

Fußsoldat, der mit einem Spieß, einer so genannten *Pike* ausgerüstet war und im Verbund mit weiteren *Spießern* bzw. *Pikenieren* bis ins 17. Jahrhundert dem Schutz der übrigen Truppen, meist gegen berittene Angreifer, diente. Oft wurden soldatische Anfänger mit diesem Dienst betraut. Deshalb auch *„von der Pike auf lernen“*. Zur Verteidigung der Städte wurden ärmere Bürger kostengünstig mit Spießen ausgerüstet. Dies waren die *Spießbürger*. Diese urprünglich positive Bezeichnung für Angehörige dieser wichtigen Schutztruppe wurde später als Schimpfwort für engstirnige, bornierte und kulturell wie politisch rückständige Kleinbürger verwendet. Es kam auch vor, dass einem Pikenier der Spieß entrissen und gegen ihn selbst gerichtet wurde. Daher die Redewendung *„den Spieß umdrehen“*. -> Hellebarde

Spinnerin / Spinner

Person, die mithilfe eines -> Spinnrades tierische oder pflanzliche Rohstoffe zu Garn verarbeitet. Im Mittelalter und den folgenden Zeitaltern wurden in Recklinghausen Garne hauptsächlich im häuslichen Nebenerwerb hergestellt. Üblicherweise übernahmen Frauen diese Arbeiten, aber auch Männer waren in diesem Erwerbszweig anzutreffen. Spinnräder gab es in fast jedem Recklinghäuser Haushalt und sogar in den Gaststuben von Wirtshäusern. Daher kommt das Sprichwort: „Spinne am Morgen, bringt Kummer und Sorgen, Spinne am Abend, erqickend und labend." Das hat an dieser Stelle nichts mit den Gliedertieren zu tun, sondern mit der Tatsache, dass die Arbeit des Spinnens schlecht bezahlt wurde, und dass jemand, der auf diese schlecht bezahlte Tätigkeit angewiesen war und schon morgens mit dem Nebenerwerb beginnen musste, nur wenig zu verdienen hatte; das Spinnen verursachte also schon zu Tagesbeginn Kummer und Sorgen um das tägliche Brot. Am Abend ging man ins Wirtshaus, wo in geselliger Runde gesponnen, geplaudert und getrunken wurde. Ein Beleg für diese Gewohnheit ist der Streit, den ein Gast im Jahr 1619 im Recklinghäuser Wirtshaus „Zur Krone" (an der Kunibertistraße) mit einem anderen hatte, der ihm schließlich ein Spinnrad auf den Kopf schlug.

Beim Spinnen in geselliger Runde wurden oftmals auch ausgedachte Geschichten erzählt oder Gerüchte gestreut. Die Neigung zur Verbreitung unwahrer Geschichten führte schließlich dazu, dass „Spinner" als nicht ernst zu nehmende Zeitgenossen eingestuft wurden. Auch „Hirngespinste" sind hier ethymologisch anzusiedeln. Von mhd. *gespunst* = die Arbeit des Spinnens.

Eine feinere Art des Spinnens war das Seidenspinnen, das insbesondere in Köln praktiziert wurde. Die dort hergestellten „Gespinste" hatten einen sehr guten Ruf und waren von -> gut betuchten Herrschaften besonders geschätzt. Die daraus resultierende besondere Marktposition ist wohl auch einer der Gründe dafür gewesen, dass die Kölner Seidenspinnerinnen sich in einer Zunft zusammenfinden und ihre Interessen gegenüber der männlich dominierten Wirtschaft und Politik erfolgreich vertreten konnten.

Spinnrad	Technisches Gerät, mit dem Rohstoffe wie Wolle oder die Fasern von -> Flachs zur weiteren Verarbeitung durch kontinuierliches Ziehen und Verdrehen zu langen Fäden verarbeitet werden können.
Sporteln	Behördliche Nebengebühren.
Sprenggiebel	Besondere Form eines Gebäudegiebels, die zur Zeit des Barock gebräuchlich war.
Spritzenhaus	Haus oder Hütte in dem die -> Feuerspritze untergestellt wurde.

Aus Feuerschutzgründen wurden Spritzenhäuser immer häufiger aus Stein gebaut. Das letzte erhaltene *hölzerne* Spritzenhaus in Recklinghausen stand im Ortsteil Ober-Röllinghausen im Kreuzungsbereich von Ortlohstraße und Zechenstraße. Im

Hof der dortigen ehemaligen Schmiede wurde es noch bis ins 21. Jahrhundert als privater Lagerschuppen benutzt. (Foto: Mai 2007)

Stadt	Ort mit Selbstverwaltungsrecht.

Stadtbrand

Da im Mittelalter und der Frühen Neuzeit der Hausbau mit Holz und anderen leicht brennbaren Materialien üblich war, konnte sich der Brand eines Hauses rasch verbreiten und ganze Stadtviertel erfassen. In Recklinghausen sind mehrere größere Brandkatastrophen aktenkundig. Die größte und tiefgreifendste war wohl jene vom -> Ambrosiustag des Jahres 1500, die auch die Kirche und das Rathaus zerstörte. Eine weitere größere Katastrophe war jene von 1686, die von der Küche des relativ neu errichteten Franziskanerklosters ausging und sich über den westlichen bis südwestlichen Teil der Stadt ausbreitete. -> Brandstraße
Kleinere Brände waren häufiger zu beklagen, wurden aber in den städtischen Unterlagen allenfalls als Randnotiz erwähnt. Möglicherweise ist auch der in einem einzigen Dokument erwähnte, „große" Stadtbrand von 1469 ein solches örtlich begrenztes Feuer gewesen, das in erster Linie den Betroffenen als großes Leid besonders im Gedächtnis geblieben ist, was sie dann entsprechend aufbauschten. Denn

auch bei den Ausgrabungen am Kirchplatz im Jahr 2013 konnten keine Hinweise auf eine solche Katastrophe gefunden werden. Da das besagte Dokument erst später verfasst wurde, kann es sich auch um eine Verwechslung mit dem Brand von 1500 handeln.

Stadtkasse	Verschließbare Truhe aus schwerem Holz, die mit massiven Eisenbeschlägen gegen gewaltsames Öffnen gesichert war. Wurde im Rathaus aufbewahrt und enthielt üblicherweise das Vermögen der Stadt sowie wichtige Unterlagen.
Stadtmauer	Verteidigungsanlage einer Stadt. Für die Stadt Recklinghausen sind mindestens zwei Verläufe der ehemaligen Stadtmauer bekannt. Der bis in unsere Tage verbliebene Rest mit den zwei Türmen am Herzogswall gehört zum zweiten, erweiterten Schutzwall. Der erste, kleinere Mauerring wurde um 1296 nach einer militärischen Auseinandersetzung des Kölner Kurfürsten mit benachbarten Herrschern von den Siegern geschleift (=abgebrochen). Recklinghausen gehörte zum Territorium des Kurfürsten und war eine Art befestigter Vorposten. Mit dem Verlust der Stadtbefestigung verlor sie diese Bedeutung. Später wurde die zweite Stadtmauer mit fünf massiven Toren (Steintor, Lohtor, Martinitor, Kunibertitor und Viehtor) errichtet, deren Verlauf heute durch die auf den zugeschütteten ehemaligen Wallgräben gebauten -> Wallstraßen markiert wird. (Grafenwall, Kurfürstenwall, Herzogswall, Königswall, Kaiserwall) Ab Mitte des 19. Jahrhunderts wurde die nutzlos gewordene und nur unter hohem Kostenaufwand zu erhaltende Stadtmauer als Steinbruch genutzt. Heute ist noch ein denkmalgeschütztes Reststück mit zwei Türmen am Herzogswall verblieben.
Stadtrat	Auch: **Magistrat**. Städtisches Entscheidungsgremium aus zwölf Personen, aus deren Kreis unter anderem die Bürgermeister gewählt wurden. Die Amtsinhaber eines Stadtratspostens wurden aus dem Kreis von Angehörigen der -> Gilden gewählt. In der Frühen Neuzeit wurde es üblich, dass insbesondere an einer Hochschule ausgebildete Personen, meist Juristen, diese Ämter einnahmen.
Stadtschlüssel	Schlüssel für die Stadttore. Symbol der Herrschaft über eine Stadt. Mit der Abgabe der Stadtschlüssel am 4. Mai 1584 ging den Bürgern Recklinghausens für drei Jahre das Selbstbestimmungsrecht verloren, was einer schweren Demütigung gleichkam. Die Stadt hatte sich vorher kampflos einem militärisch überlegenen Angreifer geöffnet und wurde nach der Rückeroberung entsprechend abgestraft.

| Stadtschreiber | In der -> Frühen Neuzeit das einzige auf Lebenszeit besetzte kommunale Amt in Recklinghausen und das einzige mit einer festen Besoldung. Späterhin Stadtsekretär genannt. Nur studierte Personen wurden zu diesem Amt zugelassen. |

Stadtschreiber

In der -> Frühen Neuzeit das einzige auf Lebenszeit besetzte kommunale Amt in Recklinghausen und das einzige mit einer festen Besoldung. Späterhin Stadtsekretär genannt. Nur studierte Personen wurden zu diesem Amt zugelassen.

Stadtwaage

Behördliche Einrichtung zur Bemessung von Handelswaren und zur Bestimmung der steuerlichen Abgaben; aufgrund des notwendigen Platzbedarfs oftmals in einem größeren Gebäude, einer Scheune oder einer Lagerhalle untergebracht, meist in der Nähe des Rathauses, früher dort auch in einem größeren Raum. Der Betrieb einer Waage war ein herrscherliches -> Regal, das üblicherweise an die Städte verpachtet wurde. Auch Recklinghausen hatte eine solche Einrichtung. Im Jahr 1512 verordnete der Stadtrat, dass Waren von mehr als 10 Pfund ausschließlich bei der städtischen Waage zu messen seien. Kleinere Mengen durften im örtlichen Handel ausschließlich mit geeichten Maßen bemessen werden, was gelegentlich unterlaufen wurde. So bestrafte man 1552 einen Recklinghäuser Bürger, weil er seine Maße nicht (gegen Geld) auf dem Rathaus eichen ließ, sondern sich an denen des Nachbarn orientierte. -> Ickmeister

Stand

*„**Ständegesellschaft** bezeichnet in den Humanwissenschaften eine hierarchisch geordnete Gesellschaft mit voneinander abgegrenzten sozialen Gruppierungen – den **Ständen** oder **Geburtsständen** – mit eigenen rechtlichen, sozialen und kulturellen Normen, deren Zusammenhalt auf Gemeinsamkeit in Abstammung, Beruf, Besitz oder Bildung besteht."*
https://de.wikipedia.org/wiki/Ständegesellschaft

Statthalter

Regionaler Stellvertreter des Landesherrn und oberster Beamter der kurfürstlichen Verwaltung im -> Vest Recklinghausen. In diesem Bezirk gehörten im 18. Jahrhundert zur kurfürstlichen Verwaltung:
1 Statthalter, der für das gesamte Vest zuständig war. **In Dorsten:** 1 Richter, 2 Beisitzer, 1 Gerichtsschreiber, 1 Advoc. fisc., 1 Procur. fisc., 5 Procuratoren. **In Horneburg:** 1 (Ober-) Kellner. (*Kornschreiber und andere Amtsträger werden nicht erwähnt, d.V.*) **In Recklinghausen:** 1 Richter, 2 Assessoren, 1 Hausvogt, 1 Gerichtsschreiber, 1 Advoc. fisc., 1 Procurator fisc.
Nach: Scotti, Bd. 1, Beilage A., S. XXII.
-> Amtmann, -> Kurfürst

Stein des Anstoßes

Wie in den meisten anderen mittelalterlichen Städten waren auch in Recklinghausen die Straßen und Gassen ziemlich schmal angelegt. Die Häuser standen dicht beieinander und das Manövrieren mit den Pferdefuhrwerken war nicht immer ganz einfach. So kam es an Häusern, die an einer Straßenkreuzung standen, oft dazu, dass die Fuhrwerke zu dicht an ihnen vorbeifuhren und deren hölzerne Eckbalken beschädigten, die dann aufwändig repariert werden mussten. Um das zu verhindern und die Statik des Hauses zu schützen, platzierte man einen Abstandshalter an der betreffenden Ecke. Da die Kutschen nun häufig hier statt an den Hausecken anstießen und die Räder der Kutschen anstelle des Hauses Schaden nahmen, wurde der Abstandshalter-Stein nun zu einem Ärgernis für die Kutscher. An einigen wenigen älteren Häusern in der Recklinghäuser Innenstadt kann man diese Abstandshalter noch heute sehen. Die Steine, an denen die Kutschräder nun kratzten, wenn sie zu schnell um die Kurve fuhren, nannte man auch Kratzsteine. Hier liegt auch der Ursprung des Ausdrucks „die Kurve kratzen".

| Steintor | Südwestliches Stadttor von Recklinghausen. Es hatte seinen Namen nicht der Tatsache zu verdanken, dass es aus Stein gebaut war; das waren die anderen Stadttore auch. Höchstwahrscheinlich hat es mit dem vor dem Tor liegenden Gerichtsstein zu tun, auf dem zur Bekräftigung und endgültigen Feststetzung des Urteils über einen Delinquenten ein hölzerner Stab gebrochen wurde. Danach gab es keine Möglichkeit mehr, Einspruch zu erheben. Der Prozess war endgültig abgeschlossen. Durch dieses Tor wurden üblicherweise die zum Tode verurteilten Straftäter zur Hinrichtung auf den -> Segensberg verbracht, wenn sie nicht in -> Horneburg verurteilt und getötet wurden. Heute erinnert nur noch die Bezeichnung *Steintor* an die Existenz dieses im 19. Jahrhundert abgebrochenen Tores. |

Eine weitere mögliche Erklärung kann sein, dass dies jenes Tor war, durch welches die Steinstraße führte. Als wichtige Durchgangsstraße hatte man sie wie eine -> Kunststraße bzw. einen -> Steinweg mit einem sogenannten -> Knollenpflaster angelegt.

1799 bis 1801 war das Steintor ohne Bedachung, weil Bürgermeister Michelis nach einem heftigen Sturm die ramponierte Konstruktion aus Sicherheitsgründen, aber ohne Rücksprache mit dem Stadtrat abtragen ließ. 1801 wurde er dazu verpflichtet, das Dach auf eigene Kosten wiederherstellen zu lassen. Nur wenige Jahrzehnte später wurde das Tor abgebrochen.

Steinweg   Üblicherweise waren die Straßen und Wege außerhalb der Städte und Landwehren nicht oder nur unzureichend befestigt. Oftmals versanken die Kutschen und Kar- ⇨

ren tief im Schlamm. In der Stadt und auch im Bereich innerhalb der -> Landwehr
jedoch gab es Wege, die zumindest durch eingestampfte Steine (sogenanntes ->
Knollenpflaster) befestigt und damit auch bei schlechteren Witterungsverhältnis-
sen einigermaßen benutzbar waren. In Recklinghausen-Ost erinnert der Straßen-
name „Hoher Steinweg", ein an der ehemaligen -> Landwehr entlang führender
Straßenzug, noch an diese Besonderheit. Auch der Name der Steinstraße in der
Innenstadt steht hiermit im Zusammenhang.
-> Kunststraße

Stellholz

Zeitgenössische Bezeichnung (*stelleholtz*) für Baugerüst.

Stellmacher

Die in Recklinghausen gebräuchliche Bezeichnung für -> Wagner. Eigentlich war
der Stellmacher ursprünglich der Hersteller des Kutschengestells. Heute würde
man ihn als Karrosseriebauer bezeichnen. Die Räder machte der Rad(e)macher.
Später verschmolzen die beiden Berufszweige zu einem. In der Stadt Recklinghausen ist das Gebäude einer Stellmacherei an der Kellerstraße erhalten. Es liegt direkt neben der heutigen Altstadtschmiede.

Stephanustag

Auch Stephanstag oder Stefanitag. Der **26. Dezember** ist der Gedenktag des ersten
christlichen Märtyrers Stephanus der etwa um das Jahr 40 n. Chr. von einer aufge-
brachten Menge wegen seiner religiösen und politischen Überzeugung gesteinigt
wurde. Er wird in der katholischen Kirche verehrt als Schutzpatron der Pferde,
Pferdeknechte, Kutscher, Steinhauer, Maurer, Zimmerleute, Weber, Schneider,
Böttcher und Küfer. Er wird angerufen als Helfer gegen Besessenheit, Steinleiden,
Seitenstechen und Kopfweh sowie als Beistand für einen guten Tod. In Recklinghausen wurde an diesem Tag der -> Stadtrat neu gewählt, der dann am Neujahrstag
offiziell seine Tätigkeit aufnahm.

Stern

Hier: Straßenkreuzung im Westen der Recklinghäuser Innenstadt. Hier stoßen Heilige-Geist-Straße, Augustinessenstraße, Caspersgässchen, -> Münsterstraße (ehemals Sternstraße, bzw. Lohtorstraße) und Holzmarkt sternförmig aufeinander.

stoppeden

auch: stoppen; regional: stopfen, ausstopfen, ausbessern, reparieren.

Strünkede

Adelsgeschlecht und Schloss südlich der -> Emscher. Mit den Mitgliedern der Familie von Strünkede hatten die Recklinghäuser immer wieder – auch gewaltsame

– Auseinandersetzungen um die wirtschaftliche Nutzung des Flusses und der umgebenden Bruchlandschaft.

Stübben	regional: Plural für mnd. Stubbe = Baumstumpf

Stübbenberg
: Die Straße „Im Stübbenberg" im Nordwesten Recklinghausens führt über eine Anhöhe, die gerodet war. -> Stübben

Stüber
: Hier: Kleinmünze, die wie der -> Albus, aber vom Wert unter diesem stehend, als Alltagsmünze im Vest Recklinghausen gebräuchlich war. Den Stüber gab es hauptsächlich im Nordwesten des HRR. Er hatte sich von den Niederlanden aus über Friesland nach Westfalen verbreitet und wurde dort schnell zu einem der beliebtesten Zahlungsmittel. -> Blamüser

Subhastation
: Zwangsversteigerung, (öffentliche) Versteigerung, Zwangsverkauf

Sütterlin
: Ludwig Sütterlin entwickelte 1911 eine auf der Deutschen Kurrentschrift basierende normierte Schreibschrift, die als *Sütterlinschrift* bezeichnet wurde und wird. Sie war bis 1941 so populär, dass noch heute im allgemeinen Sprachgebrauch irrtümlich auch ältere Kurrentschriften als „Sütterlin" bezeichnet werden. Sütterlin stellte übrigens auch eine lateinische Standardschrift vor, 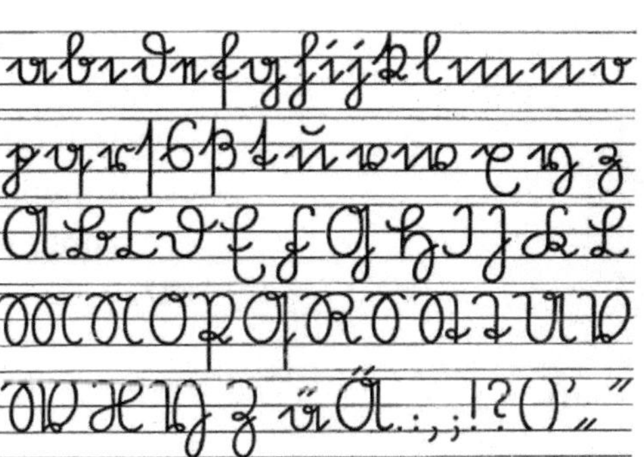

die im erweiterten Sinne an die heute im Unterricht vermittelte vereinfachte Ausgangsschrift erinnert.
-> Kurrentschrift, -> Frakturschrift

Tafelgut	Ein abgabepflichtiges Landgut, dessen Erträge unter anderem der Finanzierung der persönlichen „Tafel" (also dem persönlichen Lebensunterhalt) des jeweiligen Herrschers zuflossen. In Recklinghausen stand z.B. der Lechtapenhof südlich der Stadt in einer solchen kurfürstlichen Abhängigkeit. -> Hellbach
Tagelöhner	Jemand der ohne feste Anstellung als Hilfs-, Gelegenheits- oder Saisonarbeiter kurzfristig beschäftigt und tageweise bezahlt wird. Meist kamen diese Leute aus ärmlichen Verhältnissen.
Tagesreise	Entfernungsmaß für die Strecke, die ein Mensch innerhalb eines Tages zu Fuß zurücklegen kann. In früheren Zeiten reiste man aus Sicherheitsgründen nur während der hellen Tagesstunden. Im Sommer hat man logischerweise mehr, im Winter weniger Zeit dafür; durchschnittlich kommt man auf acht Sonnenstunden pro Tag. Da man, wenn man relativ zügig wandert, durchschnittlich etwa vier Kilometer in der Stunde zurücklegen kann, beläuft sich der zurückgelegte Weg einer Tagesreise innerhalb von acht Stunden auf etwa 32 bis 38 Kilometer; Pausen eingerechnet. Die Benutzung von Kutschen und anderen Fuhrwerken machte das Reisen zwar etwas weniger anstrengend, aber wegen des Zustands der Straßen im HRR nicht unbedingt viel schneller. Signifikant schneller konnte man nur sein, wenn man ritt.
Talent	Ursprünglich ein antikes Maß; in mittelalterlichen Urkunden häufig als Synonym für „Pfund" gebraucht.
Tappert	Auch: Wappenrock. Besonders signifikante Bekleidung bzw. Uniform eines -> Herolds.
Taxation	*„Bestimmung des Geldwertes einer Sache oder Leistung."* https://www.duden.de/rechtschreibung/Taxation
Timpenstraße	Im Recklinghäuser Stadtbild heute nicht mehr vorhandene östliche Parallelstraße zur -> Herrenstraße; war zur Kampstraße hin gelegen und verlief in Nord-Süd-Richtung vor dem heutigen Hotelgebäude von der Löhrhofstraße zur Schaumburgstraße. „Timpen" ist ein niederdeutscher Ausdruck für das Ende eines

Stoffstücks, im heutigen Sprachgebrauch in etwa mit „Zipfel" zu übersetzen. Im mittelalterlichen und frühneuzeitlichen Recklinghausen war die Verarbeitung von -> Flachs, Wolle und gewebten Produkten in fast jedem Haushalt, selbst bis in die höheren Bevölkerungsschichten, als nebenberufliche Tätigkeit anzutreffen. Möglicherweise hat der Straßenname etwas mit der Textilverarbeitung zu tun. Eine andere Erklärung kann in dem Umstand liegen, dass mit „Timpen" umgangssprachlich auch das Ende des Brotes gemeint ist. Der Name *Timpendreier* wird in diesem Zusammenhang auch für die Bäcker gebraucht. Eventuell waren in dieser Straße Bäcker ansässig. Auf der Katasterkarte von 1822 wird die Straße -> *Heckerey* benannt. -> Kerkellenkey

| Todesangstbruderschaft | Nach dem 30-jährigen Krieg von den Jesuiten gegründete *„Bruderschafft der Todt-Angst unsers am Kreutze sterbenden Heylands Jesu Christi, und seiner schmertzhafften Mutter Mariae, zur Erhaltung eines seligen Sterbstündleins."* |

Nach dem 30-jährigen Krieg von den Jesuiten gegründete *„Bruderschafft der Todt-Angst unsers am Kreutze sterbenden Heylands Jesu Christi, und seiner schmertzhafften Mutter Mariae, zur Erhaltung eines seligen Sterbstündleins."*

Die Todesangstbruderschaften waren religiöse Gebetsgemeinschaften, die das Ziel hatten, den katholischen Gläubigen in lebensbedrohender Krankheit beizustehen und auf den Tod vorzubereiten. Sie waren auch ein Mittel der katholischen Kirche, die Gegenreformation voranzutreiben.

In Haltern wurde die regionale Bruderschaft von Jesuitenpater Heinrich Schumacher im Jahr 1690 eingerichtet. Durch seine missionarische Tätigkeit ist sie sicher auch in Recklinghausen bekannt und verbreitet gewesen. Gründungsmitglied war auch das reiche Damenstift Flaesheim, in dem ein Godfried Schaumburg, ein Spross der bekannten Recklinghäuser Familie, zur Zeit der Gründung des Gebetsvereins ein hohes Verwaltungsamt bekleidete. -> Jesuiten, -> Schaumburgstraße

Töte — Ein im Westfälischen gebräuchlicher Begriff für ein Gefäß mit Ausgießer; wurde u.a. für den mobilen Ausschank von Bier benutzt. Konnte aus Holz oder Keramik sein.

Töversche — ndt. *Zauberische*. Regionale Bezeichnung für Frauen, die man als -> Hexe ansah.

Tortur — Synonym für Folter.

Treideln — Das Ziehen von Schiffen auf Wasserwegen durch Menschen oder Tiere, später auch durch motorisierte Fahrzeuge. Der Transport von Lasten gegen die Fließrichtung eines Flusses war mit den technischen Möglichkeiten der Vergangenheit nur unter erschwerten Bedingungen möglich. Deshalb hat man neben den Flussläufen die sogenannten Treidelpfade oder -> Leinpfade angelegt, auf denen Menschen und Tiere gehen konnten, um mit Seilen (Leinen) die Lastkähne flussaufwärts ziehen zu können. Derartige Pfade gab es auch entlang der -> Lippe.

Trift

Eigentlich ein vorbestimmter befestigter oder unbefestigter Weg, der zum Viehtrieb benutzt wird; in Recklinghausen auch der Viehtrieb selbst. Für den Auftrieb des städtischen Viehs wurden ganz bestimmte Wege vorgeschrieben, die unter Umständen auch mit Zäunen oder Hecken gesäumt waren, um die am Weg liegenden Gärten, Felder und Weiden vor Trittschäden zu schützen. Die Herde konnte nur diesen einen Weg nehmen und nur das vorbestimmte Ziel erreichen. Manche Quellen berichten von täglichen Auf- und Abtrieben. Im Zusammenhang mit der örtlichen Distanz zu den städtischen Weiden im Emscherbruch erscheint dieser Aufwand jedoch unangemessen hoch. Woanders fand der Auftrieb auf die Weiden wie auch der Abtrieb jeweils einmal im Jahr statt; im Frühling bzw. im Herbst. Nur so lässt sich auch in Recklinghausen die Existenz eines Milchpfades und eines Melkbaumes erklären. -> Milchpfad, -> Melkbaum, -> Galgen

Tuchmacher

Hersteller von textilem Stoff, i.d.R. aus Schafswolle. Johann Heinrich Zedler schreibt hierzu in seinem Universal=Lexicon in Band 45, S. 735:
„... *Tuchmacher, lat. PANNIFEX oder PANNI TEXTOR, müssen zu Verarbeitung der Wolle unterschiedliches Gesinde haben, als Gesellen, welche die Wolle kardetschen, theils müssen dieselbe kämmen, und die Spinner spinnen, alsdenn muß sie der Meister zubereiten zu einem Zettel, wie sie es nennen, darauf wird das Tuch gewebet, und hernach von dem Walcker in der Walck=Mühle gewalcket, ferner vom Tuch=Scheerer zugerichtet, vom Färber gefärbet, und endlich nach der Farbe von dem Tuchbereiter zum völligen Stande gebracht. Die Tuchmacher bereiten und färben auch viel schönes Garn, nehmlich zum Teppichnähen, welches auf vielerley Art nach der Schattierung gar nett gefärbet, ...*
... Der Tuchmacher löbliches Handwerck ist an und für sich selbsten allenthalben in Europa berühmt, und können ihre Kinder und Gesellen ohne einige Verhinderung hinreisen, wohin sie wollen. Auf ihrem gewöhnlichen Handwercks=Siegel führen sie Crone, Scepter u. das Burgundische Creutz, haben auch sonst gar herrliche und auserlesene Gerechtigkeiten und Freyheiten. ..."
-> kardetschen, -> Tuchscherer, -> Blaufärber

Tuchscherer

Die hochspezialisierten Tuchscherer standen im textilen Produktionsprozess

noch nach der Bearbeitung des gewebten Stoffes in einer -> Walkmühle am Ende
der Verarbeitungskette. Sie beseitigten in einem aufwändigen Kämm- und Scher-
verfahren Unebenheiten und Unregelmäßigkeiten aus dem Gewebe, bügelten
und dehnten es, so dass es Glanz und Glätte erhielt. Heute würde man diese Spezialisten *Textilveredler* nennen.

Türkenkriege | Im Jahr 1453 eroberten osmanische Truppen unter Mehmed II. die strategisch
wichtige Stadt Byzanz. Von da an strebten die Osmanen (benannt nach dem Gründer der Herrscherdynastie und des Reiches, Osman I.) nach weiterer Expansion.
Dieses Bestreben richtete sich u.a. auf den Balkan und in Richtung Norden und
Nordwesten. Die Gegner dabei waren die Republik Venedig, das Königreich Un-
garn, Polen-Litauen, Russland und das HRR, zu dem bekanntlich auch Recklinghausen gehörte. Zur Abwehr dieser Aggression versuchte bereits Kaiser Friedrich III.
im 15. Jahrhundert Geldmittel zur Verteidigung aufzubringen und die Reichsstän-
de in die Pflicht zu nehmen, aber erst Kaiser Karl V. setzte 1521 auf dem Reichstag zu Worms eine sogenannte „Türkensteuer" durch, die zwar den Reichsfürsten
auferlegt wurde, aber von jenen auf die Untertanen abgewälzt werden konnte. So
wurden in der Folge immer wieder auch die Bürger im Vest Recklinghausen zur
Zahlung der „Reichstürkenhilfe" genannten Steuer verpflichtet. Historisch aus-
gewertet wurden für das Vest Recklinghausen bisher zwei regionale Türkensteu-
erlisten aus den Jahren 1532 und 1574. Die Steuer im sogenannten „Türkenjahr"
1532 wurde auf dem Höhepunkt der ersten Belagerung Wiens durch das Osmani-
sche Reich erhoben. Die Steuer von 1574 wurde im Jahr 1568 von Kaiser Leopold
(ohne päpstliche Legitimation) mit einer fünfjährigen Laufzeit angesetzt. Denn
der 1568 geschlossene Friede mit dem Osmanischen Reich sollte acht Jahre dauern
und wäre 1576 ausgelaufen. Doch erst im Jahr 1593 begann der sogenannte „Lange Türkenkrieg", der sich bis 1606 hinzog. Auch im 17. Jahrhundert flammten die
Eroberungsabsichten der Osmanen, die ihre Soldaten oftmals aus der regionalen,
auch christlichen Bevölkerung rekrutierten, immer wieder auf. Sie wurden aber
von Seiten der Habsburgermonarchie und des HRR ebenfalls immer wieder mehr
oder weniger erfolgreich aufgehalten.

Türmer | Städtischer Bediensteter, der seine Arbeit auf dem höchsten Turm der Stadt ver-
richtete. In kleineren Städten war dies der Kirchturm; so auch in Recklinghausen, wo die Stadt nicht nur das Grundgehalt des Türmers bezahlte, sondern auch
den Kirchturm in Stand hielt und die sogenannte -> Brandglocke, bzw. Schöf-

fenglocke, das Wachthorn und diverse Flaggen und Fahnen anschaffte. Von diesem Turm aus wurde nämlich nicht nur kirchlich geläutet.

Auch andere Signale wurden von hier aus gegeben: Warnungen vor Gefahren, wie z.B. Brandkatastrophen und feindlichen Angriffen, aber auch die Einteilung der Stunden des Tages und die Ablösung der Stadtwache. Bei feindlichen Angriffen wurde selbstverständlich aus taktischen Gründen nicht geläutet, sondern es wurden Flaggensignale gegeben, wozu der Türmer ganz bestimmte Flaggen und Fahnen bereit hielt.

Für die Wachablösung blies der Turmwächter das in Dortmund bzw. Essen hergestellte Wachthorn oder läutete zu bestimmten Zeiten und Gelegenheiten die Glocke. Den Aufruf zur Erfüllung der städtischen Bürgerpflichten (z.B. -> Spanndienste) wie auch den Aufruf zu Rats- und Gerichtssitzungen gab er mit der Glocke bekannt, die man traditionsgemäß Schöffenglocke benannte.

Den hauptberuflichen Turmwächter suchte man in Recklinghausen üblicherweise aus dem Kreis der -> Spielmänner aus. Als zweiten Türmer beschäftigte man hier ab 1501 gern den städtischen Kuhhirten, der zunächst schlechter bezahlt, dann ab 1568 dem ersten Türmer gleichgestellt wurde. Die Turmwächter erhielten ihren Grundlohn von der Stadt. (s.o.) Da die städtischen Einwohner auch zum Wachdienst an den Toren, auf den Mauern und auf dem Turm verpflichtet waren, sich aber von dieser ungeliebten Verpflichtung freikaufen konnten, erhielten die Turmwächter ein nicht unerhebliches Zubrot aus diesen Zahlungen.

Auch auf Freizeitbeschäftigung mussten die Türmer nicht verzichten. Denn zur Unterhaltung hielt der eine oder andere ein Eichhörnchen, dessen Verpflegung von der Stadtverwaltung bezahlt wurde.

Die erstmalige - erhaltene - urkundliche Erwähnung eines Türmers in Recklinghausen datiert aus dem Jahr 1466, als der Ratsherr Johann Tazeke der Stadt ein Stück Land mit der Auflage schenkte, aus dem Ertrag des Feldes die Bezahlung des (zu jenem Zeitpunkt schon vorhandenen) Türmers zu sichern. Nach dem großen Stadtbrand von 1500 wurden, wie oben erwähnt, *zwei* Turmwächter bezahlt, die Tag und Nacht über die Stadt wachten. Nach der Turmrenovierung von 1670 findet sich in den Recklinghäuser Ratsunterlagen kein Hinweis mehr auf die Bezahlung eines Türmers.

Wie der Beruf des -> Nachrichters und des -> Spielmanns galt auch der des Türmers trotz seiner äußerst wichtigen Funktion bis 1558 allgemein als -> „unehrlich“.

U

Ulenturm

Auch: **U**hlenturm, ndt. für Eulenturm. Halbrundturm im südöstlichen Verlauf der Recklinghäuser Verteidigungsanlage. Stand ungefähr an der Stelle der heutigen Kreuzung von Kaiserwall, Löhrhofstraße und Erlbruch. Hatte wohl in etwa das Aussehen des heute noch existierenden Wachturms am Herzogswall.
-> Abb. S. 167 unten

Unehrliche

Erwerbsgruppen, denen die Ehrbarkeit per Gesetz und durch gesellschaftliche Ächtung verweigert wurde. Hierzu gehörten -> Abdecker, -> Nachrichter, -> Spielmänner, -> Türmer, aber auch Müller und andere Berufe, die als nicht ehrenwert eingestuft wurden. Sie waren gesellschaftliche Außenseiter und ihnen war die Eheschließung nur im Rahmen ihres -> Standes erlaubt.

unterschlächtig

Begriff für die Antriebsart eines Wassermühlrades. Mühlräder können von einem unterhalb durchlaufendes Fließgewässer in Gang gesetzt werden oder von Wasser, das von oberhalb auf das Rad hinabstürzt. Räder, die durch ein unterhalb durchfließendes Gewässer bewegt werden, nennt man „unterschlächtig". -> oberschlächtig

Ursulinen

„Die Ursulinen, eigentlich Gesellschaft der heiligen Ursula lateinisch Ordo Sanctae Ursulae, Ordenskürzel OSU, früher auch Ursulinerinnen genannt, sind eine von Angela Merici 1535 in Brescia gegründete Ordensgemeinschaft, die in der Erziehung und Bildung von Mädchen wirkt. Die Anfänge der Arbeit der Ursulinen gelten als der „Anfang der gesamten neuzeitlichen Mädchenerziehung".[...] Die Ursulinen stehen unter dem Patronat der hl. Ursula. ..."
https://de.wikipedia.org/wiki/Ursulinen
Im Vest Recklinghausen wurden die Ordensfrauen 1699 in Dorsten ansässig. Gründungsmitglieder der Dorstener Niederlassung waren zwei Töchter des vestischen Statthalters, Maria Lucia und Maria Victoria von Nesselrode-Reichenstein.
-> Nesselrodestraße
Näheres unter: http://www.dorsten-lexikon.de/ursulinenkloster-und-schulen/

Uxor

In den Steuerunterlagen vergangener Zeiten wird den Namen der abgabepflichtigen Männer oft der lateinische Ausdruck „et uxor" beigegeben. Hiermit ist die Ehefrau des Betreffenden gemeint.

Vagant	Umherziehender, Landstreicher, auch: Wandermusiker. -> Spielmann.
Valvationstabelle	Auch: *Valuationstabelle* von lat. valere = Wert sein; Tabelle zum Vergleich von Münzwerten. Wurde u.a. für das Vest Recklinghausen von der kurfürstlichen Regierung in Köln in Zusammenarbeit mit den klevisch-märkischen und den jülisch-bergischen Regierungen herausgegeben, um einen einheitlichen Geldverkehr zu gewährleisten. Diese Tabellen wurden mehrmals im Jahr auf den sogenannten -> Probationstagen überarbeitet und herausgegeben. Sie waren vor dem Hintergrund einer nahezu unüberschaubaren Menge an fremdländischen Münzen, die im Umlauf gewesen sind, für Händler ein wichtiges geschäftliches Hilfsmittel.
Vastavend	ndt., *Fastabend*, Fastnachtsabend. Ursprünglich nur der Dienstagabend vor dem Beginn der Fastenzeit. Später weiter ausgreifend auch die Zeit ab dem Donnerstag vor der Fastnacht (heute als *Altweiberfastnacht* gefeiert) bis Aschermittwoch. Jener Donnerstag wurde in Recklinghausen „lütge Vastavend" genannt, während der darauf folgende Sonntag (-> Estomihi) „grote Vastavend" hieß. Die Bezeichnung „Rosenmontag" kam hier erst im späten 19. Jahrhundert auf. Bis dahin hieß es schlicht „de mandach to vastavende", der Dienstag entsprechend „dinxtag to vastavend".
Verlag	Entgegen der heutzutage landläufig gebräuchlichen Reduzierung eines Verlages auf die Herstellung und den Vertrieb von Büchern stellte das Verlagsgeschäft im Zeitraum dieses Buches eine Form des Handels dar, die auf eine Vielzahl von Gewerken angewendet wurde. Grundsätzlich war ein Verlag ein Unternehmen, das Waren im größeren Stil von externen Zulieferern fertigen ließ, um diese dann an ein breiter gestreutes Publikum zu veräußern. Dies geschah einerseits in der Zusammenarbeit mit örtlichen Krämern, aber auch und vor allem in der Kooperation mit überregionalen Handelshäusern. Erste Verlagsgeschäfte sind für das späte Mittelalter belegt, und mit der weiteren Verbreitung dieser Handelsform verlor insbesondere das primär auf den lokalen bzw. regionalen Handel ausgerichtete Zunftwesen langsam immer mehr an Bedeutung. -> Zunft, -> Gilde, -> Kramladen
Vest	(Sprich: *Fest*) Be**fest**igter Landstrich, Gerichts- bzw. Verwaltungsbezirk. Das 1341 erstmals in einer Urkunde so benannte **Vest Recklinghausen** erstreckt(e) sich

von Dorsten im Westen bis an die Grenze Lünens im Osten, vom südlichen Lippe-Ufer bis an das nördliche der Emscher. Es gehörte als Nebenland (Exklave) zum -> Kurfürstentum/Erzbistum Köln und wurde deshalb auch umgangssprachlich -> „Kölschland" genannt. Weltlicher und kirchlicher Landesherr war der -> Kurfürst-Erzbischof. Der übergeordnete Regierungssitz war für kirchliche Angelegenheiten -> Köln, für weltliche -> Bonn. Die kurfürstliche Güterverwaltung für die Region, die sogenannte -> Kellnerei, befand sich auf Schloss -> Horneburg.
Im Vest gab es zwei Städte, Recklinghausen und Dorsten, vier -> Freiheiten, mehrere Adelssitze (i.d.R. Wasserburgen oder größere Gutshöfe), Dörfer, Weiler und Bauerschaften. Die Region war überwiegend landwirtschaftlich geprägt. Die regionalen Interessen wurden von den Adligen und den Vertretern der Städte auf den vestischen -> Landtagen erörtert.
In den Städten gab es neben der städtischen Gerichtsbarkeit für Zivilsachen auch das kurfürstliche Gericht für Strafprozesse und Angelegenheiten, die das landesherrliche Recht betrafen, wobei die Kompetenzen manches Mal strittig waren.
Die religiöse Ausrichtung war aufgrund der Zugehörigkeit zum Erzbistum Köln überwiegend katholisch geprägt. Im 16. Jahrhundert entwickelte sich im Vest eine protestantische Strömung, die Ende des 16. Jahrhunderts massiv befehdet und Anfang des 17. Jahrhunderts durch eine kurfürstliche Verordnung schließlich unterdrückt wurde (4. September 1614). Erst im 19. Jahrhundert, nach der Auflösung des HRR, durften sich unter preußischer Herrschaft Protestanten im Vest Recklinghausen offiziell niederlassen. -> Kurfürst, -> Go, -> Konvertit
Siehe auch: http://wiki-alt.genealogy.net/Vest_Recklinghausen

Vestischer Höhenrücken	Höhenzug (etwa 114 Meter über NHN), der nördlich der Stadt Recklinghausen in Ost-West-Richtung verläuft. Im Osten beginnt er ungefähr beim Alten Schiffshebewerk Henrichenburg und endet im Westen im Gebiet der Städte Gladbeck und Bottrop. Im Norden schneidet das Lippetal das Gelände. Östlich von Recklinghausen liegt am Fuße des ansteigenden Gebietes -> Hillen. Südwestlich der Stadt liegt -> Hochlar auf einer Kuppe. Die Stadt Recklinghausen liegt zum großen Teil in einer Senke, die zur -> Emscher hin abfällt und sich weiter ausbreitet.
vgl.	**vergleiche ...** Aufforderung an einer anderen Stelle nachzuschlagen.
Viehtor	südliches Stadttor im Verlauf der Recklinghäuser -> Stadtmauer. Bekam seinen Namen, weil hierdurch das Vieh der -> Ackerbürger vom städtischen Viehhirten auf

die südlich der Stadt gelegenen Weiden getrieben wurde. Südlich des Viehtores, in etwa auf dem Gelände des heutigen Paulusangers bzw. an Stelle der -> Gustav-Adolf-Kirche befanden sich Gatter, in denen das Vieh zur Kennzeichnung zusammengetrieben wurde, bevor die Hirten es auf die Weiden führten bzw. bevor es verkauft oder geschlachtet wurde.

Nicht ohne Hintergedanken verkauften Mitte des 19. Jahrhunderts die katholisch geprägten Recklinghäuser der ersten protestantischen Gemeinde der Stadt dieses von tierischem Unrat dauernd verschmutzte und im bürgerlichen Ansehen wenig geachtete Gelände zum Bau ihrer Kirche. Es lag dazu auch noch außerhalb der ehemaligen -> Stadtmauer ganz in der Nähe der -> Fillerei und nahe am -> Faulen Graben. Man demonstrierte auf diese Weise, dass die Protestanten, die auf ihrem Kirchgang Schmutz und Gestank aushalten mussten, als „Außenstehende" hier nicht zur städtischen Elite gezählt wurden.

Vikar	Kirchliches Amt. In den unterschiedlichen Konfessionen können hiermit sowohl Stellvertreter des Ortspfarrers gemeint sein, die ausgewählte kirchliche Aufgaben übernehmen, als auch Angehörige der Kurie mit weitreichenderen Kompetenzen bis hin zu (weih-) bischöflichen Aufgaben. In unserem Betrachtungsraum und -zeitraum sind in den Schriften häufig die erstgenannten Personen im Umfeld der römisch-katholischen Kirche gemeint. -> Altarist Für nähere Informationen dazu siehe auch: https://de.wikipedia.org/wiki/Vikar
Vikarie	Hier: Im Betrachtungsraum und -zeitraum dieses Buches ein durch weltliche Stiftung eingerichtetes Pfarramt innerhalb der katholischen Kirche für -> Altaristen, welches üblicherweise durch zweckgebundene -> Benefizien finanziert wurde. Später auch ein Wohnhaus, das für -> Messpriester errichtet wurde. Lag in Recklinghausen an der -> Herrenstraße.
Visitation	*„Visitation (lat. visitare „besuchen") heißt in vielen Gerichts-, Kirchen- und Ordensverfassungen der Besuch eines Oberen mit Aufsichtsbefugnis zum Zweck der Bestandsaufnahme und Normenkontrolle."* https://de.wikipedia.org/wiki/Visitation.
VK	**Vestischer Kalender.** Jährliches Periodikum des *Arbeitskreises vestischer Geschichts- und Heimatvereine e.V.* mit regionaltypischen Beiträgen aus Geschichte, Kultur, Natur- und Heimatpflege sowie bodenständiger Unterhaltung.

Vogt	In der Frühen Neuzeit im vestischen Land ein obrigkeitlich legitimierter Amtsträger mit regionaler Rechtsbefugnis im Bereich der niederen bis mittleren Gerichtsbarkeit. vgl. -> Schulte.
Vorkauf	*„Um der Preisfestsetzung, wie sie die Städte vornahmen, zu entgehen, bildete sich der Gebrauch heraus, vor den Toren der Stadt, also ohne Aufsicht der Obrigkeit, kaufmännische Geschäfte abzuschließen; diesem Mißbrauch traten die städtischen Verwaltungen durch Verbot des Vorkaufes entgegen."* Dr. Hermann Ammon (Hrg.), Deutsches Kaufmannsleben der Vergangenheit, S. 139
Vrechten	Auch **Frechten** oder **Wrechten** geschrieben, bedeutet Zaunhecke, Hecke, Grenzzaun oder einfach Zaun. -> Hag, Hagen
VZ	**Vestische Zeitschrift**. Seit 1891 erscheinende geschichtswissenschaftliche Publikation des *Arbeitskreises vestischer Geschichts- und Heimatvereine e.V.*

Wachszieher
Hersteller von Kerzen oder anderen Gegenständen aus Wachs. -> Lampengießer.

Wachszins
„... Zins, welcher in Wachs entrichtet wird, dergleichen Zinsen in katholischen Gegenden häufig sind, die Beleuchtung der Kirche damit zu bestreiten.“
Adelung - Grammatisch-kritisches Wörterbuch der Hochdeutschen Mundart, in: https://lexika.digitale-sammlungen.de/adelung/lemma/bsb00009134_6_0_82
Im Vest Recklinghausen ist es bekannt, dass der Wachszins je nach Wirtschaftslage und persönlichen Möglichkeiten sowohl in Geld als auch in Naturalien geleistet werden konnte.
Mehr hierzu u.a. in: Dr. Ludwig Tewes M.A., „Ad ius cerocensualitis, Wachszins, Volksbrauch und Tradition um die St.-Lamberti-Kirche in Gladbeck ...“, in VK, 58. Jg., 1987, S. 208 - 212

Wagner
Hersteller von Fuhrwerken. -> Stellmacher

Wahrsager
Männliche oder weibliche Person, die für sich in Anspruch nimmt, aus einer Mischung von faktenbasiertem Alltagswissen, emotionaler Vorahnung und mythologisch überhöhter Phantasie Aussagen über die Zukunft oder unerklärliche Phänomene machen zu können. Wahrsager hatten hauptsächlich in der ungebildeten Bevölkerung einen großen Zuspruch. Auch im Vest Recklinghausen gab es Wahrsager und Wahrsagerinnen. So ist für eine Wahrsagerin aus Recklinghausen belegt, dass sie um 1730 für einen Brand auf dem Mönnichshof in Langenbochum „böses Geistwerk“ verantwortlich machte.
Doch nicht nur die „einfachen“ Menschen waren der Wahrsagerei zugetan. Auch Staatsoberhäupter und Feldherren, ja sogar Päpste neigten zum Aberlauben. Der schwedische König Gustav-Adolf soll z.B. einen „Schutzdämon“ bei sich getragen haben, und der kaiserliche Feldherr Wallenstein glaubte ernsthaft an die Macht der Astrologie. -> Magie, -> Abb. S. 164 unten

Waid
Färberwaid ist eine Pflanze aus der seit früher Zeit blauer Farbstoff gewonnen wurde. Vor der Erfindung des synthetischen Indigo-Farbstoffes wurden Stoffe durch die -> Blaufärber mit diesem pflanzlichen Mittel eingefärbt. Eine besondere Stellung im Anbau von Waid hatten in Mittelalter und Früher Neuzeit die thüringischen Städte und Dörfer, die ihre Pflanzen ins gesamte HRR exportierten.

Walkmühle

Mühle, die nicht wie die Kornmühlen zum Mahlen von Getreide genutzt
wurde, sondern der Aufbereitung
von gewebten Stoffen diente. Wann
die erste Walkmühle in Recklinghausen betrieben wurde, ist nicht genau
nachvollziehbar. Vage Hinweise gibt
es etwa für das 15. Jahrhundert. Zu Beginn des 16. Jahrhunderts gibt es eine
erste etwas konkretere Aufzeichnung.
Tatsächlich nachvollziehbar wird die
Geschichte der Recklinghäuser Walkmühle erst ab der *Mitte* des 16. Jahrhunderts:

Die 1560 vom Stadtrat den -> Wollwebern bewilligte und 1561 eingeweihte neue Recklinghäuser Walkmühle
stand am -> Hellbach im heutigen
Stadtteil Grullbad. Im Jahr 1797 übernahm die Stadt Recklinghausen die
Mühle, ließ sie grundlegend renovie-
ren und teilweise neu errichten. Die

Die Walkmühle in Recklinghausen-Grullbad
im 20. Jahrhundert.

Verwaltung verpachtete sie nach der endgültigen Fertigstellung im Jahr 1802 an
einen privaten Betreiber, 1834 bis 1866 dann hatte die Maschinenweberei Cop-
penrath und Co. hier ihr Domizil. Das Geschäft ließ sich aber aufgrund der rasan-
ten technologischen Entwicklung im 19. Jahrhundert nicht mehr wirtschaftlich
sinnvoll betreiben. Das Gebäude wurde nach mehrmaliger Nutzungsänderung im
Jahr 1970 abgebrochen. Die Walkmühlenstraße hält in ihrem Namen die Erinnerung an die Mühle aufrecht.

Wallbüchse

-> Arkebuse, -> Doppelhaken

Wallgraben

Üblicherweise mit Wasser gefüllte Grabenanlage, die als zusätzliches Hindernis für
Angreifer rund um die Recklinghäuser Stadtmauer verlief. Hier war dies eine Dop-
pelgrabenanlage, an einer Stelle wahrscheinlich auch ein dreifacher Graben, bei
welcher im ursprünglichen Zustand der innere und der äußere Graben durch einen

aufgeschütteten Wall mit Dornenhecken oder einer Palisade voneinander getrennt waren, um Angreifern die Annäherung zu erschweren. Manche Gräben waren in ihrer Breite Teichen ähnlich, manche waren durch quer verlaufende Schleusen aufgestaut, um z.B. einer -> Mühle als Antrieb zu dienen. Die Gräben im Bereich des Herzogswalls legte man wegen der Geländebeschaffenheit als sogenannte Trockengräben an, die mit Dornenhecken und anderem Strauchwerk bewachsen waren. Die heutigen -> Wallstraßen sind auf den zugeschütteten inneren Wallgräben angelegt worden und markieren den historischen Stadtkern. Vor der Anlage der Wallstraßen und deren aktuell gebräuchlichen Benennung hatten die Gräben Namen wie -> „Fauler Graben" (zwischen -> Viehtor und -> Steintor, heute heißt die auf ihm angelegte Straße „Auf dem Graben"), „Bäckerteich" (am -> Lohtor) oder „Reitgraben" (der mittlere der drei oben erwähnten Gräben; lag zwischen Kuniberti- und Martinitor - der Teich in Bahnhofsnähe erinnert noch heute indirekt an diese Wassergräben und die ehemals dort befindliche -> „Bleiche"). Die Wasserflächen und die Grundstücke zwischen ihnen wurden auch wirtschaftlich genutzt, zum Beispiel zur Fischzucht, zur Heumahd oder späterhin auch zum Hopfenanbau und zur Textilbleiche (s.o.). Die Instandhaltung oblag der Bürgerschaft, bzw. jenen, denen die Gräben und Wälle zur Nutzung überlassen worden waren. -> Landwehr

Wallstraße

Straßenname. Heute nicht mehr existierender Straßenzug, der als Verlängerung der Brandstraße, vom Steintor aus hinter der Stadtmauer entlang, parallel zum Herzogswall bis zur heutigen Engelsburg verlief. Ein Teil dieser Straße ist mit der alten Feuerwache und dem Florianhof (-> Florian) überbaut, ein anderer mit den Gebäuden des Gymnasiums Petrinum.

Wallstraßen

Die heutige ringförmig um den Innenstadtkern von Recklinghausen verlaufende Straßenanlage wurde um die Wende vom 19. zum 20. Jahrhundert auf den zugeschütteten Wallgräben zunächst als Promenade und Allee, dann als befestigte Straße angelegt und neu benannt. Im Osten am -> Kunibertitor beginnend und gegen den Uhrzeigersinn laufend: Grafenwall, Kurfürstenwall, Herzogswall, Königswall, Kaiserwall. Die Benennung der Straßenabschnitte spiegelt die historische Struktur feudaler Herrschaft wider und erinnert an die rund tausendjährige Entwicklungsgeschichte von Stadt und Land. Diese heutigen Namen sind allerdings, wie erwähnt, eine historisierende Einrichtung aus wilhelminischer Zeit. In der Zeit, die dieses Buch behandelt, hatten die Mauerabschnitte und Gräben andere Bezeichnungen. -> Wallgraben, -> Fauler Graben

| Wams | mhd. *wambes, wambeis*, zu mhd. *wambe, wampe, wamme* = Bauch, Leib. |

Wams	mhd. *wambes, wambeis*, zu mhd. *wambe, wampe, wamme* = Bauch, Leib. Vorläufer der Weste. Ursprünglich das unter der Ritterrüstung getragene, gepolsterte Hemd (ähnlich dem -> Gambeson oder Sarrock). Wurde seit der spanischen Mode des 16. Jahrhunderts als eigenständiges Kleidungsstück von allen gesellschaftlichen Ständen getragen. Nach Einführung des -> Justaucorps in der ersten Hälfte des 17. Jahrhunderts Wegfall der Ärmel und Weiterentwicklung zur Weste.
Wand	Hier: Lein*wand*, Leinen, gewebte Tuchbahn. -> Flachs
Wandschneider	Heute könnte man den Ausdruck missverständlich als Handwerksberuf einordnen. Tatsächlich waren dies aber auf den Textilhandel spezialisierte Kaufleute, die -> Wand ballenweise einkauften und dieses dann Stück für Stück abschnitten und weiterveräußerten. Diese -> Tuchhändler waren in Recklinghausen in einer -> Gilde organisiert, die besondere Privilegien genoss. Wandschneider gehörten oftmals zu den reichsten Bürgern der Stadt. Häufig kamen auch die -> Obergildemeister aus dieser Vereinigung.
Wappen	Aus der mittelalterlichen Kriegsführung entstandenes Erkennungszeichen, zunächst für eine Person, schließlich auch für Familien. Mittelalterliche -> Ritter, insbesondere jene, die eine den Körper und das Gesicht vollständig bedeckende Rüstung trugen, malten zunächst auf ihre Schilde persönliche Zeichen auf, an denen die Krieger Freund von Feind unterscheiden konnten und ein -> Herold nach einer Schlacht die Identität der gefallenen und oftmals völlig verstümmelten Krieger erkannte. Auf diese Weise konnten Verluste der einen oder anderen Seite festgestellt und der Dienstherr, aber auch die Verwandten des gefallenen Ritters benachrichtigt werden. Hierzu führten die Herolde Bücher über die Abbildungen der persönlichen Zeichen, die sogenannten Wappenrollen. Da auch ein Schild eine Waffe, nämlich eine Verteidigungswaffe ist und zum gesamten „Waffenrock" gehört, übertrug sich der Begriff „Wappen" (= Waffen) auf die Darstellung der persönlichen Erkennungszeichen. Die entwickelten sich immer mehr zu einer Art „Markenzeichen", an dem man die Familienzugehörigkeit und den sozialen Stand einer Person erkennen konnte. In späterer Zeit nahmen schließlich auch Stadtgesellschaften Wappen als schnell erfassbares und eindeutiges Erkennungszeichen an. Über das Siegel und das Wappen von Recklinghausen ist auf der offiziellen städtischen Internetseite eine ausführliche Darstellung nachzulesen: *https://www.recklinghausen.de/inhalte/startseite/ rathaus_politik/rathausgebaeude/stadtsiegel_und_stadtwappen/*

| Wegzoll | -> Brückenzoll |

| Weib | Allgemeinbegriff für jene weibliche Person, die nicht einem höheren Stand angehörte. „Frau" war als Anrede höhergestellten Damen vorbehalten. Entgegen der heutigen Meinung hatte die Bezeichnung „Weib" keine verletzend negative Bedeutung, sondern verdeutlichte in der Ständegesellschaft die Standeszugehörigkeit. Mit der Abschaffung der ständischen Gesellschaftsordnung wurde auch die Unterscheidung zwischen *Frau* und *Weib* obsolet.
In der älteren Form des katholischen *Ave Maria* (Gebet) heißt es: „*... Du bist gebenedeit unter den Weibern. ...*", was unmissverständlich auf die einfache Herkunft der Muttergottes hinwies und damit ihre Volksnähe unterstrich. Mit der Umstellung auf „Frau" in der heute gebräuchlichen Form legte man einerseits mehr Gewicht auf ihre Erhabenheit und glich andererseits den Wortlaut des Gebets dem veränderten Sprachgebrauch an. -> Frau, -> Fron, -> Herr |

| Weinkauf | Hat nichts mit dem alkoholischen Getränk zu tun, sondern geht auf das niederdeutsche Wort *winkop* zurück, das in seiner ersten Silbe sprachlich mit „Gewinn" verwandt ist. Im Laufe der Zeit ist die Silbe zu „Wein" verschliffen. Der Ausdruck bezeichnet in erster Linie eine Gebühr, die bei der Übernahme eines Grundstücks oder einer Hofstelle fällig wurde; üblicherweise an den Grundherrn. In Recklinghausen eine Art Grunderwerbssteuer. |

| Weinmonat | **Oktober.** Also jener Monat, in dem üblicherweise die Weinlese stattfindet. Wird zum Beispiel in den Flugblättern zum Ende des (erst später so benannten) 30-jährigen Krieges so erwähnt. Das Flugblatt aus Münster zum Ende dieses langanhaltenden Konflikts wurde mit Datum vom „*25. des Weinmonats im Jahr 1648*" herausgegeben. Der Friede von Münster und Osnabrück wurde offiziell am 24. Oktober 1648 geschlossen. |

| Weißpfennig | Kleinmünze, die wegen des relativ hohen Silbergehaltes weißlich schimmerte.
-> Albus |

| Werwolf | Weltweit bekanntes, gestaltwandelndes Fabelwesen. Angeblich ein Mann (germanisch *Wer*), der seine Gestalt in einen Wolf verwandeln kann. Also eigentlich „*Mannwolf*". Im Zeitraum von Mittelalter und Früher Neuzeit wurden Männer, die angeblich Werwölfe waren, aufgrund einer Vermischung von religiöser Glaubens- |

lehre mit volkstümlichem Aberglauben ebenso verfolgt, gefoltert und hingerichtet, wie Frauen und Männer als Hexen bzw. Hexer denunziert und getötet wurden.
-> Hexe, -> Scheiterhaufen, -> Zauberei

Westfalen

Ein Kulturraum, der in heutiger Zeit die Regierungsbezirke Münster, Arnsberg und Detmold umfasst. Seit 1180 ein territorial vielgestaltiges politisches Gebiet, das bis 1803 als Herzogtum Westfalen den Kölner Kurfürst-Erzbischöfen als Nebenland unterstand. Zunächst hatte Soest als eine der bedeutendsten westfälischen Städte im späten Mittelalter die Stellung der westfälischen Verwaltungshauptstadt, verlor diese aber am Ende der -> Soester Fehde 1449 an Arnsberg.
Auch aus diesem Grund zogen sich der Kurfürst-Erzbischof und das Domkapitel während der französischen Besetzung der rheinischen Regierungsstädte 1794 nach Arnsberg zurück. Im Zusammenhang mit diesem Umzug wurde Recklinghausen zum Sitz der weltlichen Verwaltung bestimmt.
1801 erhielt der Herzog von Arenberg u.a. das Vest Recklinghausen als Ausgleich für verlorene linksrheinische Gebiete. Die Stadt Recklinghausen blieb westfälisches Verwaltungszentrum bis in die napoleonische Zeit. Im Jahr 1802 plante der Herzog von Arenberg sogar einen erweiterten Regierungspalast auf dem Gelände des Augustinessenklosters, was jedoch nicht realisiert wurde.
1811 verlor Recklinghausen den Status einer westfälischen Regierungsstadt.
-> Arenbergstraße, -> Augustinessenstraße

Widem

„.... was bei eingehung der ehe der bräutigam der braut (urspr. als kaufpreis ihrem vater) zu eigen giebt, brautgabe ..." oder
„.... dotierung einer kirche, eines klosters bes. mit grundstücken, die zur dotation einer pfarrkirche gestifteten grundstücke od. gebäude bes. der pfarrhof ..."
https://woerterbuchnetz.de/?sigle=Lexer&lemid=W02272

Widemhof

Auch Wedemhof / Withof / Wiethof. **Pfarrhof**, bzw. Hofstelle wo der Pfarrer wohnt. In Recklinghausen war diese bis ins 18. Jahrhundert im Bereich der heutigen Wiethofstraße gelegen. In diesem Umfeld könnte im Hochmittelalter auch eine Münzprägestätte der Stadt gelegen haben.

Wieme

Nach Jacob und Wilhelm Grimm bezeichnet *Wieme/Wiemen* eine Sitzstange für Hühner oder eine Art Räucherkammer bzw. eine Räucherstelle oder ein Gestell für Speck und andere Räucherwaren. https://www.dwds.de/wb/dwb/wieme#GW20214 ⇨

In Recklinghausen als Synonym für ->Widemhof bzw. Pfarrhaus/Pastorat gebraucht.

| Wigbold | In Recklinghausen selten, aber in Dokumenten des mit Recklinghausen verbundenen Münsterlandes recht häufig vorkommende Bezeichnung für eine -> Minderstadt. -> Freiheit |

Wigbold
In Recklinghausen selten, aber in Dokumenten des mit Recklinghausen verbundenen Münsterlandes recht häufig vorkommende Bezeichnung für eine -> Minderstadt. -> Freiheit

Wilbring
Auch: Wilbringen. Ursprünglich mittelalterliche, häufig umgebaute Wasserburganlage zwischen Waltrop und Lünen. Gehörte ab 1608 dem ersten nichtadligen Statthalter des Vestes Vincenz Rensing und wechselte durch Erbfolge und Verkauf bis ins frühe 20. Jahrhundert mehrmals den Besitzer. Im Zuge des Baus des Datteln-Hamm-Kanals sollte Haus Wilbring abgebrochen werden, jedoch ließ man die Ruine stehen und sie verfiel immer mehr. Heute befindet sich auf dem Grundstück direkt am Kanal ein Reiterhof.

Wildlinge
Regionale Bezeichnung für die im Emscherbruch gehaltene Pferdrasse, die dort freilebend gezüchtet und „Emscherbrücher Dickköppe" genannt wurde. (Ähnlich den bekannten Dülmener Wildpferden.)
Noch im Jahr 1823 wurden diese über Recklinghausen hinaus geschätzten Tiere erwähnt. Mit dem Aufkommen der industriellen Revolution, dem Einzug der Montanindustrie in der Vestmetropole und der damit verbundenen dichteren Besiedelung u.a. der Recklinghäuser -> Mark verlor die Zucht dieser halbwilden Pferderasse nach und nach hier immer mehr an Bedeutung. -> Lohtor, -> Crange

Windesheim
Hier: Das am 17. Oktober 1387 eingeweihte Kloster der Augustiner Chorherren in der Nähe der niederländischen Stadt Zwolle. Nicht zu verwechseln mit der Gemeinde Windesheim in Rheinland-Pfalz. Die Kongregation wurde 1395 von Papst Bonifaz IX. bestätigt. Das Kloster Windesheim wurde zwar 1581 zerstört, aber die der -> *Devotio Moderna* nahestehende Gemeinschaft der Windesheimer Kongregation (*Canonici Regulares Sancti Augustini Congregatio Vindesemensis*) bestand bis zur napoleonischen Herrschaft und beinflusste auch die in Recklinghausen ansässigen -> Augustinessen. Diese Augustiner-Chorherren besaßen zu ihrer besten Zeit 95 Klöster, hauptsächlich in den Niederlanden, in Westdeutschland, an Nord- und Ostseeküste, im näheren Umfeld des Rheins bis nach Zürich und Richtung Osten über Ostwestfalen bis nach Magdeburg.
Das erste deutsche Kloster der Windesheimer Gemeinschaft befand sich in Frens-

wegen bei Nordhorn. Es war auch das letzte, das 1806 von den Franzosen geschlossen wurde. Heute ist es ein ökumenisches Tagungs- und Gästehaus. 1865 starb schließlich der letzte Windesheimer Chorherr im Kloster Grauhof bei Goslar. 1961 wurde die Windesheimer Kongregation von Papst Johannes XXIII. wiederbelebt.

Wittenberger	Umschreibende Bezeichnung für die Anhänger der protestantischen Lehre nach Martin Luther. -> Augustanische Konfession

Wolfsangel

Eisernes Jagd- bzw. Fanggerät für die Wolfsjagd. Das mit Widerhaken versehene Eisen wurde mit einem Köder bestückt so hoch in einen Baum gehängt, dass der Wolf springen musste, um an den Köder zu gelangen. Dabei blieb er mit dem Maul am Widerhaken hängen und verendete in einem langen und schmerzhaften Todeskampf. Heute ist diese Jagdmethode verboten.

Insbesondere im und nach dem 30-jährigen Krieg wurde die Wolfsjagd auch in Recklinghausen intensiviert, weil die Tiere zu einer wirtschaftlichen Plage geworden waren und die Versorgung der Menschen bedrohten.

In vielen Familien- und Stadtwappen finden sich die Wolfsangeln als heraldische Symbole. So z.B. auch im Familienwappen des Fürstbischofs von Münster Christoph Bernhard von Galen (*1606, +1678).

Als Symbol ist die Wolfsangel heute nur noch in alten -> Wappen erlaubt. Da sie von verfassungsfeindlichen Gruppierungen benutzt wurde, darf sie heute, wie die Swastika (das Hakenkreuz), in Deutschland nicht mehr als Identifikationszeichen verwendet werden.

Wappen des Christoph Bernhard von Galen, wie es in der Gastkirche zu sehen war.

Wollweber

Neben Leineweber und Tuchmacher ein spezialisierter Handwerker, der Stoffe herstellt. In diesem Fall aus Schafswolle.

Wordgeld

Auch: Wordzins. In Recklinghausen so etwas Ähnliches wie eine geringfügige städtische Grundsteuer. Sonst allgemein eine geringe Abgabe an den Grundeigentümer. Word bedeutet hier nicht das gesprochene Wort, sondern ist eine alte Bezeichnung für Grundstück, Gelände, Liegenschaft.

Wüstung	Verlassene, zerstörte und nicht wiederaufgebaute Ansiedlung.
Wundarzt	Wie die Bezeichnung vermuten lässt, war ein Wundarzt für die Behandlung offener Wunden bzw. für chirurgische Eingriffe zuständig. Da diese „grobe" Arbeit nicht Gegenstand der akademischen Ausbildung an den Universitäten war, sondern als „Handwerk" gelehrt und ausgeübt wurde, hatte sich unter akademisch ausgebildeten Ärzten ein entsprechender Standesdünkel entwickelt, der nicht immer unbegründet war. In der Regel nahmen -> Bader, -> Barbiere oder Henker (-> Nachrichter) die Aufgaben von Wundärzten wahr. Einige hatten den Beruf gelernt und/oder erfüllten ihre Aufgaben zum allgemeinen Wohlbefinden, andere waren Scharlatane. In Stadt und Vest Recklinghausen gab es durchaus einige medizinisch tätige Personen, von denen die meisten bis zum Ende des 18. Jahrhunderts allerdings eher als Quacksalber einzustufen waren. Der -> Kurfürst ließ 1784 Wundärzte, Ärzte und Hebammen im Vest überprüfen und anschließend entsprechende Approbationen oder Berufsverbote aussprechen. Von allen geprüften Personen mussten elf eine Nachprüfung absolvieren, nur zwei wurden ohne Nachprüfung für die Gesundheitsversorgung der Bevölkerung zugelassen, und der große Rest wurde mit einem Berufsverbot belegt. -> Bader

X

Xaverianische Andacht   Nach *Francisco de Gassu y Javier* (Deutsch: *Franz Xaver*) benannte Andacht, die an 10 Freitagen nacheinander begangen wird; deshalb auch -> Freitagsandacht genannt. Franz Xaver war einer der Mitgründer des Jesuitenordens.

Zahnbrecher	-> Bader und -> Barbier

Zahnstierer

Heute **Zahnstocher** genannt. Die Zahnhygiene wurde schon in ältesten Zeiten praktiziert, weil man erkannte, dass sowohl schlechter Atem als auch Krankheiten durch mangelnde Zahnpflege entstehen können. Zahnstierer gab es aus den unterschiedlichsten Materialien vom einfachen Holzspan bis zum geschmiedeten Stift aus Silber. Zahnbürsten, ähnlich wie wir sie heute benutzen, sind in Deutschland etwa seit 1500 nachweisbar und waren ein Luxusgut das sich nur Wohlhabende leisten konnten. Die Geschichte von dem amerikanischen Gefangenen im 19. Jahrhundert, der die Zahnbürste erfunden haben soll, ist ein neuzeitlicher Mythos.

Zauberei

Der Glaube an die Existenz und Beeinflussbarkeit übernatürlicher Kräfte sowie der angebliche Gebrauch derselben. Wird auch -> *Magie* genannt, wobei in *Zauberei* eher ein negativer Beiklang mitschwingt. Aber auch die *Magie* kann zwiespältig wahrgenommen werden, wobei zwischen schwarzer (böser) und weißer (guter) Magie unterschieden wurde. Weiße Magie wurde und wird auch in unseren Zeiten immer noch von manchem als so etwas wie ein *bestaunenswertes Wunder* angesehen. Im Aberglauben, der seit ältesten Zeiten in den Köpfen der Menschen herumspukt und sich auch bis in die christliche Kultur verbreitet hatte, wurden mutmaßliche Zauberer, aber vor allem Zauber*innen*, die angeblich schwarze Magie praktizierten, als Ursache für schlechtes Wetter, für Missernten und auch für negative politische Entwicklungen verantwortlich gemacht. Insbesondere persönliche Nachteile lastete man unliebsamen Mitmenschen an, die man dementsprechend als Zauberer oder Zauberin denunzierte, um sie endgültig loszuwerden. Denn schon in der Bibel steht: *„Eine Zauberin sollst du nicht am Leben lassen."*
2. Buch Mose, 22,17
Die Vermischung von Spiritualität und Aberglaube führte zu grausamen Praktiken. Im Vest Recklinghausen kam im 16. und 17. Jahrhundert eine massive Welle von Denunziationen und Verurteilungen auf. Wenn den sogenannten -> Hexen oder Zauberinnen auch noch ein Teufelspakt „nachgewiesen" werden konnte, drohte ihnen sogar ein grausamer Tod auf dem -> Scheiterhaufen. Konnte dieser Pakt mit dem Höllenfürsten nicht nachgewiesen werden, wurden die Angeklagten „nur" mit -> Pranger (-> Kak), Prügel und Verbannung bestraft. Und beileibe wurden nicht nur Frauen der Zauberei bezichtigt. Auch Männer wurden denunziert, angeklagt und

oftmals auch hingerichtet. In vielen Gegenden machte die Praxis des Rufmordes und schließlich des Justizmordes noch nicht einmal vor Kindern und Jugendlichen Halt.

Zehnt	Vergleichbar mit einer Einkommensteuer in Höhe von zehn Prozent der jeweiligen Erträge. Diese Steuer wurde sowohl auf Geld als auch auf Naturalien erhoben. Abgaben aus der Feldwirtschaft wurden zum Beispiel derart abgerechnet, dass der zehnte Teil eines Feldes vor der Ernte abgesteckt und von Beamten der kurfürstlichen -> Kellnerei, bzw. von den entsprechend beauftragten Dienstleuten auf korrekte Abmessung überprüft wurde. Erst dann durfte geerntet werden.
Zeiner	Schmied der Roheisen aus Erz gewinnt und Stabeisen als Ausgangsmaterial für die weitere Verarbeitung herstellt. Auch die örtlichen Schmiedebetriebe in Recklinghausen kauften das vorverarbeitete Roheisen und sparten sich auf diese Weise die mühselige und aufwändige Eisengewinnung aus Erzgestein.
Zeitung	Nachrichten. Heute als Bezeichnung für das gedruckte Medium gebraucht. „Gute Zeitung" waren gute Nachrichten. Mit der Erfindung des Handgießinstruments zur schnellen Herstellung beweglicher Lettern und der Ergänzung der bis dahin statischen Handpresse mit einem beweglichen Untertisch durch Johannes Gensfleisch, genannt Gutenberg, entwickelte sich auch der Einblattdruck zur Verbreitung von Nachrichten weiter. In der Folge wurden die bis dahin eher handschriftlich verbreiteten Neuigkeiten aus dem HRR verstärkt in einer gedruckten Form verbreitet. Auch Martin Luther nutzte die neue Technik zur Verbreitung seiner reformatorischen Theorien. Höhere Auflagen jedoch konnten erst nach 1811 mit der Erfindung der Schnellpresse durch den deutschen Buchdrucker und Erfinder Johann Friedrich Gottlob Koenig gedruckt werden, der seine Erfindung wegen in Deutschland fehlender technologischer Möglichkeiten mit Hilfe englischer Investoren in London realisieren lassen musste. Die erste Tageszeitung, die in diesem Verfahren gedruckt wurde, war 1814 die Londoner „The Times". Im Jahr 1817 kam Koenig, der in London den Auswanderer Andreas Friedrich Bauer kennengelernt hatte, zurück nach Deutschland, ließ sich in Bayern nieder und gründete mit seinem Teilhaber (eben jener A. F. Bauer) die erste Druckmaschinenfabrik Deutschlands, die noch heute unter dem Namen *Koenig & Bauer* eine führende Position auf dem Weltmarkt einnimmt. Parallel zur industriellen Revolution nahm der Zeitungsdruck einen rasanten Aufschwung, so dass auch im Vest Recklinghausen zunächst in Dorsten, danach

in Recklinghausen (Mai 1831) lokale Zeitungen erschienen. Der aus Bayern stammende Joseph Johann Nepomuk Bauer war über Dortmund nach Recklinghausen gekommen und hatte hier sein „Wochenblatt für den Kreis Recklinghausen" gegründet, aus dem schließlich die noch heute existierende „Recklinghäuser Zeitung" entstand. Im Jahr 1900 schaffte die Bauersche Buchdruckerei eine Rotationspresse aus der o.g. Druckmaschinenfabrik Koenig und Bauer an, welche die älteren Schnellpressen ersetzte. So war es möglich, noch produktiver zu werden und die monopolartige Stellung des Zeitungshauses im Vest Recklinghausen zu festigen.

Zettel

Hier: Die aufgespannten Kettfäden auf einem Webrahmen oder Webstuhl. Bevor der Weber mit der Herstellung des Gewebes beginnen konnte, mussten die Fäden an den Webstuhl „angezettelt", also angeheftet werden. Wenn die Fäden dabei durcheinander kamen „verzettelte" er sich. -> Tuchmacher

Zins

Mit Zins ist in unserem Betrachtungszeitraum üblicherweise die Abgabe von Geld- oder Sachwerten für die Überlassung einer anderen Geld- oder Sachleistung gemeint. Zum Beispiel wurde für die Überlassung von Grund und Boden ein Grundzins fällig. So war in Recklinghausen das sogenannte -> Wordgeld eine wiederkehrende Abgabe für das Recht, auf dem Grund und Boden der Stadt siedeln zu dürfen.
Da das kirchliche Recht bis 1830 die Erhebung von Zinsen für die Überlassung von Bargeld als Darlehen innerhalb der christlichen Gemeinschaft verbot, hatte sich dieser Zweig der Geldwirtschaft im Mittelalter auf die außerhalb der christlich-kirchlichen Gerichtsbarkeit stehenden -> Juden verlagert. Das Verbot wurde allerdings auch im christlichen Umfeld üblicherweise durch „umlenkende" Vertragsabschlüsse umgangen. Eine dieser Praktiken war z.B. auf dem Grundstücksmarkt der -> Rentenkauf.

Zunft

Zusammenschluss von dasselbe Gewerbe treibenden Personen zur gegenseitigen Unterstützung und zur Wahrung gemeinsamer Interessen. In Recklinghausen wurden die Zünfte -> Gilde genannt. Für viele Handels- und Handwerksberufe war innerhalb der Stadtmauern die Mitgliedschaft in einer Gilde/Zunft zwingend vorgeschrieben, um eine gewisse Marktgerechtigkeit herzustellen und die Qualität der produzierten Waren und Dienstleistungen zu garantieren. In Recklinghausen waren oftmals die führenden Vertreter der Zünfte bzw. Gilden in maßgeblichen Positionen im Stadtrat vertreten. Insbesondere die Vertreter der Tuchmacher oder Wandschneider hatten großen Einfluss auf die Geschicke der Stadt. Üblicherweise

blieben die Zünfte exklusiv Männern vorbehalten. Jedoch gab es in manchen Städten auch Zünfte, in denen sich ausschließlich Frauen zusammenfanden. So zum Beispiel in Köln, wo sich die Seidenspinnerinnen und Seidenweberinnen, die Goldspinnerinnen und die Garnmacherinnen als exklusive Gemeinschaften zusammenschlossen und ihre Interessen im Stadtparlament erfolgreich vertraten. Mit dem Aufkommen des Verlagswesens (-> Verlag) im Spätmittelalter nahm die Bedeutung der Zünfte über die Jahrhunderte immer mehr ab. Die Recklinghäuser Zünfte bzw. Gilden wurden zu Beginn des 19. Jahrhunderts aufgehoben.
-> Wandschneider, -> Stadtrat

Zwischen den Jahren Redewendung, die den Zeitraum zwischen dem 25. Dezember (im Jahr 354 als Geburtstag Christi festgelegt) und dem 6. Januar (Taufe Christi) bezeichnet.
-> Kalender

Zu Seite 10:
Ein Recklinghäuser (sogenannter)
Doppelalbus von 1662, aus der
Regierungszeit des Maximiliam
Heinrich von Bayern, Erzbischof
und Kurfürst von Köln 1650 bis
1688.
Auch Recklinghausen war das
eingeschränkte Recht zugestan-
den worden, eigene Münzen
herauszugeben. Dieses Recht
beschränkte sich, soweit bekannt,
auf die Werte von einem und zwei
Albus.

Zu Seite 11:
Beeindruckendes Beispiel für
eine Allongeperücke. Hier zeigt
sich der Berater des französi-
schen Königs Ludwig XIV. und
Vorsitzende der Pariser Kaufleu-
te, Nicolas Lambert de Vermont
standesbewusst mit der bei Hofe
üblichen Kopfbedeckung. Auch
im HRR trugen „gut betuchte"
Männer in der zweiten Hälfte des
17. Jahrhunderts diese üppige
Harrtracht.
Unter dieser aus Menschen- oder
Tierhaar hergestellten Perücke
hatten die Herren entweder
sehr kurzes Haar oder waren
kahlköpfig.

Zu Seite 33:
Das domkapitularische Haus in der Romstraße (heute Im Rom) von der Gartenseite her gesehen. Das Haus wurde in den 1960er Jahren abgebrochen.

Zu Seite 35:
Private Brücke über die Emscher im Jahr 1882 bei Bottrop in der Höhe des damals noch existierenden Schlosses Knippenburg. Sehr gut zu erkennen sind hier die Überschwemmungen, die durch bergbaubedingte Bodensenkungen entstanden. Ähnliche Überschwemmungen, vielleicht nicht ganz in diesen Ausmaßen, verursachte der Fluss bei extremem Hochwasser auch vor der Ankunft des Bergbaus in der Region. Dieses Dokumentationsfoto stammt aus der Zeit, in der die Montanindustrie verstärkt Abwässer in den Fluss leitete, was zu einer erhöhten Seuchengefahr führte. 1899 wurde deshalb die Emschergenossenschaft gegründet und der Fluss wie ein Abwasserkanal begradigt.

Zu Seite 38:
Das sogenannte Fabrizische Haus an der Herrenstraße in den 1960er Jahren kurz vor dem Abbruch.

Zu Seite 58:
Astrologischer Kalender für das Jahr 1924, Seite 18.
Der Verlag von Karl Rohm in Lorch (Württbg.) verwendet hier neben den gebräuchlichen, aus dem Lateinischen abgeleiteten Monatsnamen auch die zu jener Zeit in manchen Kreisen bevorzugten Bezeichnungen, die sich jedoch schon im Mittelalter nicht durchsetzen konnten.

Zu Seite 148:
Der Wunsch, die Zukunft voraussehen zu können ist so alt wie die Menschheit. Die Astrologie als besondere Form der Wahrsagerei hat sich deshalb über die Jahrtausende nicht nur bis in die Zeit vor 100 Jahren, sondern bis in unsere Tage erhalten.

⊙ Aufg. 8.05. ☽ Lauf
⊙ Untg. 4.00. und Aspekte.

Januar oder Hartung

Gut für Jagd auf Hasen, Fuchs, Marder und Iltis: 7. 11. 22. 26.
Gute Geburtstage: 6. 11. 13.

Dienstag	1	♎	Neujahr	Unruhen im Januar in Bayern, Marokko; ☿ plagt Frankreich und Italien, die Länder unter ♌ Löwe.
Mittwoch	2	♏	□ ☿, ♂ ♄	
			□ ♀, ♂ ♂	
			Wetterkritisch	
			⊙ in Erdnähe	
Donnerstag	3	♏	Schnee	1.
Freitag	4	♐	♂ ♃ windig	
Samstag	5	♐		
			1.48 n. ☽ kalt	2. ♀ ✶ ♃ : Gut im allgemeinen für Vieles.
Sonntag	6	♑ 🌑	Erschein.=Fest	
Montag	7	♑	♂ ☿, □ ♄	2. ☿ in ♌ : Gut für Geschäfte und Briefe.
Dienstag	8	♒	♂ ♀, □ ♂	
			Schnee od. Regen	3.
Mittwoch	9	♒		

Recklinghausen, möglicherweise um 1730, von Nordwesten aus gesehen mit dem Blick auf das Lohtor. Da diese Abbildung weder signiert noch datiert ist, kann es nur angenommen werden, dass der Urheber der Wallonische Maler Renier Roidkin ist. Das Original ist verschollen. Der Stil jedoch spricht dafür, und auch Vergleichswerke legen eine Zuordnung zu ihm nahe. Leider gibt auch die Bildunterschrift keine verlässliche Auskunft. Es lässt sich heute nicht mehr feststellen, ob sie nur einer zeittypschen Mode folgend in französischer Sprache verfasst wurde oder ob der Maler, wie sonst auch, seine Muttersprache benutzte. Entsprang die Bezeichnung der Stadt Recklinghausen als westfälische Hauptstadt einem Missverständnis oder ist das Blatt doch erst zu jener Zeit entstanden, als Recklinghausen - ab 1794 bis in die französische Besatzungszeit - tatsächlich eine westfälische Verwaltungsmetropole war? Aber vielleicht ist die Bildunterschrift auch erst später hinzugefügt worden. Ich folge hier der Theorie von Dr. Werner Koppe, der das Werk dem besagten Maler zuordnet und die Entstehungszeit um 1730 ansiedelt.

Das Geländeprofil beugt sich den künstlerischen Anforderungen und entspricht nicht den geografischen Tatsachen. So ist das Blatt zwar keine quasi-fotografische 1:1-Darstellung, sondern idealisiert den Ort mithilfe gestalterischer Freiheit, aber einige ortstypische Bauwerke sind durchaus als markante Landmarken zu erkennen. Ihre Standorte und Ausrichtung entsprechen den noch heute erhaltenen Gebäuden bzw. den nachvollziehbaren Überlieferungen. Wir sehen in der Bildmitte als zentralen Blickpunkt die Kirche Sankt Peter, deren Turm, der Mode der Zeit folgend, gestreckt erscheint. Im rechten Bildteil erhebt sich, deutlich zu groß dargestellt, der Dachreiter der Franziskanerkirche, und man sieht ein größeres Gebäude, das möglicherweise die (später so benannte) Engelsburg oder vielleicht auch das Hauptgebäude des Franziskanerklosters darstellen soll. Das heute noch erhaltene Stück der Stadtmauer ist von üppiger Vegetation verdeckt. Davon ausgehend, dass der Künstler die markantesten Gebäude einigermaßen realitätsnah dargestellt hat, können wir für das Lohtor annehmen, dass es, wie die anderen Tore auch, tatsächlich aus einem Haupttor, einem vorgelagerten Bollwerk und einem Zwinger bestand.

Das Recklinghäuser Rathaus von 1509, wie es vermutlich ausgesehen hat. Fotomontage aus dem Jahr 2022.
Da das tatsächliche Aussehen des Hauses nicht überliefert ist, existieren unterschiedliche Rekonstruktionstheorien. Diese Fotorekonstruktion entstand auf der Grundlage unterschiedlicher Quellen und dem Aussehen erhaltener zeittypischer Vergleichsgebäude. Ausgangspunkt für die Größenverhältnisse und die Umgebungsgestaltung war der erste maßstäbliche Stadtplan von 1822.

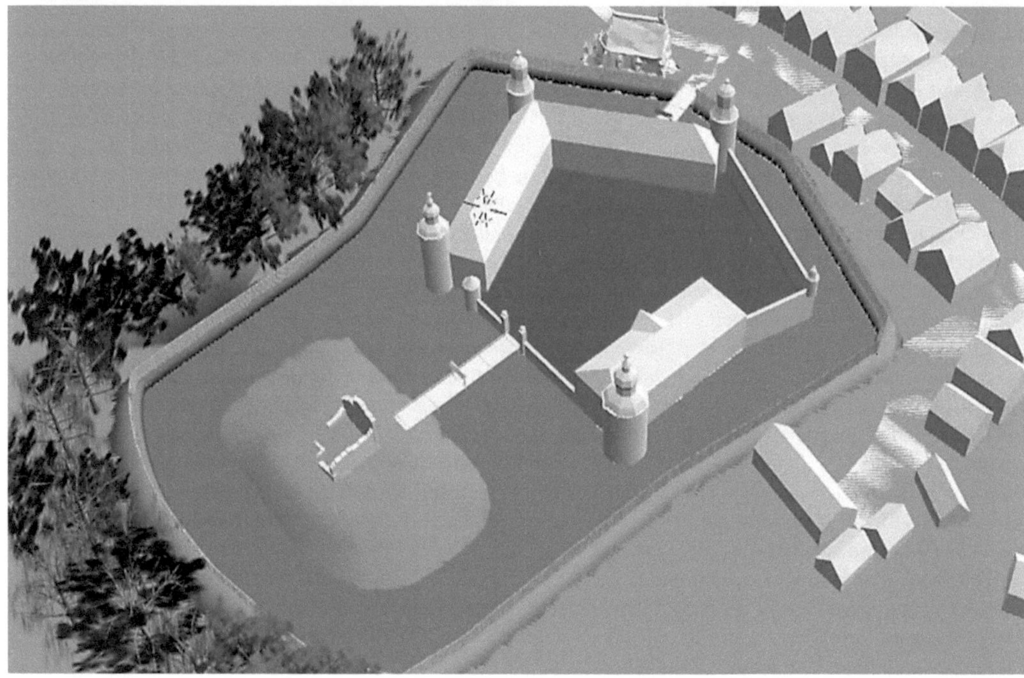

Zu Seite 65:
Schloss Horneburg um 1800.
3D-Modellstudie nach Plänen und Zeichnungen aus dem frühen 19. Jahrhundert.

Zu Seite 105:
*Die alte Wassermühle in Suder-
wich war/ist eine oberschlächtige
Kornmühle, deren Mühlrad mit
dem Wasser aus einem aufgestau-
ten Teich angetrieben wurde.
Nach der Aufgabe des Mühlenbe-
triebs ist heute eine Gastronomie
in der Anlage eingerichtet. Im
Stadtgebiet von Recklinghausen
ist dies die einzige erhaltene
Wassermühle. Der dazugehörige
Stauteich ist ebenso noch vorhanden wie das betriebsbereite
Mühlrad.*

Zu Seite 143:
*Der Wachturm am Herzogswall.
Zur Material- und Kostenerspar-
nis wurden die Türme im Verlauf
der Stadtmauer üblicherweise als
Halbrundtürme ausgeführt. Der
einzige nachweisbare Rund-
turm, der in geschlossener Form
errichtet worden war, ist der
Quadenturm gewesen, der auch
als städtischer Kerker diente.
Der heute als Erweiterung der
Engelsburg benutzte Stephans-
turm war ursprünglich auch ein
Halbrundturm und wurde erst
später geschlossen, als er in das
herrschaftliche Wohnhaus einbezogen wurde.*

*Die Propsteikirche Sankt Peter im März 2016. Das
älteste Gebäude der Recklinghäuser Innenstadt
war im Zweiten Weltkrieg stark zerstört worden
und erhielt im Vergleich zur ehemaligen bauli-
chen Situation ein leicht verändertes Aussehen.
Solch eine freie Sicht auf den imposanten Turm
hatten die Altvorderen nicht immer, denn einst
standen auf dem heute weiträumigen Kirchplatz
Häuser. Deren Grundrisse sind großenteils anhand
der Platzgestaltung nachvollziehbar.*

Man kann nicht alles wissen;
aber es ist hilfreich zu wissen
wo es aufgeschrieben ist.

Volksweisheit

GEDRUCKTE QUELLEN

Da diese Aufstellung von benutzten Quellen eine Ergänzung derjenigen meiner /unserer bisherigen Publikationen darstellt, sei zur vollständigen Übersicht ergänzend auf die Bücher „Die Tochter des Hexenjägers" und „Vestische Geschichte" hingewiesen. Siehe letzte Seite des Buchblocks.

Dr. Hermann **Ammon** (Hrg.), Deutsches Kaufmannsleben der Vergangenheit, in: Deutsche Ausgaben, Herausgegeben von Dr. H. Henning und Lic. Dr. K. Kesseler, Band 254, Bielefeld und Leipzig 1931

Gottfried **Arnold**, Unpartheyische Kirchen- und Ketzer-Historie. Bd. 2 (T. 3/4). Frankfurt (Main), 1700.

Zeitungshaus **Bauer**, Eine Zeitung im Spiegel der Zeit, 350 Jahre Zeitungshaus Bauer, Bearbeitet von Klaus Lamza, Marl 1981

Heinz-Georg **Bergenthal** / Kurt Siekmann, Recklinghäuser Impressionen, Recklinghausen 1980

Martha **Bringemeier**, Priester- und Gelehrtenkleidung, Ein Beitrag zur geistesgeschichtlichen Kostümforschung, in: Rheinisch-westfälische Zeitschrift für Volkskunde, Beiheft 1, Bonn und Münster 1974

Claudia **Brink**, Susanne Jaeger, Marius Winzeler u.a., Bellum & Artes, Mitteleuropa im Dreißigjährigen Krieg, Dresden 2021

Werner **Burghardt** (Hg.), 750 Jahre Stadt Recklinghausen, 1236 - 1986, Recklinghausen 1986

Otto von **Corvin**, Pfaffenspiegel, (1844/1868), Schwerte/Ruhr, 1972

Karlheinz **Deschner**, Kriminalgeschichte des Christentums, Band 9, Mitte des 16. bis Anfang des 18. Jahrhunderts, Reinbek bei Hamburg, 2010/2014

Manfrid **Ehrenwerth**, Samt und Seide - heiß begehrt, Trachten in Lippe, Beiträge zur Volkskunde im Lippischen Landesmuseum Detmold, Lemgo/Detmold 2003

D. Georg Paul **Hönn**, Betrugs=Lexicon, Faksimile-Ausgabe des 1761 erschienenen neu-bearbeiteten und vervollständigten Originals aus dem Jahre 1720, Hamburg, o. J.

Gerda **Illerhues**, Abschied von einem Stück Dorstener Geschichte, in: VK 44. Jahrg., 1972, S. 52-53

Udo **Janczyk**, Eine wenig bekannte Silbermünze des 17. Jahrhunderts im Vest Recklinghausen, in: Vestischer Kalender 2024, 95. Jahrgang, Recklinghausen 2023, S. 64 - 67

Udo **Janczyk**, Das zweite Rathaus Recklinghausens im Spiegel der schriftlichen Überlieferung nach dem „großen" Stadtbrand vom Ambrosiustag des Jahres 1500, in: Vestische Zeitschrift, Band 109, S. 101-158, Recklinghausen, 2022/2023

Johannes **Janssen**, An meine Kritiker, nebst Ergänzungen und Erläuterungen zu den drei ersten Bänden meiner Geschichte des deutschen Volkes, Freiburg i.Br. 1882

Franz **Jostes**, Westfälisches Trachtenbuch, Volksleben und Volkskultur in Westfalen, Münster 1961

Bernhard E. **Köster** (Hg.), Ex Bibliothecis Westfalicis, Von Bibliotheken, Büchern, Bibliophilen und ihren Ex Libris in einer europäischen Kleinlandschaft, Wiesbaden 1997

Julius **Köstlin**, Luthers Leben, Leipzig 1882

Werner **Koppe**, Von der Hanse- zur modernen Einkaufsstadt, Band 1, Recklinghausen - eine Stadt der Hanse, Recklinghausen, 2012

Werner **Koppe**, *1752 den 1. May Klemp miett zwey Schiffe von Wesell gekommen 4 ferde dar vor gewesen*, Zur Geschichte der Schiffszieherei an der Lippe, in: Vestische Zeitschrift 107, 2018 /19, S. 281 - 312

Lexikon der **Kieler Nachrichten**, Loseblattsammlung, gesammelt in den Jahren zwischen 1945 und 1958 von Hermann und Helene Manke, Jübek.

Ines **Lippe**, Birgit Stecker, Stadt Recklinghausen (Hg.), „Es stand einmal und ist nicht mehr ...", Erinnerungen an prominente Recklinghäuser Gebäude im Spiegel historischer Bauakten, Begleitheft zur Ausstellung im Institut für Stadtgeschichte Recklinghausen vom 12. April bis 28. Juni 2024

Lutz **Mackensen**, Ursprung der Wörter, Etymologisches Wörterbuch der deutschen Sprache, Wiesbaden o.J.

Topographia Germaniae (Reihentitel), Topographia Westphaliae, das ist, Beschreibung der Vornembsten und bekantisten Stätte und Plätz, im Hochlöbl: Westphälischen Kraiße. An den Tag gegeben von Matthaeo **Merian**, 1647, Neue Ausgabe, Kassel und Basel 1961

Hermann **Metzke**, Lexikon der historischen Krankheitsbezeichnungen, Neustadt an der Aisch, 2005

Ulrike **Müller-Kaspar** (Hg.), Die Welt der Symbole, Ein Lexikon von A - Z, Wien 2005

Heinrich Cornelius Agrippa von **Nettesheim**, Die magischen Werke, *(De occulta philosophia libri tres, Köln 1510, 1531, 1533)*, Wiesbaden, 1997

Rudi **Palla**, Das Lexikon der untergegangenen Berufe, Von Abdecker bis Zokelmacher, Frankfurt a. M. 1994

Josef **Pauser**, Die Vermögensverwaltung städtischer Kirchenbaufonds: Kirchmeisterämter. In: Peter Csendes/Ferdinand Opll (Hg.), Wien. Geschichte einer Stadt. Die frühneuzeitliche Residenz. Wien/Köln/Weimar 2003

J.C.H. **Rive**, Über das Bauerngüterwesen in den Grafschaften Mark, Recklinghausen, Dortmund und Hohen=Limburg, in dem vormaligen Stifte Essen, Herzogthume Cleve (an östlicher Rheinseite) und in den Herrschaften Broich und Wertherbruch, Erster Theil., Köln 1824

Michael **Schmitt**, Patrick Schuchert, Westfalia Picta, Erfassung westfälischer Ortsansichten vor 1900, Band IX, Westfälisches Ruhrgebiet, Münster 2005

Leopold **Schütte**, Wörter und Sachen aus Westfalen 800 bis 1800, Landesarchiv Nordrhein-Westfalen (Hg.), Veröffentlichungen des Landesarchivs Nordrhein-Westfalen Nr. 52, Duisburg 2014

Kurt **Siekmann**, Rathäuser in Recklinghausen, Recklinghausen 1969

Barbara **Stollberg-Rilinger**, Das Heilige Römische Reich Deutscher Nation, Vom Ende des Mittelalters bis 1806, München 2023

Heiner **Uhe**, 1. Heimatbuch, Von der Hillener Heide zur Hillerheide, Geschichte der Hillerheide von 1721 bis zum Jahre 2010, Selbstverlag, Recklinghausen 2010

Verkehrs- und Verschönerungsverein Recklinghausen-Hochlar (Hg.), Vom Hochlartal zum Segensberg, Hochlar – Geschichte und Entwicklung, Recklinghausen 1980

Wilhelm **Volkert**, Kleines Lexikon des Mittelalters, Von Adel bis Zunft, München 1991 / 2000

Gerhard **Wagner**, Schwein gehabt, Redewendungen des Mittelalters, Rheinbach 2012

Christoph **Weigel**, Abbildung und Beschreibung der gemein-nützlichen Hauptstände, Faksimile-Neudruck der Ausgabe Regensburg 1698, Koblenz 2019

Karl H. **Wörner**, Geschichte der Musik, Ein Studien- und Nachschlagebuch, Fünfte Auflage, Göttingen 1972

Acquoy, J. G. R, Het klooster te Windesheim en zijn invloed. 3 Bde. Utrecht 1875—1880, Band 3
https://books.google.de/books?id=WqlDAQAAMAAJ&dq=editions-:OCLC604165495&hl=de

Johann Christoph **Adelung** - Grammatisch-kritisches Wörterbuch der Hochdeutschen Mundart, in: Münchener Digitalisierungszentrum.
https://lexika.digitale-sammlungen.de/adelung/online/angebot

Althochdeutsch Wiki
WIKI zur Einführung in die althochdeutsche Grammatik und Literatur
Initiiert von Studierenden der Universität Augsburg
https://althochdeutsch.fandom.com/de/wiki/Althochdeutsch_Wiki

Historisches Lexikon **Bayerns**
https://www.historisches-lexikon-bayerns.de

Johannes Hiskias **Cardilucius**, Der Neüen Statt= und Land=Apotheken Dritte Tomus Begreiffent die Chirurgy und Vollständiges Dispensatorium, Nürnberg 1674, Digitalisat: *https://books.google.de/books?id=v8c-AAAAcAAJ*

Deutsche ExLibris-Gesellschaft e.V. (DEG), Forum für Kleingrafik,
https://exlibris-deg.de/

Digitales Familiennamenwörterbuch Deutschlands (DFD),
https://www.namenforschung.net/dfd/woerterbuch/liste/

DocCheck Flexikon, digitales Medizin-Lexikon,
https://flexikon.doccheck.com/de/

Dorsten-Lexikon
http://www.dorsten-lexikon.de/

Erzbischöfliche Diözesan- und Dombibliothek Köln
mit Bibliothek St. Albertus Magnus, Digitale Sammlungen
https://digital.dombibliothek-koeln.de/themen_koelner_kirche

Freiburger Münster
https://www.muensterfabrikfonds.de/

Freie Katholische Enzyklopädie
https://www.kathpedia.com

Frühneuhochdeutsches Wörterbuch, Niedersächsische Akademie der Wissenschaften zu Göttingen
https://fwb-online.de/

Genealogie-Lexikon und Wörterbuch für Heimatforscher in der Saargegend
https://genlex.de/

Johannes **Janssen,** Geschichte des deutschen Volkes seit dem Ausgang des Mittelalters. 1: Die allgemeinen Zustände des deutschen Volkes beim Ausgang des Mittelalters, in: Münchener Digitalisierungszentrum.
https://www.digitale-sammlungen.de/view/bsb11371789?page=1

Katholisch.de - Das Nachrichtenportal der katholischen Kirche in Deutschland
https://www.katholisch.de/lexikon

Kommission für Mundart- und Namenforschung Westfalens
https://www.mundart-kommission.lwl.org/de/

Deutsches **Rechtswörterbuch,** Forschungsstelle der Heidelberger Akademie der Wissenschaften
https://drw.hadw-bw.de/drw/info/

Ruhrfestspielstadt **Recklinghausen**
https://www.recklinghausen.de

Ludwig **Sütterlin,** Neuer Leitfaden für den Schreibunterricht, Berlin 1922
https://portal.dnb.de/bookviewer/view/1124005439

Westfälisches Wörterbuch, in: Wörterbuchnetz
https://woerterbuchnetz.de/?sigle=WWB&lemid=A00001

Johann Heinrich **Zedlers** „Grosses vollständiges Universal-Lexicon aller
Wissenschafften und Künste Welche bißhero durch menschlichen Ver-
stand und Witz erfunden und verbessert worden"
https://www.zedler-lexikon.de/

Zentrum für digitale Lexikographie der Deutschen Sprache (ZDL)
Ein Portal zum deutschen Wortschatz in Gegenwart und Geschichte
https://www.zdl.org/

ABBILDUNGSNACHWEISE

Umschlag (U1) KI- generiert mit www.leonardo.ai, 2024

Umschlag (U4) Handschriftliches Dokument, Stadtarchiv Recklinghausen

Seite 8 Julius Köstlin, Luthers Leben, Beilage 2, Ablassplakat v. J. 1517 Ueberschrift, Erster Theil und Unterschrift ..., Leipzig 1882

Seite 22 https://commons.wikimedia.org/wiki/File:Jacob_Jordaens_-_The_Feast_of_the_Bean_King_-_Google_Art_Project.jpg, Original im Kunsthistorischen Museum Wien. Gemeinfrei.

Seite 37 Aus: Bernhard E. Köster, Ex Bibliothecis Westphalicis, Wiesbaden 1997, S. 28

Seite 44 Stadtarchiv Recklinghausen, StAIU 12 Bl. 82

Seite 69 StA Recklinghausen, Sammlung Wissmann

Seite 84 StA Recklinghausen, HAA VIII A Nr 45, Seite 1

Seite 103 Foto: Olaf Manke, 2022

Seite 126 Ch. Weigel, Ständebuch, S. 101

Seite 127 Hendrik Martenszon Sorgh, Häusliche Milchverarbeitung (Ausschnitt) 1664, Staatliche Kunsthalle Karlsruhe, 2013, 2835_Sorgh 002, bearbeitet von A.Fischer und H.Kohler.

Seite 132 Foto: Olaf Manke, 2007

Seite 137 Ludwig Sütterlin, Neuer Leitfaden für den Schreibunterricht, Berlin 1926, S.42 - Abb. 10.

Seite 149 StA Recklinghausen, Fotoarchiv

Seite 155 O. Manke & A. Stemmler, Die Tochter des Hexenjägers, S. 213

Seite 162 oben: Joseph Weingärtner, Die Silbermünzen von Cölnisch Herzogtum Westphalen und Grafschaft oder Vest Recklinghausen nebst historischen Nachrichten, Münster 1886, Tafel IV, Abb. 55
unten: Nicolas de Largillière, Portrait des Nicolas Lambert de Vermont, https://commons.wikimedia.org/wiki/File:Nicolas_de_Largilli%C3%A8re._Portrait_of_Lambert_de_Vermont.jpg, Gemeinfrei

Seite 163 oben: Stadtarchiv Recklinghausen, Fotoarchiv
unten: Stadtarchiv Recklinghausen, Fotoarchiv, 101100-6

Seite 164 oben: Stadtarchiv Recklinghausen, Fotoarchiv
unten: Verlag von Karl Rohm in Lorch (Württbg.), Astrologischer Kalender für das Jahr 1924, Seite 18.

Seite 165 Stadtarchiv Recklinghausen, Bildarchiv

Seite 166 oben: Fotomontage, Olaf Manke 2022
unten: 3D-Modellentwurf, Olaf Manke, 2024

Seite 167 oben: Foto: Olaf Manke, 2024
unten: Foto: Olaf Manke, 2021

Seite 168 Foto: Olaf Manke, 2016

EIN PERSÖNLICHES SCHLUSSWORT

Ich bin gefragt worden, warum ich noch Bücher auf Papier herausgebe. Das sei doch nicht mehr zeitgemäß. Als Grafik-Designer, der sein Berufsleben zu einem großen Teil in einem Unternehmen der IT-Branche verbracht hat, weiß ich den Vorteil der Digitalisierung durchaus zu schätzen. Doch habe ich auch die Flüchtigkeit dieser Technologie kennengelernt und mich im Interesse der Datensicherheit für ein weniger flüchtiges, analoges Medium entschieden.

Darüber hinaus ist es mithilfe empirischer Studien nachgewiesen, dass das Lesen von Schriften, die auf Papier gedruckt sind, im Vergleich zum Lesen digitaler Medien wesentlich einprägsamer ist. Man liest intensiver und behält mehr von dem, was man liest. Das ist gerade im Bereich der Wissensvermittlung essentiell.

Deshalb kann ich zum aktuellen Zeitpunkt noch nicht sagen, ob ich die Inhalte dieser Buchreihe in Zukunft auch digital anbiete.

Aber wer weiß schon, was die Zukunft bringt? Die Vergangenheit jedenfalls ist festgeschrieben und bietet uns die Gelegenheit, aus ihr zu lernen.

Oder, um es mit André Malraux* zu sagen:
„Wer in der Zukunft lesen will, muss in der Vergangenheit blättern."

André Malraux (1901 - 1976) war ein französischer Schriftsteller, Filmschaffender und Politiker.

DANKSAGUNG

Bleibt mir zum Abschluss dieses Buches noch die angenehme Pflicht, mich bei meinen Freunden Alfred Stemmler und Arno Straßmann für den regen Austausch zu bedanken, der mir viele Erkenntnisgewinne beschert hat. Mein Dank gilt ebenfalls den Vereinsfreunden im Verein für Orts- und Heimatkunde Recklinghausen e.V. für das wohlwollende Entgegenkommen, hier insbesondere Georg Möllers und Dr. Werner Koppe. Vergessen darf ich auf keinen Fall meinen Freund Anton Winter, Archivar im Ruhestand, der mir vor Jahr und Tag die Tür zur lokalen Geschichtsforschung geöffnet hat. Und meiner Lebensbegleiterin Hannelotte Bastert danke ich erneut für ihre Geduld und ihr Verständnis für meine häufige „Abwesenheit".

Olaf Otto Manke
im Juni 2024

DIE TOCHTER DES HEXENJÄGERS

Recklinghausen, die Pinkernell und die Jesuiten
Spurensuche in der Frühen Neuzeit
von Olaf Manke und Alfred Stemmler
ISBN 9783735424699
Historische Aufarbeitung der wahren Hintergründe einer lokalen Volkssage um eine erfolg-
reiche, unverheiratete und fromme Kauffrau des 17. Jahrhunderts. Mit vielen Abbildungen,
Hintergrundinformationen und einer Zeittafel von 1590 bis 1950.

VESTISCHE GESCHICHTE

mit dem Betrachtungsmittelpunkt Stadt Recklinghausen
von 1444 bis 1822
von Olaf Manke
ISBN 9783757862367
Eine chronologische Übersicht über die markantesten Ereignisse der Geschichte von Stadt und
Vest Recklinghausen in einer Gegenüberstellung mit überregionalen und globalen Entwicklungen.

VERÄNDERUNGEN

Ein Zeitreiseführer durch die Innenstadt von Recklinghausen
von Olaf Manke
ISBN 9783758315008
Gegenüberstellung von 90 älteren und neueren Fotografien, mit deren Hilfe die strukturelle
Veränderung der Innenstadt von Recklinghausen deutlich wird. Ein Rundgang führt durch
annähernd 150 Jahre städtischer Geschichte und veranschaulicht sowohl architektonische als
auch politische, wirtschaftliche und soziale Veränderungen.

Die Reihe Archivbilder
RECKLINGHAUSEN

von Olaf Manke
ISBN 9783897024434
Anhand von Fotos, die überwiegend aus dem Stadtarchiv stammen, ist der Strukturwandel der
Stadt zwischen 1870 und 1970 im Stil eines Fotoalbums bildhaft nachzuverfolgen.